あいり出版

臨床教育学への招待

～実存的視点より～

広岡義之 著

出典は、「アテナイの学堂」
ラファエッロ・サンティオ 作
(1509 -1510)
フレスコ500㎝＊700㎝
バチカン宮殿、
バチカン市国より

◆はしがき◆

本書は、筆者が二〇〇八年から二〇二〇年の間に、主として大学の紀要等で執筆した諸論文（書下ろし一編含む）で構成されている。『臨床教育学への招待――実存的視点より――』と題した理由としては、おおむね次のような説明ができるだろう。本書を一瞥（いちべつ）して、さまざまな多岐にわたるジャンルの論文で構成されているものの、筆者は「教育学には人間の実存性が重要である」という信念を常々持って研究に携わってきた。それゆえ、必然的に本書全体にも「実存的視点」が通奏低音のように流れていると思われる。ここで「臨床教育学」とは、教育学の中核、あるいは根底にある人間をどのように理解し、どのように捉えるかという問いから教育の本質に迫る教育人間学を基盤としたもの、とさしあたり定義しておきたい。こうした「教育の本質に迫る教育人間学を基盤としたもの」を、実存的視点から考察してきたということになる。

筆者は、大学院生時代から、ボルノーの教育哲学・教育人間学を出発点として歩み始めた。現在に至るまで広く捉えると、実存的視点からの臨床教育学研究に関わってきたとも語り得るだろう。そのため、今回の小著を『臨床教育学への招待――実存的視点より――』という概念でまとめてみた。

ボルノー研究やフランクル研究以外では、まずは「ホリスティック教育」との出会いが新鮮であった。これは数年前に半年間、神戸親和女子大学から在外研究（サバティカル）として、カナダのトロント大学大学院に留学の機会を与えられたことに端を発する。そこで、主としてホリスティック教育の権威者、ジョン・P・ミラー教授のもとで学ぶ幸いを得ることができた。学び始めるとボルノーやフランクルの思想とも深い関連性があることに気づき、興味関心がさらに増した。

次に、ボルノーの実存主義克服の問題、安らぎ、庇護性の教育哲学的課題が、教育実践における「学級の居場所」問題と深く関連することに近年になって気づくようになり、まさに臨床教育学的アプローチとなって結実していった。

また長年、道徳教育の実践研究を、横山利弘先生の勉強会で学ぶ機会があり、そのテーマでの論文がかなりまとまり、結果的には本書の中核的なテーマとなった。さらに日本の教育実践家としては、東井義雄先生と林竹二先生をとりあげた。これは主として教育原理等の講義を長年にわたって担当するなかで出会った、筆者にとっての理想的教師像、あるいは理想的教育理念である。これから教師を目指す教職課程の受講生に知ってもらいたい日本の教育界が誇る先達という思いで、研究・紹介してきたものである。

最後に、子どもの哲学とシュタイナー教育をとりあげた。コロンビア大学ティーチャーズカレッジのラヴァティ教授の論文のなかで「子どもの哲学」の実存的アプローチが筆者の目に留まり、翻訳意義があると考えて同僚たちと訳出した。またシュタイナー教育に関しては、知り合いが現役で教師をされている幸いも重なり、京都にあるシュタイナー学校へ直接赴いて、インタビューをする機会が与えられた。これも日本のオルターナティブ教育の紹介として意義あるものと思われる。シュタイナーのテキスト研究しか携わってこなかった筆者にとって、学校訪問は新鮮な経験であったし、今後の筆者のシュタイナー教育研究にもおおいに参考になり、良い刺激を受けることができた。

本書作成に当たっては、あいり出版の石黒憲一社長にたいへんお世話になった。いつもあたたかい配慮を賜わり、ここに千の感謝を送りたい。筆者はさらなる自己研研鑽に励むつもりである。顧みてなお意に満たない箇所もあり、これを機会に反省を踏まえつつご叱正、ご教示を賜り、さらにいっそうの精進に努めたい。

なお、本書は二〇一九年度の神戸親和女子大学出版助成制度によって刊行することができました。ここに神戸親和女子大学に対して深く感謝の意を表します。この場をお借りしてこのような出版の機会を提供していただいた大学に改めて深く御礼申し上げます。

二〇二〇年九月　　広岡義之

◆目次◆

第三部　道徳教育の理論と実践　──125

第一部

ホリスティック教育の基盤と課題

第一章　真実性／本来性＝〈自己〉に深く触れるということの教育学的意味

――ホリスティック教育の基底（その一）――

はじめに

元来、「ホリスティック」(holistic) という言葉は、ギリシア語の全体を表わす言葉「ホロス」(holos) に由来するものであり、英語の「全体」(whole)、「癒す」(heal)、「聖なる」(holy) や「健康」(health) につながる内容を包含している。(1)

このように、「ホリスティック教育」は、個人が生の多様な領域に触れ、その体験を通して個人の生が充実し、形成されることを促進する。そこでは個人が「ホール・パーソン」(全人) として関わっている点がきわめて重要であり、これは「個人の全体性」と名づけられている。従来の教育では、人間の「個別部分」だけが強調されてきたが、ホリスティック教育においては、個人の成長や学びは、人間の実存全体で生じる変容の過程であるという点が大切な視点となるだろう。(2)

そのような幅広い意味を包含する「ホリスティック教育」は、カナダではオンタリオ州が一九九三年に出した教育指針の中で「すべての教育はホリスティックな観点から見直されるべきである」(傍点筆者) と明記されているほど、公教育の中でもすでに定着し始めている教育の基本理念である。地球規模のあらゆる領域で行き詰まり、変化を必要とする現代という時代に、こうした「ホリスティック教育」の考え方は、特に北米の教育界で現在、じょじょにではあるが重要なものとして注目され始めている。(3)

本論では、今日の教育的諸問題を解決するきわめて有効な教育学理論および実践として「ホリスティック教育」を位置づけ、まずそれの基礎的理念や概念、具体的教育実践について考察していくことにする。その際、主としてトロント大学（ＯＩＳＥ：オンタリオ教育研究所）のジョン・Ｐ・ミラー教授の言説を中心に論が展開されることになる。

第一節　ホリスティック教育の主要特徴

本節では、個人の成長や学びは、人間の実存全体で生じる変容の過程であるとする「ホリスティック教育」の主たる特徴について、任意に重要なものをいくつか選び出して論じてみたいと思う。

●「ホリスティック教育へのパラダイム転換」

筆者は、「ホリスティック教育へのパラダイム転換」の以下の視点がまず論じられるべきだと考える。「教育のプロセスの『全体性』（wholness）が大切にされなければならない。この『ホリスティック教育』を実現するために、教育制度や教育政策も転換されるべきである。[4]」ホリスティック教育は、身体的、社会的、道徳的、美的、創造的側面、さらには特定の宗教に限定しない精神的な側面をも重視する。つまり目に見える経験的な現実に加えて、〈いのち〉や宇宙の神秘も視野に入っている。[5]

「全体として一つ」というホリスティックなパラダイムは、近代世界に浸透した分断と細分化のパラダイムに対立するものであり、還元主義的アプローチに偏りすぎた近代のパラダイムを修正することを試みるのである。要は、還元主義において、人間は単なる物であるかのように扱われる傾向に陥ることが問題なのである。

この還元主義的アプローチについては、フランクルのロゴセラピーの思想でもくり返し取り上げられているので、フランクルの観点から説明してみよう。

●フランクルにおける「還元主義」的接近法の限界

学生たちの実存的空虚感と無意味感は、科学上の諸発見が示した方法、つまり還元主義的方法によってますます強化されている。たとえばフランクルは、彼自身十三歳の中学生のとき、学校の授業中に還元主義にどのように晒(さら)されたかについて次のように語っている。ある自然科学の教師が、「生命は結局、燃焼過程であり、酸化過程に過ぎない」と言ったとき、中学生だったフランクルは少し反発して「フリッツ先生、もしそうだとするならば、いったい生命はどんな意味をもっているのですか？」と食い下がったという。つまり、「還元主義」的接近法は、人間をあたかも単なる物であるかのように扱う傾向があり、フランクル少年はその点におおいなる疑問を抱いていたのである(6)。

ハーバード大学哲学教授とフランクルの対談「教授活動における価値の次元」というインタビューのなかで、価値を教えることが可能かと問われて、フランクルは「価値は教えられない。価値は生きられねばならない」と答えている。もし理想と価値が、「防衛規制」（精神的安定を保つための無意識的な自我の働きのこと、たとえば防衛規制の一つである「退行」は大人が小児的行動様式をとること）にすぎないと説かれた場合、子どもたちは理想や価値に対して興味を持ち、それらを求めることができるだろうか。フランクルは「還元主義は青年の自然な熱情を害し侵すだけである」として、還元主義を断固退けるのである(7)。

●新しい教師の役割

ホリスティック教育は、「教師の役割」をとらえ直すことができる教育的思想であり教育実践である。教職には科学的な理論と実践が必要とされるのは言うまでもないが、さらに芸術的な感性も必要となる。その意味で、教職は天職であり召命という位置づけがふさわしいだろう。残念ながら、現代の教育システムでは、制度化された資格や証明書等で管理され、教授テクニックのみに重きが置かれている傾向が強い。そして、生徒が人間的に成長する中で出会う精神的、道徳的な問題に深く関与することの重要性が周知徹底されていない現状が存在する。むしろ本来的に教師は、生徒の人間的成長を促進する援助者でなければならないし、教師と生徒の間の信頼関係の重要性は強調してもしきれないはずである。[8]

●「教師自身の内面的な成長と創造的なめざめをうながす、新しい教師教育モデルが必要である」

教師が自分自身の内面に心を開いているときは、学び手とともに創造的な教育活動ができていることになる。教師にとって必要なのは、既成の教授方法や教材ではなく、生徒が成長していく中で課題に直面した時、その課題を的確に捉えることのできる繊細な感性である。教育者は、生徒一人ひとりを家庭、社会、地球共同体、宇宙、そのそれぞれの存在の次元で、しっかりと受け止める力量が求められる。そのような意味で、教師自身の内面的な成長と創造的なめざめをうながす、新しい教師教育モデルが必要である。[9]

ところで、「教室で生徒の前に立って何をどのように教えるか」という教育的主要課題は、しばしば議論の中心となるところであるが、その前に一人ひとりの教師の子どもへの「関わり方」が問われることのほうが、実はさらに重要な問題なのである。なぜなら子どもたちは、教師の子どもへの関わり方にきわめて敏感だからである。子どもたちは、端的に教師に何を最も求めているのだろうか？　子どもたちが真に教師に求めているのは、自分たちの真正面にどっしりと存在してくれる教師の姿勢なのである。

●子どもたち一人ひとりを全的な存在として受け止めることのできる教師

ホリスティック教育がめざす教師像とは、子どもたち一人ひとりを全的な存在として受け止めることのできる教師、あるいは子どもたちとのつながりを感じられる教師像に他ならない。こうした教師と生徒のつながりこそが、教室で起こるすべてのことの基礎であり、子どもたちの内面的な成長を刺激し、彼らの感情的、精神的ニーズに気づく基礎になるのである。教えることが楽しいかどうかは、教師がこのつながりを持てるかどうかにかかっていると言っても過言ではない。

しかし私たちは、未来のことを予定したり過去の出来事に煩わされて、自分を取り巻く子どもたちの現在と深く関わったり、自分自身の現在を深く充実して生きることがなかなかできないでいる。こうした在り方が深刻な教育問題につながっているのである。それでは「今、この場所に、全的に存在すること」ができるためにはどうすればいいのだろうか？[10]

●一人の人間の内に存在する「自我」（エゴ）と、より大きな「自己」（セルフ）

「自我」（エゴ）の立場と、より大きな「自己」（セルフ）の両極の立場が一人の人間の内に存在する。「自我」は、自分にとって都合がよくなるように周囲を支配しようとする。他者の意図と競いあい、「自我」の場においては、つながりは断絶し緊張が生まれる。教師が自我的な場合、生徒を自分の都合から操作しようとし、そこから教室は葛藤とフラストレーションの場と化していく。これに対して「自己」（セルフ）の立場とは、例えばきれいな音楽や美しい絵画を鑑賞するとき、より共感とつながりの中にある存在の仕方である。ホリスティック教育は、子どもの知的側面だけでなく、身体的、感情的、精神的なニーズにも働きかける教育を可能にするのだが、それができるのも教師の自己の魂への深さなのである。[11]

●ホリスティック教育の精神性

「ホリスティック教育」においては、すべての人は、人間の形をとった聖なる精神的存在であると把捉する。そして、その個性を、天賦の才や能力、直観や知性を通して表現していると理解するのである。人間の精神性は、肉体が成長するように、それ自身で育っていく。魂が育つにつれて、人は自分自身や、他者と深く出会えるようになり、日常生活の中で意味と目的を感じ取れるようになる。さらに〈いのち〉は全体として一つで互いに支え合っていると感じられるようになる。その結果として、現代生活の多忙さに振り回されないようになり、そして〈いのち〉の神秘に対する深い畏敬の念が経験できるようになる。[12]

第二節　ホリスティック教育における共感と真実性

「ホリスティックな教師」とは、本来の自己を見失わない真実の人間であり、共感に満ちた人間のことを指し示す。彼らこそ本当の人間であり、他者を深くいたわることのできる人間なのである。本節では、主として「ホリスティック教育」の中核の理念となる「共感」と「真実性」の概念について考えを深めてみたい。

●共感的な状態では、教師は子どもを抑圧することはない

ホリスティック教育における「共感」（compassion）とは何だろうか？　それは他者につながっているという気持ちから自然に生まれてくるものである。私たちがつながりあい、孤立していないと感じるにつれて、そうした自覚から自然に共感が芽生えてくるのである。

たとえばどのような教師でも生徒を悪く見てしまうことがある。そのようなとき、共感的な教師はそうした否定的な思いを抱くことを率直に認めるものの、罪悪感にとらわれて落ち込むことはない。教師は、そうした思いにとらわれることなく、ただそれが起こっては消えていくのを見つめるだけでよい。こうして共感的な状態では、教師は何かを抑圧することも、さらには子どもの教育に対する罪悪感にとらわれることもない。ミラーはルビンを援用して、「共感が深まるとき」というのは、抑圧され無意識になっていたものが意識化され、現実がありのままに受け入れられ、非現実的な願望が退くときである、とまとめている。[13]

●「共感」とは自分の中心へ、人生全体の中心へと近づいていくこと

ホリスティック教育における「共感」とは、自己が自分の中心へ、人生全体の中心へと近づいていくことである。「共感」は現実からの逃避ではなく、自己の内面や外面世界のありのままの世界に出会うことである。「共感」は自己や他者の現実離れした理想像に安住することではない。ミラーはルビンを援用して次のように述べている。[14]

要約してみよう。「共感」によって、現実的な理解を深めていくことで、私たちは自分の中心へ、人生全体の中心へと近づいていくことができる。人間関係においては、傷つくことが少なくなるので、身を引いたり諦めたりすることが減少してくる。逆に、喜びや満足感が増加し非難を怖がらなくなるので、創造的な面が表に出やすくなる。生活のさまざまな活動に積極的に参加し、自由に関わることができるようになる。[15]

●「共感」する能力は、現代社会においては十分正当に評価されていない

残念なことではあるが、「共感」する能力は、現代社会においては十分正当に評価されていない。「共感」は、優柔不断とかひ弱というイメージを持たれており、軽視されがちである。現代社会は知性とこころを切断する傾向があり、一般に巨大な組織社会では共感や優しさはともすれば犠牲にされがちになり、むしろ知的任務遂行が強調されやすい。学校においても同じ傾向が見られる。すなわち、学校で成功するには、概念的な知識を習得しなければならない。さらに、学校では専門的な技能や抽象的な知識の獲得が主として求められ、やはり「共感」の育成にはあまり重点が置かれていないのが実情ではないだろうか。残念なことながら、現在の学校においては、協力やあたたかい関係よりも、競争や頭の回転の速さのほうに高い価値を見出している場合が多いのである。[16]

●知性とこころの統合

知性をこころから切り離す傾向にあるのは、頭の作り出す幻想の世界に浸りやすいからである。現代の教育界においても「基礎学力に帰れ」という幻想が重視されている。読み・書き・算術という基本に焦点を絞って教育を推し進めると、知性とこころの分裂はますます深まってしまう。このように、感情や精神面を統合せずに、認識面の発達だけを強調していると、文化の分裂傾向がさらに顕著になってくる。当然のことながら、読み書きを学ぶ事は重要なことにちがいないが、それはあくまでも人間存在の全体が統合されて初めて有効になり得ることを忘れてはならないのである。(17)

●自分を受け入れる

教師が共感的になるためには、自分を受け入れ、自分に深く耳を澄ますことが必要となる。そこで一番重要なのは、自分の存在をありのままに受け入れることである。換言すれば、自分の行動や地位によって、自分の良し悪しを計らないということである。自分の行動や地位に依存して自分のアイデンティティを構築しようとすると、自己の外面ばかりが膨張し、内なる自己を発見することが困難になるのである。教育の世界でも同様で、教師は、教え子の成績向上や、上司からの評価に基づいて、教師としての自分を形成する必要はない。もちろん自分に向けられる評価を認識しておく必要はあるが、いずれにせよ、他者が外から評価することが基準となるのではなく、内なる革新である〈自己〉が、最終的な基準を与えることを私たちは忘れてはならないであろう。(18)

●〈自己〉の深みでのみ、共感的な意識が生まれてくる

〈自己〉は、さまざまな社会的役割（教師、父、母、兄弟等）の背後に潜んでいる。こうした〈自己〉の深みで、共感的な意識が生まれてくる。内なる核心に触れていると、その外側で出来事が「起こっては流れ去っていく」プロ

セスを、ありのままに見ることができるという。とはいうものの、〈自己〉に触れることは、自分の世界に閉じこもることではない。むしろ他者に開かれ、ありのままの他者を受け入れて、自分の中に包み込むということである。他者に開かれるためには、自我の欲望に従って世界を操作しようとする態度から離れなくてはならない。ミラーはルビンを援用しているので要約してみよう。私は自分に、愛する子どものように接するという。子どもを大切に思うとき、その子のすべての面が、かけがえのないものになる。私はその子を裁かない。その子のすべてを受け入れているので、その子は私を怖れる必要がない。その子をありのままに愛しているので、傷つけようとも思わないし、誰からいくら非難されようと、萎縮することも恐れることもない。[19]

●〈自己〉の統合を深めるためには、自分の内面に耳を澄ますことが重要

自己の統合を深めるためには、自分の内面に耳を澄ますことがきわめて有効である。自分自身のあらゆる面、つまり身体、感情、精神等のすべてに静かに耳を傾けることで、共感的な意識が生まれてくる。最近、ヨーガやジョギング等の身体を動かす活動が一般の人々にも広まってきているが、こうした現象は、人々が自分の身体の声を無視することができないと気づきはじめたからであるとミラーは指摘する。[20]

ホリスティックな教師は自分自身に耳を澄ましている。そのことで、自分に向けられた批判が正しいかどうかを判断することができる。たとえば「私が子どもをうまく動機づけていない」と誰かが言ったとしたら、私は静かにその批判に耳を傾け、それから自分を振り返ってみて、批判の正しさを確かめてみる。一般的に、批判を聞いて感情が高ぶるほど、その批判は正しく、真剣に受け止めてみる必要があるという。

内面に耳を澄ますようになると、自分の内なる世界を信じ、直観の働きを信頼できるようになるという。さらに内なる思考や関心に触れるようになると、周囲の世界にも心が開かれ、ゆったりと構えることが可能になる。最後に他人に耳を澄ますようになると、「共感」が生まれるようになり、彼らの気にしていることや気持ちがよくわかるよう

になる。[21]

第三節　真実性／本来性＝〈自己〉に深く触れるということ

●真実性／本来性（authenticity）＝〈自己〉に深く触れるということ

「真実性／本来性」（authenticity）とは、自分に対して正直であるということである。しかしこれは自我に従うということではなく、〈自己〉に深く触れるという意味である。教師が〈自己〉に基づいて教えることができるようになれば、それは自ずから充実した教育実践となるだろう。もはや、生徒との些細なやり取りに躍起になることもなくなり、彼らと直接的に触れ合い、互いに満足のいく関係性が生まれるだろう。[22]

●自我と〈自己〉

〈自己〉に触れている教師は、自分にも生徒にも成長をもたらすことが可能となる。身体、知性、感情、道徳性、社会性、美的感性といった多方面が発達してくる[23]（図1－1）。

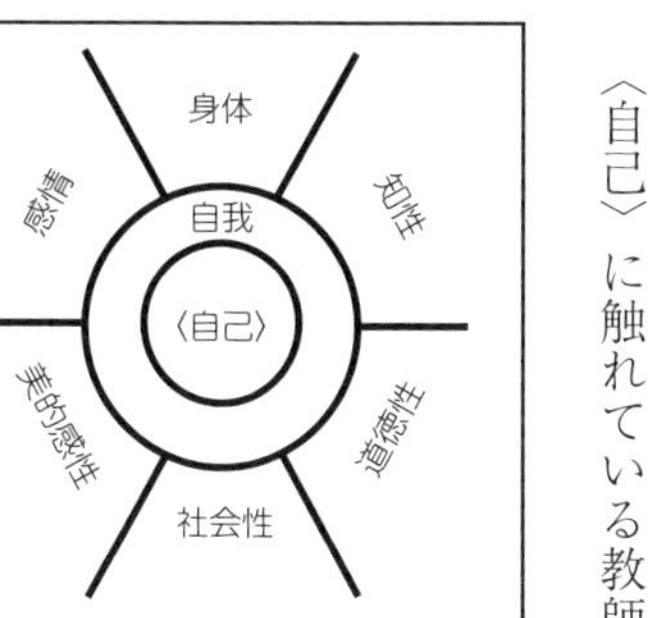

図1-1 ミラー著、『ホリスティックな教師たち』61 頁参照。

〈自己〉に触れていると、そこを基盤として、すべての面で発達が起こるのである。こうした成長発達は、自我の欲望に基づく表層的な発達ではなく、内なる深層に触れそこから外の世界に拡大していく。[24]

●エコロジカルな自己

知性の発達は、自我と結合するときと〈自己〉と結合するときでは、その様相が異なってくるという。自我と結合するとき知性は複雑な技能を駆使して、自我の欲望にかなうような形で環境を利用する。その結果、今日の環境問題がおこってくる。つまり科学技術を自我に根ざした利己主義に基づいて行使した結果なのである。

これに対して知性の発達が〈自己〉と結合するとき、環境や宇宙に対する感受性は一段と深まるにつれて、生態系はさらに大切に扱われるようになる。〈自己〉を通じて、森羅万象のつながりが洞察されるようになる。ミラーはセオドア・ローザックを援用しつつ次のように考えている。こうした〈自己〉を「エコロジカルな自己」と呼称して、私たちがこの「エコロジカルな自己」から切り離されていること自体が深刻な現代社会の問題であると指摘している。(25)

●〈自己〉と結合することで、道徳性は、精神的な基盤と結びつき得る

道徳性の発達とは、一般に正義や公正さの意識の向上を意味する。成長につれて、これらの道徳性はより適切に判断することができるようになる。コールバーグがこの道徳性の発達段階をみごとに描き出したのであるが、ミラーによれば、さらに〈自己〉と結合することで、道徳性は、精神的な基盤と結びつき得るという。ガンジーやキング牧師が道徳的ヴィジョンをどうしてあれほど多くの人々に伝達できたのかということは、〈自己〉と深く結合し、そこに根ざした運動を展開し、人々もまた〈自己〉のレベルで響き合ったからだという。

自我と結びついた道徳心は恐れや罪悪感に根ざしている。これに対して〈自己〉に基づく道徳心は、つながりに根ざし、究極的には愛に根ざしており、ひいては〈いのち〉のつながりが自覚される時に自然と湧き起こってくるものである。(26)

●〈自己〉に触れていると、他者を共感的な目で見ることができる

社会性の発達とは、他者と共に活動し、ともに生きる力の向上を意味する。これは他者の視点に立って物事を判断する力も含まれている。この場合も〈自己〉に触れているならば、他者の中に自分の姿を見出すことが可能となる。

こうして他者はもはや自分とは無関係なものとして扱うことができなくなる。換言すれば、〈自己〉に触れていると、他者を共感的な目で見ることができるようになる。

現実には人間的な衝突は存在する。そうしたときにホリスティックな生き方が問われる。葛藤やストレスは避けては通れないが、それでもホリスティックな生き方をすることで、人生は安らかで美しいものになるだろう。反発しあうことは減少し、ゆったりと安らいでいられるだろう。(27)

●〈自己〉は、創造性の源泉でもある

美的感性の発達とは、美に対する感受性の発達を意味する。美術や音楽、ダンス等の芸術的美のみならず、他のあらゆる美を包含するものである。たとえば、生まれたばかりの赤ちゃんを抱いた親は、赤ちゃんの美しさに感動することだろう。(28)

〈自己〉は、創造性の源泉でもある。イメージワークすることによって、新しい発見やアイデアが浮かんでくる。こうして美的な経験は、生の全体性を生み出す。よく知られていることだが、晩年のベートーベンは自分の音楽を通して精神性を深めていった。彼の後期のカルテットや「交響曲第九番」等は精神性と深く結びついている。

●感情の発達

感情の発達とは、喜び、希望、愛等の感情の発達を指し示す。さらに恐怖や憎悪等の否定的な感情の変容も包含されるものである。哲学等の学問では一般的に感情は理性に劣るものと理解されがちだが、ホリスティック教育の人間観にあっては、むしろ感情こそが重要な要素と見なされる。こうした感情を意識に昇らせると、それに衝動的に振り回されることがなくなる。怒りや恨み、妬みを見つめられるようになると、それらを心の中で受け止める余裕ができ、そうした感情が湧きあがってきても、無意識の内に支配されにくくなるという。たとえば、尊敬できない教師が昇進

した場合に妬む気持ちがおきるかもしれないが、そこで妬みの虜になるのではなく、心の中で余裕を持ってその感情を受け止め、共感を込めて感情の変容を見守ることができるようになる。(29)

●感情は〈自己〉の深みへと至る道である

感情は〈自己〉の深みへと至る道である。愛はその典型で、それは寛容さと無執着という特徴を持った意識の状態である。こうした愛は、誰かへの特別な感情ではなく、教師の生き方や在り方を意味するものであり、愛の感情を養うことで、自己の統合が深まるのである。〈自己〉は、人間が全体として発達していく際の基盤である。〈自己〉は内なる核心であり、外的評価に左右されることなく、意識の変容を起こすことが可能である。〈自己〉に根ざすことで、自分のさまざまな面に耳を澄ますことができ、必要な部分に注意を注ぐことが可能となる。(30)

●「〈自己〉＝内なる核心」に根ざす

「内なる核心」に根ざしている教師は、子どもたちとの間で、悪い人間関係に巻き込まれることはない。子どもたちはまだ発達の途上にあるために、さまざまなことをしでかしては、教師を怒らせがちである。ホリスティックな教師は、そうした事態にも反射的に対応するのではなく、自分の内なる核心から一番適切に応答する。叱ることが最も適切な対応であるとしても、その場合でもホリスティックな教師は、怒りを自覚し、それが起こっては消えていくプロセスを意識している。さらに「内なる核心」に根ざしている教師は、共感的になることができる。これに対して行動の良し悪しに囚われて固くなっていると、共感的な心を持つことはできない。そうしたときには自分がうまく教師として子どもに対応できるかどうかという面だけに気がとられてしまい、子どもたちをその目的のために利用してしまうことになる。(31)

●〈いまここ〉に生きる

共感的な生き方とは、〈いまここ〉に生きるということである。教室にあっては子どもたちと〈いま〉を共有し、状況の変化に応じて子どもたちと柔軟に関わっていくことを意味する。週末に何をしようかと気を散らすことなく、ひたすら目の前の子どもたちに耳を澄ますことが重要な姿勢となる。計画どおりに授業をむりやり進めようとすると、その場における子どもたちとの交わりが窮屈なものとなってしまう(32)。

子どもたちは、教師が〈いま〉を共有してくれているかどうかを鋭く感じ取っている。教師が別のことを考えたりして、〈いまここ〉に生きていなければ、まちがいなく子どもたちはそのことを見抜いてしまい、両者の間には大きな溝ができてしまう(33)。

こうしたホリスティック教育思想の特徴と極めて共通項を有するものとして、日本の教育者である東井義雄の思想をとり挙げてみたい。以下に彼の教育思想を紹介して、子どもを見つめる視点が、いかに「〈いまここ〉に子どもとともに生きるホリスティックな教師」と重なるかを指摘して本論をひとまず終えたい。

●東井義雄の詩「どの子もこどもは星」―子どものいのちに触れる教育―

仏者にして教育者であった東井義雄の思想を「子どものいのちに触れる教育」という観点から考察している山田邦男は、多くの東井の詩の中から一つを選ぶとすると「どの子もこどもは星」以外を挙げることはできないと指摘している。筆者はここにホリスティック教育の理念である、「教師が〈いまここ〉に子どもと生きている」ことが具現化できている教育実践を見ることができるのである。この東井の詩ほどホリスティック教育の本質をみごとに表現したものもないと感じるからである。以下にその詩を掲載してみよう(34)。

「どの子もこどもは星」

どの子も
子どもは　星
みんなそれぞれが
それぞれの光をもってまたたいている
光を見てくださいと
パチパチ目ばちしながらまたたいている
光を見てやろう
目ばちにこたえてやろう
見てもらえないと
子どもの星は
光を消す
目ばちをやめる
光を消しそうにしている星はないか
目ばちをやめかけている星はないか
光を見てやろう
目ばちにこたえてやろう
そして
天いっぱいに
子どもの星を輝かせよう。

＊目ばち＝まばたき

山田邦男に従えば、東井義雄自身のこの詩の最初の四行「どの子も／子どもは　星／みんなそれぞれが／それぞれの光をもってまたたいている」は、子どもの絶対のかけがえのなさという本質をみごとに表現している。[35]

次の二行「光を見てくださいと／パチパチ目ばちしながらまたたいている」は、子どもの願いとは何かが示されている。[36]

山田は、すべての子どもは「光を見てくださいと／パチパチ目ばちしながらまたたいている」、の箇所を取り上げて、これは問題行動を起こす子どもだけでなく、どの子どもにも通底する願いであると鋭く指摘している。子どもがそのままの存在で肯定され、抱きとめてくれる他の存在を待ち受けているというのである。[37]ここには、教師が子どもの眼前に存在することを目指すホリスティック教育の精神と軌を一にするものと思われる。

さらに次の二行「光を見てやろう／目ばちにこたえてやろう／見てもらえないと／子どもの星は／光を消す／目ばちをやめる／光を消しそうにしている星はないか／目ばちをやめかけている星はないか／光を見てやろう／目ばちにこたえてやろう」は、さきの二つの内容を受けて「教育者の務めとは何か」つまり教育の本質を私たち教師に提示していると言えるだろう。ここで私たちは、教育者は常に子どもと寄り添うことでのみ、子どもは安心して教師に心を開き、信頼することができるということを理解できるのである。

次に東井義雄は「光を見てやろう」と表現しているのであるが、ここで「光を見る」とは、一人ひとりの子どもの願いをしっかりと聴き取り受け止めることであり、さらに言えば子どもの「いのち」に触れることを意味している。これこそが教育者の根本的な務めであると山田は指摘するのである。「子どもたちのいのちにふれていくことができなければ、私たちには何もできない」「いのちにふれ得ないような教師は、子どもに、何もしてやることはできない。子どもに、何もしてやることのできないような教師は、もはや教師ではない」という東井の教師論の核心部分を山田は援用しつつ、子どものいのちに触れているかどうかが、真の教師であるか否かの分岐点であると、山田はみごとに指摘してみせた(38)。

そしてこの東井義雄の教師論こそ、まごうかたなく、ホリスティック教育の目指すべき道と軌を一にするものなのである。

謝辞

筆者は、二〇一七年四月初旬から九月上旬まで、神戸親和女子大学から在外研究の機会を与えられました。本論は、トロント大学（ＯＩＳＥ：オンタリオ教育研究所）のジョン・Ｐ・ミラー教授のもとで学んできた事柄を中心に執筆したものです。貴重な機会を与えていただいた神戸親和女子大学およびミラー教授を紹介していただいた山根耕平理事長に対して、この場をお借りして厚く御礼申し上げます。

【註】

トロント大学（ＯＩＳＥ：オンタリオ教育研究所）のジョン・Ｐ・ミラー教授の「ホリスティック教育」の先行研究として、隈元泰弘・長谷川重和著、「教育の原理と特別活動の展開―ホリスティック教育の視点から―」、（国際教育研究センター紀要　第三号　二〇一七年三月　一七～三五頁）を紹介しておきたい。拙論作成のうえでおおいに参考になった。

（1）ジョン・Ｐ・ミラー著、橋本恵子訳、「カナダで広がるホリスティック教育」、日本ホリスティック教育協会編、『ホリスティック教育入門』、せせらぎ書房、二〇〇五年、八〇頁参照。

（2）中川吉晴著、「ホリスティック教育の可能性」、『ホリスティック教育入門』、四三頁参照。

（3）JohnP.Miller.The Holistic Teacher.1993. OISE Press.p.3. ジョン・Ｐ・ミラー著、中川吉晴・吉田敦彦・桜井みどり訳、『ホリスティックな教師たち』、一九九七年、学習研究社、三頁参照。

（4）ＧＡＴＥ編、「ホリスティック教育ビジョン宣言」、『ホリスティック教育入門』、九六頁。

（5）ＧＡＴＥ編、前掲書、九六頁参照。

（6）Vgl.Viktor Emil Frankl,THE WILL TO MEANING――Foundations and Applications of Logotherapy.AMeridian Book Published by the Penguin Group,1988,p.38.　フランクル著、広岡義之他訳、『絶望から希望を導くために―ロゴセラピーの思想と実践―』青土社、二〇一五年、一三六頁参照。
（7）Vgl.V.E.Frankl,op.cit.p.86f. フランクル著、前掲書、一三七～一三八頁参照。
（8）GATE編、前掲書、九七頁参照。
（9）GATE編、前掲書、九八頁参照。
（10）ミラー著、橋本恵子訳、「カナダで広がるホリスティック教育」、八三頁参照。
（11）ミラー著、前掲書、八三頁参照。
（12）GATE編、前掲書、一〇四～一〇五頁参照。
（13）Vgl.,JohnP.Miller,The Holistic Teacher,1993, OISE Press. p.32f.　ジョン・P・ミラー著、中川吉晴・吉田敦彦・桜井みどり訳、『ホリスティックな教師たち』、一九九七年、学習研究社、五四頁参照。
（14）Vgl.,P.Miller,The Holistic Teacher,p.33. ミラー著、前掲書、五五頁参照。
（15）Vgl.,P.Miller,op.cit.p.33. ミラー著、前掲書、五五頁参照。
（16）Vgl.,P.Miller,op.cit.p.33. ミラー著、前掲書、五五～五六頁参照。
（17）Vgl.,P.Miller,op.cit.p.33. ミラー著、前掲書、五六頁参照。
（18）Vgl.,P.Miller,op.cit.p.34. ミラー著、前掲書、五七頁参照。
（19）Vgl.,P.Miller,op.cit.p.34f. ミラー著、前掲書、五八頁参照。
（20）Vgl.,P.Miller,op.cit.p.35. ミラー著、前掲書、五八頁参照。
（21）Vgl.,P.Miller,op.cit.p.35. ミラー著、前掲書、五九頁参照。
（22）Vgl.,P.Miller,op.cit.p.35. ミラー著、前掲書、六〇頁参照。
（23）Vgl.,Vgl.,P.Miller,op.cit.p.36. ミラー著、前掲書、六〇頁参照。
（24）Vgl.,P.Miller,op.cit.p.36. ミラー著、前掲書、六〇頁参照。
（25）Vgl.,P.Miller,op.cit.p.36. ミラー著、前掲書、六一頁参照。
（26）Vgl.,P.Miller,op.cit.p.37. ミラー著、前掲書、六二～六三頁参照。
（27）Vgl.,P.Miller,op.cit.p.38. ミラー著、前掲書、六三～六四頁参照。
（28）Vgl.,P.Miller,op.cit.p.38. ミラー著、前掲書、六四頁参照。
（29）Vgl.,P.Miller,op.cit.p.38. ミラー著、前掲書、六五頁参照。
（30）Vgl.,P.Miller,op.cit.p.38f. ミラー著、前掲書、六六頁参照。

（31）Vgl.,P.Miller,op.cit.,p.39. ミラー著、前掲書、六七頁参照。
（32）Vgl.,P.Miller,op.cit.,p.39. ミラー著、前掲書、六七頁参照。
（33）Vgl.,P.Miller,op.cit.,p.39. ミラー著、前掲書、六八頁参照。
（34）山田邦男著、「東井義雄のこころ」、山田邦男他編著、『ことばの花束』、二〇〇二年、佼成出版社、九〜一〇頁参照。なお、この「東井義雄論」の箇所は、拙著、「東井義雄の教育思想と教育実践の一考察（二）」神戸親和女子大学研究論叢、第四九号、二〇一六年三月、五六〜五八頁参照。
（35）山田邦男著、前掲書、十一頁参照。
（36）山田邦男著、前掲書、一〇頁参照。
（37）山田邦男著、前掲書、一七頁参照。
（38）山田邦男著、前掲書、二一頁参照。

第二章 ホリスティックにおける「スピリチュアリティ」（霊性）の重要性

――ホリスティック教育の基底（その二）――

はじめに

ジョン・P・ミラー教授は、一九八八年当時、ナイアガラの滝の近くのある学校で、細々とではあるが、着実にホリスティックなカリキュラムの実践を試みていた。しかしそれからわずか数年の間に、彼の実践がオンタリオ州全域へ拡大していくことになる。この変化は驚くに値する事実であろう。なぜなら、小さなオルタナーティブな教育活動が、公教育の場で重要であると認められることは稀な事例だからである。オンタリオ州では、学習成果をあげるための基本的な方法として、ホリスティック教育が提唱されるようになってきた。オンタリオ州の文部省が作成した（日本の学習指導要領に相当する）『共通カリキュラム』には次の内容が記載されている。この『共通カリキュラム』の教育方針を以下で要約してみよう。

【一】　この教育方針は、ますます複雑になり相互に依存しあう世界を視野に入れているという点からみて、ホリスティックなものである。

【二】　それは〈つながり〉や〈かかわり〉を重視するものである。さまざまな考え方のつながり、人と人とのつながり、さまざまな現象のあいだの関連性などを重視するものである。

【三】　複雑で相互に関係しあう現象が生まれる世界の中では、人間の生活や経験に対するホリスティックな見方が、

あらゆる教育に反映されるべきである。(1)

●「あらゆる〈いのち〉のつながりに目覚める」という考え方が、現代社会で受け入れられ始めた

カナダだけでなく、アメリカ合衆国においても、ホリスティック教育に対する関心が増加している。その証左の一つとして、一九八八年には「ホリスティック教育レヴュー」誌が創刊され、グローバルな地球規模の変化と関連して、このホリスティック教育思想が世界中に拡大していることが挙げられよう。地球環境への関心の深まりと同時に人間の精神性重視の傾向も同時に深まりつつある。こうした変化の核心にあるのは、「あらゆる〈いのち〉のつながりに目覚める」という考え方が、現代社会で受け入れられ始めた事実であり、まさにこの〈つながり〉の意識こそが、ホリスティック教育の中心に存在するのである。

本章において、人間としてあるいは教師として、どのような自分自身のあり方が、子どもたちにとって最高のものであるかを考察してみたい。(2)

第一節　ホリスティック教育を伝統的教育と比較する

ここでは初めに、具体的にホリスティック教育の核心部分を紹介するために伝統的な教育と比較してみよう。

1. トランスミッション（伝達）

従来のトランスミッション型の教育では、知識や技能が、子どもたちに伝達され、記憶され蓄積されていくところに特徴がある。ここでの学習は、教科書を読んだり、教師の説明を聞くことで進められる。また知識は学びやすいように「小さな断片」として分割されて教えられる。例えば運転免許を取る場合、交通法規やルールを知り、ペーパー

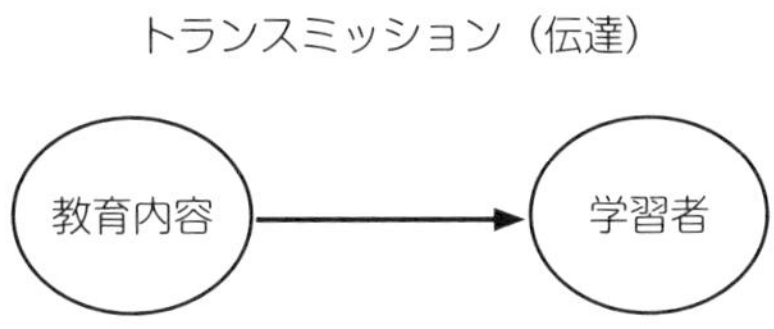

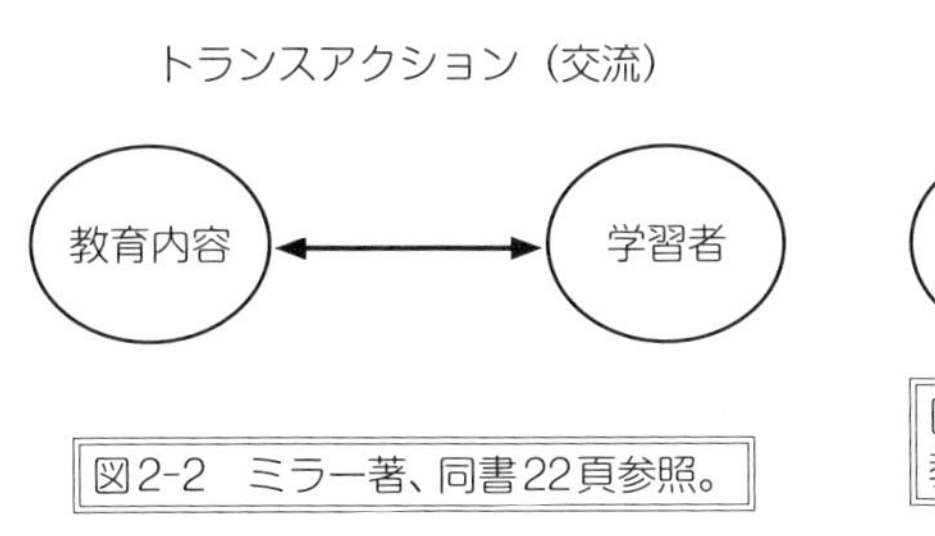

図2-1　ミラー著、『ホリスティックな教師たち』20頁参照。

図2-2　ミラー著、同書22頁参照。

テストに合格する必要がある。技能の習得にしても、模倣や反復を中心とするトランスミッション型の学習が不可欠となる[3]（図２－１）。

２．トランスアクション

トランスミッション型の教師中心の学習を改善するために、トランスアクション型の教育は、一方通行ではなく、「相互作用」の形態をとるようになった。主として認知レベルの相互作用が重視され、問題解決学習や探究型の学習の形態になり、特にジョン・デューイの提唱した科学的方法が有名である。トランスアクション型の学習の特徴は、教師と学習者の間の対話による交流である。この対話では、認知レベルにおける相互作用が重視され、総合よりも分析が、感性よりも思考の方が重視されがちになる。この学習モデルでは、学習者は合理的に考え、知的に行動する能力があるとみなされ、問題を解決する主体として捉えられる[4]（図２－２）。

３．トランスフォーメーション

ホリスティック教育の中核概念となるトランスフォーメーション型の教育では、人間の存在全体が学習に組み込まれることになる。教育内容と学習者は、もはや二つに分離されたものではなく、つながり合うものとして把捉される。人間の全体的な成長が求められるようになる、このトランスフォーメーションを志す教育者たちは、創造的な問題解決学習や協同学習というさまざまな教育方法を使用することができる。こうした方法によって、〈つながり〉を深めることができるとミラー教授は考えている[5]（図２－３）。

トランスフォーメーション（変容）

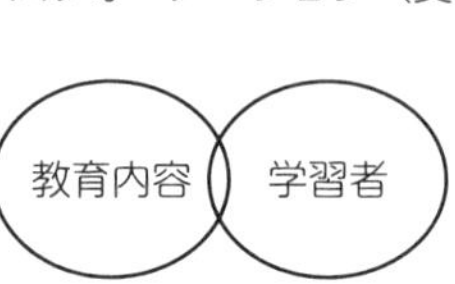

図2-3　ミラー著、同書23頁参照。

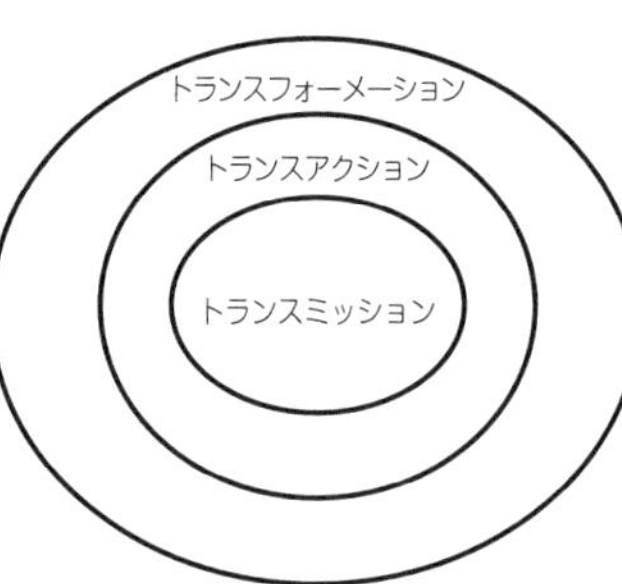

図2-4　ミラー著、同書24頁参照。

図2－4の一番内側にある「トランスミッション」の形式は、最も小さい領域を占めている。他方で「トランスフォーメーション」の形式は、すべてを包み込んでいる。このときホリスティックな学びが可能となるのである。(6)

●ホリスティック教育は、論理的思考と直観のつながりのバランスを回復しようと試みる

〈つながり〉に焦点をあてた教育といえるホリスティック教育は、論理的思考と直観のつながりの間のバランスを回復しようと試みる。心とからだの繋がりは、運動やダンス、演劇によって探究される。また個人とコミュニティのつながりについては、コミュニティ、学校、地域社会、国、地球社会にまで及んでいる。特にここで、地球とのつながりについては、ミラー教授が『ホリスティック教育』を著したのちに付け加えられた部分で、このつながりにはトーマス・ベリーのいう「地球の声」に耳を澄ますこと、さらには自我と〈自己〉のつながり等が含まれている。(7)以下では特に重要となる〈自己〉のつながりについて詳述していくことにする。

第二節　ホリスティック教育の核心

●ホリスティック教育の最終目標は、私たちが「自己の真の本性に気づくこと」

ホリスティック教育において最終的な目標は、私たちが「自己の真の本性に気づくこと」であるとミラー教授は確信している。古来の哲学においてもすでに、人間には二つの自己があると言われており、その一つは、私たちの「自我」（エゴ）であり、もう一つが「自己」（セルフ）である。

「自我」（エゴ）は、社会的な自己像のことで、夫婦、父母、娘や息子、職業上の自己等、私たちが演じている役割がすべて含まれる。こうした自我を超えたところに、「自己」（セルフ）が存在するというのである。それは別の表現として「高次の自己」と呼ばれたり、仏教では「仏性」、エマソンにあっては「大いなる自分」あるいは「大霊」と呼ばれている。エマソンは、こうした自己を自覚することによって、「信頼という実在を獲得していくことができると考えたのである。[8]以下ではその点について深めていきたい。

●エマソンの「自恃・自己信頼」

エマソンは、汎神論的な「超越主義」の立場に立ち、人間一般の本来的「生」の実現をめざすという点で、「大霊」（エマソン）という人間を超越した「存在」を通して、「信頼」の獲得の必要性を要請した哲学者であった。そうした形而上学的な基盤のうえに、エマソンは「自恃・自己信頼」についての思想を展開している。エマソンは一八四一年に刊行された『自恃論』（Self-Reliance）において、超越主義と経験主義が混然一体となった形で、人間の無限の可能性と尊厳性を唱えた。「自恃論」とは「自恃」つまり、「自己信頼」の意味を表わす徹底した個人主義思想である。「自己信頼」とは「自分自身を信ずること、自分一個の心のなかで自分にとって真実なるものは万人にとっても真実であると信ずること[9]」に他ならない。あるいは、「自分に宿っている力は、新たな本然の力であって、自分にはなにができるかは自分以外にはわからなく、さらには自分自身も実際に試行してみるまではわからないものである[10]」と人間存在の無限の可能性を示唆した。

●「自分自身を信頼せよ、あらゆる心は、この鉄絃に触れて感応し響きをなす」（エマソン）

たびたび引用される有名な箇所である「自分自身を信頼せよ、あらゆる心は、この鉄絃に触れて感応し響きをなす」（Trust thyself: every heart vibrates to that iron string, "Self-Reliance"）は、自尊自覚をもった個人において初めて可能となる。しかも特に青年の自尊的自覚とは、「宇宙の大霊（神）と一体になり得るほどの潜在能力を背景にしての自己実現への大いなる可能性に対する自己信頼の要請である」[11]。

上述のように人間の本性を善とみる限り、自己に対する限りない「信頼」の念が、真の楽観主義と共に生じてくるのは当然のことであろう。「そこに自己教育の根本理念が、近代自然主義的な合理論とも矛盾しないで定立してくるのである」[12]。内面的に一度自己否定という反省を通じて、そこから「自己信頼」に至る確信こそ、エマソンの最も理想としたところであった。なぜなら、エマソンはそこに閉鎖的な近代的エゴを超越できるきっかけが存すると考えたからである。「このような求道的な人格をもった超越的な自己が、はじめて十全なる安定感をもって自己自身の教師となり得ることができるのである」[13]。こうしたエマソンのいう〈自己〉が、ホリスティック教育で強調されている「自己」（セルフ）のことを指し示すものと思われる。

●「自我」（エゴ）と「自己」（セルフ）

ここでホリスティック教育の視点に戻ろう。「自我」（エゴ）は、自分を他者から区別して見ており、しばしば人と競いあう。しかし「自己」（セルフ）には、他者との比較や葛藤や争いはおこらないとホリスティック教育は考える。なぜなら「自己」（セルフ）は、他者や〈いのち〉あるものと深いつながりを持っていると把捉するからである。根底にある一体性からすれば、隔たりや分断などというものはたんなる幻想にすぎないことを、「自己」（セルフ）知っているからである。こうした根源的な「自己」は、時折生活の中でも姿をあらわすことがある。例えば音楽を聴いているとき、遊んでいる子ども見ているとき、仕事に没頭しているとき、すばらしい絵画を見ているとき、自然の中に

寛いでいるとき等に、ふと垣間見られることがあるという。(14)

●ホリスティックな教師たちの特徴

教師が、大いなる〈自己〉に基づいて、一人ひとりの子どもの傍にたたずみつつ、教えられるようになるにはどうすればいいのだろうか？ 〈自己〉（セルフ）に触れていると、教師には深い安らぎが生まれ、そして子どもたち一人ひとりに対しても、安らぎを感じることができるのである。こうして自分の内面と外の世界が共鳴し合う時に、初めて「共感的な意識」が生まれるという。このホリスティック教育に特有の「共感的な意識」の中で、教師の〈自己〉が受け入れられるだけでなく、子どもたちの存在そのものや気持ちも根底から教師は受け入れられるというのである。こうして教師とクラスの間には基本的な「信頼関係」が生まれる。そしてミラー教授はこうした状態にある教師を「共感的な教師」と定義するのである。これはすでにボルノーも『教育的雰囲気』の中で指摘しているものと同類の思想である。

●「人間は他人の信念に応じて変わりうる」（ボルノー）

ホリスティック教育もまた、教師とクラスの間に醸し出される基本的な「信頼関係」を重視している。ミラー教授がこうした状態にある教師を「共感的な教師」と呼んでいることと関連して、ドイツの教育哲学者ボルノーは同様の主張をしているので、ここで紹介しておきたい。彼は教育学的主著の一つ『教育的雰囲気』の中で、ひとが特定の人間についてもつ「信念」の重要性について以下のように強調している。

この「信念」は人間の発達にとって重要な要素となるにもかかわらず、必ずしもこれまでに十分な評価が与えられてこなかったので、特に貴重な示唆となる。ボルノーによれば、人間とは周囲から自分がそう思われていると考えるイメージに従って、自らを形成する存在である。それ故に、感化力の強い子どもは大人以上に、所属する学級の教師によって信頼され見込まれることにより、教師の抱くイメージに従って自らを形成するようになる。ボルノーはニコライ・ハルトマンの言葉を援用して、いかに人間が他人の信念に応じて変わりうるかを証明した。人間とは、まさに自らが他の人のなかに信ずるものを、その人の中に実際に作り出す存在なのである。[15]

●教育者の子どもに対する「信念」がその子どもの成長を決定づけてしまう

成人に比べて子どもは、その自己がまだわずかしか確立しておらず、なお外に向かって大きく開かれているために、良きにつけ悪しきにつけ、外からの影響を強く蒙る存在である。教育者が一人の子どもを信用し正直であると考える場合にのみ、その子どもの内部に教師の信念に対応する諸特性が形成され、実際に信用のできる正直な子どもになる。しかし同様に逆の事例も生じうるのであり、ここに教育の恐ろしさも存在するとボルノーは警告を発している。教育者が、子どもの中にありはしまいかと邪推する悪しきものが、この邪推によって、すべて同じように呼び起こされてしまう。そして遂には、疑い深い教育者が邪推したとおりに、愚鈍で、怠惰で、嘘つきの子どもになってしまうのである。このように良きにつけ悪しきにつけ、教育者の子どもに対する「信念」がその子どもの成長を決定づけてしまうために、特に子どもに大きな影響力を与える教師は細心の注意を払う必要がある。[16]

●教育の不可欠な前提としての「包括的信頼」(ボルノー)

さらにボルノーは、「包括的信頼」こそが教育の不可欠な前提となり、教師の子どもに対する信頼によって子どもは自らの能力を最大限に発揮できる、とも述べている。同時にこれと逆の教育的状況の危険性を読み取り、ボルノーは次のような懸念を抱いた。もし教師が子どもを信頼することを拒むならば、そのような教師の心ない態度によって、子どもからせっかく良き意図をもってやりとおそうとする力を、奪いとってしまう。「包括的信頼」を肯定するのと否定するのでは、両者の子どもに及ぼす影響は大きく異なってくる。ここでいう「教育的な信頼」は、盲目の信頼とはまったく逆で、子どもの弱点や欠点を十分に認識したうえで、さらにそれにもかかわらず、子どもの発達を信ずるところにのみ成立する。(17)

第三節　ホリスティックにおける「スピリチュアリティ」（霊性）の重要性

●教育における「スピリチュアリティ」（霊性）の重要性

「スピリチュアリティ」（霊性）の重要性が、現代社会で徐々に高まってきている。トマス・ムーアによれば、近年の魂への関心の高まりは、人々が自分たちの生活の中に何かが欠けていると感じるようになったからだと言う。現代社会では、物質的にある程度裕福になった人々でさえ、これがすべてなのかと疑問を抱くようになった。社会全般に、自分自身の人生に虚しさを感じる人々が増加しているのも事実である。ムーア等は、これらの一因として、魂の欠如を指摘するのである。その欠如感を埋め合わせるために、アルコールやドラッグ、仕事にのめり込み、その中に逃避しようとする傾向が現代には顕著に見られるという。(18)

そこまで酷くならない事例であっても、子ども含めて私たちは、急き立てられるようにして毎日を慌ただしく過ごし、消費し、喜びのための時間はほとんど残されていない。エルカインドによれば、「急がされる子ども」は、多くのプレッシャーを感じて生活しているという。(19)

●経済至上主義から魂を取り戻すこと

教育は、こうした現代社会の縮図として、シナリオの一部となって組み込まれているのが現状である。現代社会において、学校に求められているものは、子どもたちを世界規模の経済の中で一人前にやっていける力をつけさせる、いわば経済至上主義を前提とするものである。しかしサルデロに従えば、教育は制度に堕し、人間を生命のない物質主義の力と結合させることになりさがってしまった。結果として、教育は幼稚園から大学院まで、人間の偉大な「魂」の育成を損なうものとなってしまったという[20]。

ミラー教授によれば、魂を取り戻すことにより、教室や教育的な出会いの場に新たな活気が蘇り、生きがいが見出されるようになる。教師も生徒も、形式にこだわることなく、生き生きとした気分になって、学校生活を送ることができるようになる。このことは、生徒にスキル・技術を教えることと矛盾することではない。日常生活をしっかりと行うと同時に、魂に満ちた学びをすることで、私たちの外的な生と内的な生のバランスを回復しようと試みるのである[21]。

私見によれば、こうした「教室や教育的な出会いの場に新たな活気が蘇り、生きがいが見出されるようになる」現象のことを、上述したボルノー教育学では「教育的雰囲気」と呼称するのである。

●地球規模の目覚め

ミラー教授は、仏教の以下の言葉を援用している。要約してみよう。

思いは言葉にあらわれ
言葉はおこないにあらわれ
おこないは習慣となり
習慣は固まって性格となります。
だから思いをよく見つめなさい。
（中略）
それが慈しみの心からわき起こり（中略）
すべてへの畏敬の念から生まれるようにしなさい。

このように内なる生、魂の生に注意を向けることは、私たち自身や地球を癒すプロセスを支えるものとなるだろう。（原典不詳[22]）

センゲもまた現代社会で起こっている「ある変化」について論じている。人々が問題を細分化したり断片化したりすることから脱却して、それをより大きな文脈の中に置いて、諸問題の関係を考えるようになってきたということである[23]。

●教育の中に魂や聖なるものの次元を取り入れることの重要性

ミラー教授は、教育の中に魂や聖なるものの次元を取り入れることで、教師もまた地球規模の目覚めに参画することができるようになるという。こうした試みは、いかなる宗教上の信条や伝統も脅かすことなく、逆にそれらを活かし高めることが可能であるという。それでは、なぜ教育に魂を取り入れる必要があるのだろうか？　もし教育の中に魂や聖なるものの次元を取り入れることをしないならば、それはスピリチュアリティを否定することであり、同時にそのことは、私たちの存在の本質的なものを否定することになるからだとミラー教授は確信している。その結果、私たちの存在自体を、そして教育に対する取り組みそのものを「矮小化する」ことに繋がっていくという。教育のプロセスに魂を取り入れることによって、細分化された人間ではなく、「全人」のための教育を実現することが可能となるとホリスティック教育は考えるのである[24]。

●内面と外面の調和のとれたバランスを維持すること

教育のプロセスに「魂」を取り入れることによって、教室はさらに活気があふれ、エネルギーに満ちた場となる。概して教室は退屈で活気のない場になりがちだが、「魂」を回復することで、教室に根本的な活力が蘇ることになる。

現在の教育制度は、合理的な思考法や量的な面を強調しがちである。技術的な面や目に見える責任を「過度に」重視しがちでバランスを崩していると言える。内面と外面の間の調和のとれたバランスを維持することが重要な課題となる。(25)

●「大きな問い」と向き合うことの重要性

魂を認めることによって、私たちは生に対する「大きな問い」と向き合うことになる。しかし残念なことに教育の場面では、こうした精神的な分野の内容については、本格的に語られないのが現実である。たとえば「真実の本質は何か」「人生の目的とは何か」「私は誰なのか」「人間の本質とは何か」等の問いは、思春期になれば、深く考えるようになるものだが、教育においては、知的教育が中心の現場では、こうした本質的な「大きな問い」を、なかなか学校教育の中で本格的に取り扱うことがむずかしい。(26)

●魂に満ちた学びで最も重要な要素は「教師の魂」である

ミラー教授によれば、魂に満ちた学びの中で最も重要な核になるのは、「教師の魂」であろう。なぜなら教師の魂が深く育まれなければ、子どもたちの魂が育っていかないからである。子どもたちが望んでいるのは、教師が子どもたち一人ひとりに関心と注意を向けることであり、教師が本来の〈自己〉として真に存在することである。「魂に満ちた教師」が教室に持ち込めるのは、教師がその場に真に存在するということと、子どもたちに向ける思いやり以外にはありえないのである。(27)

●瞑想等をした結果、ある女性教師は受け持ちの子どもたちに対して「気づき」が高まった

たとえば、ミラー教授のトロント大学大学院の受講生で現役のある女性教師は、「魂に満ちた学び」を現場の教室で実践できた結果を次のように発言している。筆者にはきわめて印象的な感想だったので以下に要約して紹介することにしたい。一人の教師として、ホリスティック教育に従った瞑想等をした結果、彼女は自分の受け持ちの子どもたちの気持ちに対して「気づき」が高まったという。一日のスケジュールを急いで消化していくのではなく、日々、経験することや充実する瞬間を楽しむようになったという。児童生徒たちは、自分が以前よりも幸せそうだと言ってくれる。実際、彼女はよく笑うようになったという。なぜなら、しなければならないことばかりを考えるのではなく、気づきが高まり、今ここに「存在」していることを深く認識できているからだと報告している。[28]

●ケアリングとホリスティック教育

「ケアリング」の学問分野からも、ホリスティック教育は説明可能である。なぜなら、真に存在することと深く係わるのが、ケアリング（思いやり）の本質だからである。「ケアする教師」は、教科学習と生徒の興味を深く結びつける。ノディングズは、ケアリングのある場所では、自由に活発な態度で反応するという。教師がケアリングの態度で接するとき、教室にまとまりある共同体が形成されると主張している。そこで次節では、「ケアリング」に焦点を絞って、その特質とホリスティック教育の共通点を浮き彫りにしてみたい。[29]

第四節　ホリスティック教育とケアリング・自己超越性

ミルトン・メイヤロフの『ケアの本質』[30]は小著であり、かつ難解な専門用語をほとんど使用せずに論じられているにもかかわらず、ケアリングの本質に迫る哲学的あるいは現象学的な深さを兼ね備えた良書である。筆者の乏しい教育哲学的知見と照らし合わせても、メイヤロフが主張する「ケアリング概念」は、きわめて実存的かつ現象学的で、筆者が学んできたドイツの哲学・教育哲学者のボルノー、ロゴセラピーを構築したフランクル、『我と汝』の哲学を構築したブーバー、そしてホリスティック教育の思想と深く広く共鳴しあう思想を包摂していることに気づいた。

●ケアするとは、その人が成長すること、自己実現することをたすけること

メイヤロフは、一人の人格をケアするとは「最も深い意味で、その人が成長すること、自己実現することをたすけること[31]」と定義している。別の箇所では、「相手が成長し、自己実現することをたすけることとしてのケアは、ひとつの過程であり、展開を内にはらみつつ人に関与するあり方であり、それはちょうど、相互信頼と、深まり質的に変わっていく関係とをとおして、時とともに友情が成熟していくのと同様に成長するものなのである[32]」と述べている。ここには、ホリスティック教育の核心である、自我ではなく「自己」の在り方で、子どもを「信頼」する態度と、「子どもに寄り添う」という姿勢が貫かれており、こうした在り方とホリスティック教育の在り方がきわめて類似性の深いものであることが明瞭になる。

●メイヤロフの「ケアリング」とフランクルの「自己超越性」の共通項

メイヤロフは人格の成長について次のように語っている。「ある人が成長するのを援助することは、少なくともその人が、何かあるもの、または彼以外の誰かをケアできるように援助することに他ならない。またそれは、彼がケアできる親しみのある対象を発見し創造することを、励まし支えることでもある[33]」。

このメイヤロフの主張は、フランクルのいうロゴセラピーと同じ考え方である。たとえばフランクル著『宿命を超えて、自己を超えて』の第四章「ロゴセラピーとはなにか」の中で、ロゴセラピーの特徴の一つである「自己超越」について次のように定義している。

「自己超越とは、人間存在がいつでも、自分自身ではないなにものかへ向かっているという基礎的人間学的事実のことである。人間存在はいつでも、自分自身ではないなにかやだれかへ、つまり、実現すべき意味や、出会うべき他の人間存在へ、向かっている。人間がほんとうに人間になり、まったき自分自身であるのは、何らかの課題へ献身的に没頭しているときである。なんらかのことがらに仕えたり、他の人格を愛したりすることによって、自分自身のことを考えずに忘れているときである。」（傍点筆者）[34]と。

●「ケアリング」と「自己超越性」と「ホリスティック教育」の共通項

このフランクルのいう「自己超越」の特徴である、「自分自身ではないなにものかへ向かっている状態」と、メイヤロフのいうケアリングの特徴である「ある人が成長するのを援助することは、その人が、何かあるもの、または彼以外の誰かをケアできるように援助すること」という捉え方は、どちらも自分が忘我の状態で「汝」としての相手に関わるという点で、基本的に同じ人間の誠実なあり方と言えよう。フランクルのロゴセラピーの哲学の核心である「自己超越」概念は、ホリスティック教育の概念と軌を一にするものである。[35]

第五節　魂の概念について

●成果主義や説明責任等の最近の流行は、人間の心を損なう機械的な教育である

ここで再び、ホリスティック教育の視点に戻ろう。ミラー教授によれば、成果主義や説明責任の最近の流行は、人間の心を損なう機械的な教育であり、教室から活力を奪うものである、と鋭く批判している。学びにおいて、質を無視して量を重視することは、子どもの魂を抑圧することになるからである。逆に、魂に満ちた学びは、子どもたちの内面性を育み、それを外面性や環境と結合させていくのである。こうした思想は、道教（老荘）、キリスト、仏陀の教えの中にも含まれるし、エマソンが「宇宙の根源的な関係」と呼んだものと共通するのである。[36]

●エマソンにとって、魂は生命を吹き込む中心的な源泉である

ミラー教授はさまざまな宗教家や哲学者を例示しつつ、魂の定義をしているが、ここでは任意にエマソンの思想を選んで、魂の本質について説明していこう。エマソンにとって、魂は生命を吹き込む中心的な源泉である。魂に関する「大霊」（Oversoul）について触れているエマソンにとって、「大霊」とは、その中にすべてが存在する「統一者」のことで「神」と呼ばれる場合がある。[37]

●トマス・ムーア著『魂のケア』を取り上げるミラー教授

魂に関する現代の理解として、ミラー教授は、一九九二年に刊行されたトマス・ムーアの『魂のケア』を取り上げる。ムーアの思想は、ルネサンス期のマルシリオ・フィチーノに依拠している。彼によれば、「魂」は、事物ではなく、自己を経験するときの「質」あるいは「次元」である。それは、深さ、価値、関係性、心、個人の本質に関わるという。[38]

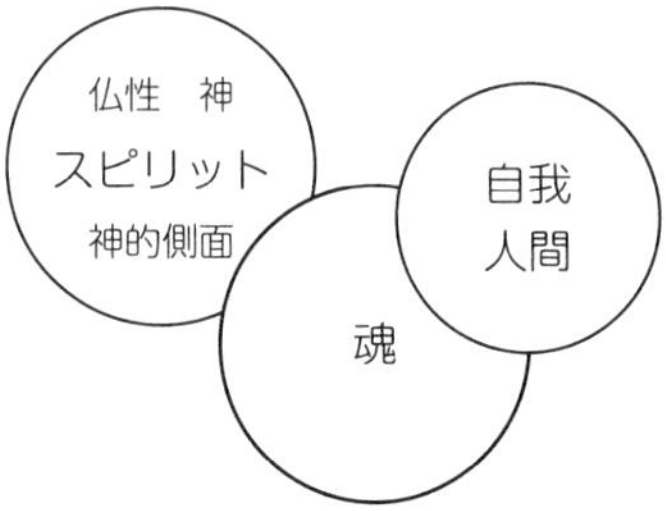

仏性　神
スピリット
神的側面
自我
人間
魂

図2-5　ミラー著、『魂にみちた教育』、37頁参照。

●エマソンとムーアから強い影響を受けたミラー教授の「魂」の定義

ミラー教授は、特にエマソンとムーアから強い影響を受けて「魂」を次のように定義づけている。第一に、「魂」は自我（エゴ）とスピリットを結合するものである。自我とは、社会化された自己感覚のことで、子どもが成長するにつれて、自己自身を他者との関係の中に位置づけていくことで形成されていく。「スピリット」は、私たちの内なる神的な本質のことである。スピリットを通して、私たちは聖なるものとの一体感を経験する。そこにはスピリットの超越的な特性が見られる。この内なるスピリットは、ヒンドゥー教であればアートマン、仏教であれば仏性等と呼ばれている[39]（図2－5）。

●神的な側面と人間的な側面の関係

「魂」は、神的な側面と人間的な側面を結びつけることができる。それゆえスピリットばかりに注目していると、人間的な側面や日々の生活とのつながりが薄れてくるので注意しておかなければならない。その逆もしかりである。「魂」の定義をエマソンに即して説明してみよう。人間の魂は一つの器官ではなく、すべての器官に活力を与えそれらを動かすものだとエマソンは考えている。美しい音楽の調べは魂を開放的にするし、逆に恐ろしい状況では、魂は委縮してしまう。このことからも、魂に満ちたカリキュラムは、魂を育み、魂が拡大して活性化するので、ここでもホリスティック教育の重要性が再認識させられる[40]。

●「魂に満ちた仕事」（soulful work）を見出したいという欲求

私たちは、「自己の人生という旅」が、深い願望を見出し、かなえるためのものであることをおおよそ理解している。その中でも深い願望の一つが、「魂に満ちた仕事」（soulful work）を見出したいという欲求であるだろう。その意味で、職業教育の大半は上述のものと異なる合理主義的なものであることは、真に教育というに値するものなのか筆者にも疑問が残る点である。職業選択をする際に、合理性を発揮する必要はあるが、それでも魂が本当に欲している道を見出し、自分が生涯をかけるべき仕事だと感じられるものに、自らを添わせることが大切であることをミラー教授は強調する[41]。

●正しい仕事を見出すことは、この世界で自分の魂を見出すことと同じである

トマス・ムーアによれば、私たちは仕事を自分で選んでいると思い込んでいる傾向にあるが、じつは「仕事の方が私たちを選んでいる」というのが実相である。仕事とは天職であり、私たちはその仕事へと「呼び寄せられる」という考え方をトマス・ムーアは主張する。すなわち、正しい仕事を見出すことは、この世界で自分の魂を見出すことと同じなのだという考え方は、日本の職業指導や進路指導の領域においても新しい知見であり、参考にする必要があるのではないだろうか[42]。そしてこうした見解は、フランクルの世界観ときわめて共通しているものがある。

●魂は愛を求め、問題や葛藤を抱えたまま、長期間耐えることができる

ミラー教授に従えば、魂は「別の魂」（ソウルメイト）との合一を求めるという。これは、恋愛、肉親同士の愛、万人への普遍的な愛、神への愛という形をとる。愛を通して、人間の魂は永遠や神聖なものに触れることができるという[43]。

しかも「魂」は、問題や葛藤を抱えたまま、長期間耐えることができる。表面上は何も解決していないように見えても、魂の次元では、独自にすでに動いており、最終的に魂が自分のやり方で働くことができさえすれば、おのずと解決策は見出され、問題から解放されることがあると、ミラー教授は考えている[44]。

●「内なる生」は家に留まり、静かにそれ自身が真実そのものなのである（エマソン）

観想や魂に満ちた認識は、非二元性を特徴とし、私たちは観想したものと一つになる。ここで「観想」とは、元来、仏教用語で、特定の対象に向けて、心を集中し、そのものの真の姿を把捉しようとすることを意味する。

これとの関連でミラー教授はエマソンを援用しつつ次のように考えている。私たちはさまざまに異なる次元で生きている。そこには外的な生もあるが、しかし内なる生は家に留まり、静かにそれ自身が真実そのものなのである。私たちは大人になり男性や女性として成長し、子どもを作り、評判を得て仕事をしていく。しかし「内なる生」はこうしたことをまったく重視せず、それは「大いなる現在」にのみ生きており、この現在を偉大なものにするという。この静かで、土台のしっかりした幅広い視野をもつ「魂」は、ただ太陽の光のもとで世界に思いをはせるのである。ここから理解できることは、私たちの日常生活が、さまざまな役割を担ったものとして営まれているが、心を集中し、そのものの真の姿を把捉しようとするならば、私たちは「大いなる現在」にのみ生きており、さまざまな役割を超越した私自身あるいは「自己」が本質体であり、そこにのみ「内なる生」が留まるのである。(45)

●「観想」は、魂の学びと認識にとって中心となるべき方法である

「観想」は、魂の学びと認識にとって中心となるべき方法であるが、しかしながら残念なことに、近代という時代の教育の中で、ほとんどこれまで注目され奨励されることがなかった。近代における学校制度の中では、正しい答えを求め、自分の意見をうまく主張できる方法ばかり教えられてきたが、観想を無視したり否定することは、子ども達の魂を否定することになるのではないだろうか。頭の中が暗記や分類でいっぱいのとき、子ども達の魂は、どこかに姿を消してしまうことを私たち教師はしっかりとわきまえておかなければならないのである。(46)

結論

以上、ここまでホリスティック教育の特徴のいくつかを指摘してきた。私たちはここから、現代社会における教育問題を解決し改善しうる、どのような有意義な教育学的果実を得ることができるだろうか。いくつか、任意に筆者の視点を示して、暫定的な結論としたい。

第一に、地球環境への関心の深まりと同時に人間の精神性重視の傾向も同時に深まりつつあるという点である。こうした変化の核心にあるのは、「あらゆる〈いのち〉のつながりに目覚める」という考え方が、現代社会で受け入れられ始めた事実であり、まさにこの〈つながり〉の意識こそが、ホリスティック教育の中心に存在する。日本の教育を振りかえって見ても、体罰や家庭内暴力、さまざまな子どもへの関わり方や在り方がようやく、ホリスティック教

育の方向へ半歩でも近づきつつあることは、幸いである。

第二に、成果主義や説明責任という方向性は、世界の潮流の一つであることは誰も否定できない。しかしながら、こうした最近の流行は、他方で、特に子どもたちの心を損なうきわめて機械的な教育であり、教室から活力を奪うものである。学びにおいて、質を無視して量を重視することは、子どもの魂を抑圧することになるからである。逆に、魂に満ちた学びは、子どもたちの内面性を育み、それを外面性や環境と結合させていくのである。こうした思想は、道教（老荘）、キリスト、仏陀の教えの中にも含まれるし、エマソンが「宇宙の根源的な関係」と呼んだものと共通する。

第三に、上述の課題に少しでも近づけようとするとき、日本の学習指導要領の中でもおこなわれているさまざまな改善に、いくばくかの期待を持つことも可能である。将来的には、日本の子どもたちの精神性や魂を深める領域にも深く関わる提言を期待したい。関連しうる領域としてはやはり「特別の教科　道徳」になるだろう。そこでは多面的・多角的な道徳的諸価値の議論が、学習指導要領でも求められているが、そのような授業をすることと通して、こうした真実の人間の在り方、正しい精神性や倫理観を学ぶ絶好の機会になる可能性を秘めていると筆者は考えている。その際に、ホリスティック教育の提言はきわめて参考になる教育思想の根拠となると思われる。

謝辞

筆者は、二〇一七年四月初旬から九月上旬まで、神戸親和女子大学から在外研究の機会を与えられました。本論は、トロント大学（ＯＩＳＥ：オンタリオ教育研究所）のジョン・Ｐ・ミラー教授のもとで学んできた事柄を中心に執筆したもので、研修成果報告の一部となるものです。貴重な機会を与えていただいた神戸親和女子大学およびミラー教授を紹介していただいた山根耕平理事長に対して、この場をお借りして厚く御礼申し上げます。

【註】

（1）Vgl.John P.Miller,The Holistic Teacher,1993, OISE Press,p.3.　ジョン・P・ミラー著、中川吉晴・吉田敦彦・桜井みどり訳、『ホリスティックな教師たち』、一九九七年、学習研究社、四頁参照。
（2）Vgl.Miller,ibid.,p.3f.『ホリスティックな教師たち』、四～五頁参照。
（3）Vgl.Miller,ibid.,p.11f.『ホリスティックな教師たち』、二〇頁参照。
（4）Vgl.Miller,ibid.,p.13.『ホリスティックな教師たち』、二一頁～二二頁参照。
（5）Vgl.Miller,ibid.,p.13.『ホリスティックな教師たち』、二三頁参照。
（6）Vgl.Miller,ibid.,p.14.『ホリスティックな教師たち』、二五頁参照。
（7）Vgl.Miller,ibid.,p.14f.『ホリスティックな教師たち』、二七頁参照。
（8）Vgl.Miller,ibid.,p.16.『ホリスティックな教師たち』、二八頁参照。
（9）エマソン著、梅根悟監修、市村尚久訳、『人間教育論』（世界教育学選集五七）、明治図書、一九七六年、四〇頁。
（10）エマソン著、前掲書、四一頁。
（11）市村尚久著、『エマソンとその時代』、玉川大学出版部、一九九四年、一〇一頁。
（12）市村尚久著、前掲書、一〇七頁。
（13）市村尚久著、前掲書、一〇九～一一〇頁。
（14）Vgl.Miller,The Holistic Teacher,p.16.『ホリスティックな教師たち』、二八頁参照。
（15）Vgl.O.F.Bollnow,Die pädagogische Atmosphäre,Heidelberg,4Aufl.,1970,S.47.　ボルノー著、森昭・岡田渥美訳、『教育を支えるもの』、黎明書房、一九八〇年、一一三頁参照。以下では、『支えるもの』と略記する。
（16）Vgl.O.F.Bollnow,ibd.,S.47f.『支えるもの』、一一五頁参照。
（17）Vgl.O.F.Bollnow,ibd.,S.50.『支えるもの』、一二一頁参照。
（18）Vgl.John P. Miller,EDUCATION and the SOUL,1999,the State University of New York Press,p.3.ジョン・P・ミラー著、中川吉晴監訳、吉田敦彦・金田卓也、今井重孝他訳、『魂にみちた教育』、晃洋書房、二〇一〇年、三～四頁参照。
（19）Vgl.Miller,ibid.,p.3f.『魂にみちた教育』、四頁参照。
（20）Vgl.Miller,ibid.,p.4.『魂にみちた教育』、五頁参照。
（21）Vgl.Miller,ibid.,p.4f.『魂にみちた教育』、六頁参照。
（22）Vgl.Miller,ibid.,p.6.『魂にみちた教育』、八頁参照。
（23）Vgl.Miller,ibid.,p.7.『魂にみちた教育』、一〇頁参照。

（24）Vgl.,Miller,ibid.,p.8f.『魂にみちた教育』、一二～一三頁参照。
（25）Vgl.,Miller,ibid.,p.9.『魂にみちた教育』、一三～一四頁参照。
（26）Vgl.,Miller,ibid.,p.9f.『魂にみちた教育』、一四頁参照。
（27）Vgl.,Miller,ibid.,p.10.『魂にみちた教育』、一六頁参照。
（28）Vgl.,Miller,ibid.,p.11.『魂にみちた教育』、一六頁参照。
（29）Vgl.,Miller,ibid.,p.11.『魂にみちた教育』、一七頁参照。
（30）Milton Mayeroff, On Caring, Harper&Row,1971.　ミルトン・メイヤロフ著、田村真・向野宣之訳、『ケアの本質——生きることの意味』、ゆみる出版、二〇〇七年。　これ以降の本書の註については、『ケア』と略記する。
（31）Mayeroff,ibd.,p.1.,『ケア』、一三頁。
（32）Mayeroff,ibd.,p.1f.,『ケア』、一四頁。
（33）Mayeroff,ibd.,p.13.,『ケア』、二九頁。
（34）Mayeroff,ibd.,p.13.,『ケア』、二九頁。
（35）Viktor E.Frankl/Franz Kreuzer:Im Anfang war der Sinn—Von der Psychoanalyse zur Logotherapie, Piper,München,1986.S.78.　フランクル著（聞き手：F.クロイツァー）、山田邦男・松田美佳訳、『宿命を超えて、自己を超えて』、春秋社、一九九七年、一四四～一四五頁。
（36）Vgl.,Miller,EDUCATION and the SOUL,p.12.『魂にみちた教育』、一八頁参照。
（37）Vgl.,Miller,ibid.,p.20.『魂にみちた教育』、三一頁参照。
（38）Vgl.,Miller,ibid.,p.20f.『魂にみちた教育』、三三頁参照。
（39）Vgl.,Miller,ibid.,p.23f.『魂にみちた教育』、三七頁参照。
（40）Vgl.,Miller,ibid.,p.24f.『魂にみちた教育』、三八～三九頁参照。
（41）Vgl.,Miller,ibid.,p.26.『魂にみちた教育』、四〇頁参照。
（42）Vgl.,Miller,ibid.,p.26.『魂にみちた教育』、四一頁参照。
（43）Vgl.,Miller,ibid.,p.26.『魂にみちた教育』、四一頁参照。
（44）Vgl.,Miller,ibid.,p.28.『魂にみちた教育』、四四頁参照。
（45）Vgl.,Miller,ibid.,p.28f.『魂にみちた教育』、四四～四五頁参照。
（46）Vgl.,Miller,ibid.,p.29.『魂にみちた教育』、四五頁参照。

第三章 マインドフルネス教育とホリスティック教育

——ホリスティック教育の基底（その三）——

●「神から授かった人間の本質が、教育を通して表現され、そして自覚されるのでなければならない」（フレーベル）

ミラー教授は、ホリスティック教育が深く関わる、幼稚園の創始者フレーベルの教育思想についておおよそ次のように述べている。要約してみよう。神から授かった人間の本質が、教育を通して表現され、そして自覚されるのでなければならない。人間は自らの中に生きて働いているその神的なるものに従って自由に意識的に生きるようになり、自らの生活と人生において、この神性の自由な一つの表現形態にまで高まるのである。[1] 授業の中で行われる教育は、自然の中に顕現している永遠の聖なる神性を見出し、認識するように人を導くものである。ホリスティック教育はこうした方向性を志向する教育実践なのである。

第一節　ホリスティック教育の定義

●「混沌から抜け出す唯一の道は、教育を通しての人々の魂に霊性を取り戻すことにある」（シュタイナー）

さらにミラー教授は、ヴァルドルフ教育の創始者ルドルフ・シュタイナーを取り上げている。シュタイナーの言葉を要約してみよう。社会の混沌から抜け出すためには、芸術としての教育を発展させることが何より大切である。この混沌から抜け出す唯一の道は、教育を通しての人々の魂に霊性を取り戻すことにある。その魂によってこそ、文明の進展と進化の道筋を見出すことができるだろう。[2] このようにホリスティック教育は、人間のなかに存する超越性、すなわち、永遠の聖なる神性を見出すことであり、そのためには、教育や芸術を通して人々の魂に霊性を取り戻すことを焦眉（しょうび）の課題としている。

●「根源に根差した十全な生物になるためには、スピリチュアルな根源に根差した教育を必要とする」（シュタイナー）

シュタイナーによれば、この世界は「霊」（スピリット）によって創造され生成してきたものであるから、人間という生物もまた、スピリチュアルな次元を源泉として、そこから自己を表現するときに、実り豊かな被造物となるという。こうした根源に根差した十全な生物になるために、私たち人間は、スピリチュアルな根源に根差した教育を必要とする。(3)

●ホリスティック教育の定義

ミラー教授によれば、「ホリスティック教育とは〈かかわり〉に焦点を当てた教育である。論理的思考と直観の〈かかわり〉、心と身体との〈かかわり〉、知とさまざまな分野の〈かかわり〉、個人とコミュニティとの〈かかわり〉、そして自我と〈自己〉との〈かかわり〉がある。ホリスティック教育においては、学習者はこれらの〈かかわり〉を深く追求し、この〈かかわり〉に目覚めるとともに、その〈かかわり〉をより適切なものに変容していくために必要な力を得る。」ホリスティック教育は、こうした意味で「全連関的教育」と言い換えることができるだろう。(4)

第二節　教師の自己変容

●心の静けさ

ここでエマソンの次の言葉を引用してみよう。「静かにしてみませんか。そうすれば神々の囁（ささや）きが聞こえるかもし

れません。」（エマソン）(5)

エマソンがみごとに預言したように、現代社会は喧騒に満ちており、私たちが静かにして自己の内面を見つめ直す機会はそれほど多くないことは言うまでもない明白な事実である。そうした中で一日に一度はこうした音を締め出して、静かにすることが「真実の自己」と向き合うためには非常に大切なことになる。たとえば、瞑想状態になることでそれが可能となる。ここでの瞑想状態とは、寛いだまま覚醒している状態のことで、さまざまな形が可能である。赤ちゃんを腕に抱いている母親は子どもをあやしながら、歌いかけているとき、やさしいリズムに浸って赤ちゃんと一つになっており、これも瞑想状態の一つと言えるだろう。(6)

●受動的な心では、もっと生きやすくなり、寛いでいられるようになる

寛いだまま覚醒している人々に共通しているのは、意識が「活動的な状態」から「受動的な状態」へと変化したという点である。意識が活動的な状態にあるとき、私たちは周囲の環境を操作しようとする。計画を立て、世の中で「活動的な状態」で生きていくときにはそれが役立つ。それに対して、意識の受動的な状態が生じるのは、頭で周囲の世界を支配し操作するのをやめるときである。そのとき、私の心は、起こっては過ぎ行くことを見つめ、それに耳を傾けるだけである。受動的になれば、さらに生きやすくなる。なぜなら、他人を操作しなくなるために、他人との葛藤や個人的な問題に巻き込まれなくなり、もっと寛いでいられるようになるからである。さらに瞑想等を通じて、子どもの頃にあった情熱や率直さが蘇ってくるようになる。つまり瞑想をすることによって、生への共感が深まるのである。(7)

●瞑想の中では個々の思考や感覚に振り回されないので、意識が自由に働くようになる

瞑想の中では、とりとめのない考えや自分の陥りやすい傾向を見つめることが可能となる。日常生活では「今日は誰から電話があるだろう」とか雑多なさまざまな事柄が頭をかけめぐる。こうした頭の中での会話の虚しさに気づいたら、自分の生活をもっと意味ある明瞭なものにしたいと実感するようになる。瞑想の中では個々の思考や感覚に振り回されないので、意識が自由に働くようになる。そうなると意識を何に振り向けるか、自由に選べるようになる。(8)

●人はなぜ瞑想をするのか

ミラー教授によれば、瞑想の生理的・心理的効果は既に良く知られており、特にストレスに対処するうえで有効である。全世界の成人の約三分の一が高血圧で悩んでいるといわれている。ストレスに対処するうえで有効なのが、「リラクゼーション反応」で、これを定期的に練習すると血圧は下がり、呼吸は遅くなり、代謝機能も安定してくる。「リラクゼーション反応」は、①静かな環境　②言葉や章句を何度も一定の形で唱えること　③受動的な態度をとること　④楽な姿勢を保つことで構成されている。(9)

第三節　魂にみちた教師

●子どもたちの魂が育まれるためには、教師の魂が深まることが求められる

教師の人間性によって、そのクラスの空気や雰囲気はまったく異なってくる。子どもたちの魂が育まれるためには、教師の魂が深まることが求められる。教師の魂が委縮していると子どもたちの魂をケアすることはできない。本節ではいかにして教師の魂が育まれるかを問うていきたい。(10)

●教師のための瞑想

「観想」（contemplation）はそもそも、魂のレベルで理解したことを意識しつつ、日常生活に活かすために存在する。

社会生活では、機械的な理論に従った直線的で合理的な思考生活が中心となるために、魂の成長の機会が少ない。直線的で合理的な思考生活では、教師は特定のモデルを使用することになり、それに従った手法や戦略を学ぶようになる。ショーンはこうした技術的アプローチを批判して、「反省」が重要になるという。ショーンはポランニーを援用しつつ、この「反省」はポランニーのいう「暗黙知」や直観に基づいているという。こうした「暗黙知」が一瞬一瞬の活動を導いているという。ショーンはこれを「活動のなかの反省」と呼称している。例としてジャズ演奏を上げて次のように考えている。ジャズ演奏では、活動のなかの反省を用いて、即興で音楽を演奏している。意識と演奏活動の間でたえまないやり取りが行われており、反省がこの過程を導くという。(11)

●「反省的実践」は直観的な事柄を意識し活動へと結合する

これとの関連で、ショーンは教師たちに「反省的実践」に取り組むことをすすめている。これが重要なのは、それが直観的な事柄を意識し活動へと結合するからである。しかしこれは「観想」(contemplation)とは異なる。なぜなら観想では魂への新しい地平が開かれ、新しい学びがあるからである。美しい芸術作品や音楽に触れるとき、距離を感じなくなる瞬間があり、それが自分の存在や魂の一部となるように感じられる。(12)「観想」(contemplation)の能力を高める方法の一つが「瞑想」(meditation)である。ミラー教授は、オンタリオ教育研究所で、教師たちに瞑想を教えている。大学院生でその大半は現職教師に瞑想を紹介しているという。ミラー教授自身はヴィパッサナー瞑想(insight meditation)を二十年以上も実践している。

●マインドフルネス

「マインドフルネス」(気づき)は、魂を日常生活に取り入れる方法である。「マインドフルに生きる」とは、今ここにいるということを意味する。今ここに存在して目覚めていることを「マインドフルに生きる」と表現するのである。私たちは日常生活で、「マインドフルに生きているかと問われれば心もとないことがしばしばである。一日を無自覚に惰性で過ごしていることが多くないだろうか。多忙さを理由に次から次に用事を片付けて意識は散漫になっていないだろうか。テレビを見ながら、新聞を読みながら食事をし、運転をしながら別のことを考える生活に陥っていないだろうか。私たち教師が、上の空でクラスにいると、子どもたちもすぐにそれに気づくのである。妻も夫も家庭で上の空で子どもと接すると、子どもはそのことにすぐに気づいてしまう。なぜなら「上の空」の在り方は、周りの世界との接触がなくなるからである。[13]

●ジョイスの『ユリシーズ』の登場人物ダフィー氏

ミラー教授は、ジョイスの『ユリシーズ』の登場人物ダフィー氏を取り上げて次のように述べている。彼は自分の身体から数フィート離れたところに住んでおり、世界との接触がないままの自動操縦の惰性的生活を過ごしている。私たちもダフィー氏のようになっていないだろうかという指摘である。もしダフィー氏のようになってしまったならば、子どもたちとの間に深い溝ができてしまうことになる。子どもたちが真に求めているのは、教師が一人の人間として、真に存在していることである。どうすればこれが可能になるだろうか。マザー・テレサはどうしてあのような偉大なことができたのかと問われて「私は小さなことを、大きな愛をもってしているだけです」と答えたという。食事の準備や皿洗いという日常の小さな事柄を愛と存在感をもっておこなうことができればよいのである。[14]

●マインドフルネスを持ち込んだ教師の日記

マインドフルネスを持ち込んだ教師の日記を要約してみよう。教師として、クラスにいる子どもたちのことや彼らの気持ちに対して、マインドフルネスをする前よりも気づきが高まった。日々経験することやピタッとくる瞬間を楽しめるようになった。子どもたちは、以前よりも自分が幸せそうだと言ってくる。実際彼はよく笑うようになったという。なぜなら、しなければならないことを考えてばかりいるのでなく、気づきや注意が高まり、今ここに存在してからだと確信する。[15]

第四節「観想的に生きる」ということ

【一】スローダウン

スローダウンとマインドフルネスはきわめて類似しているとミラー教授は強調する。二つは補い合い、支え合っている関係にある。両者とも魂を育むという点で共通する。スローダウンは、忙しさが加速する現代にあって、実践することが重要だけれども困難な課題でもある。人員削減を迫られている会社、予算を削減されている学校では特に忙しさが際立っている。教師は次から次へと仕事をこなし、魂や他者、地球とつながる時間を持つことがなかなかできないのが現状である。だからこそ、そのような現状の中で、スローダウンは必要不可欠な姿勢となる。[16]

●どうすればスローダウンが可能だろうか。

第一に、やるべきことのリストを作らないか、少なくとも短くする。一般にこのリストは長く、いつも自分は遅れていると感じてしまうと、かえってマイナス効果しか生み出さない。消費主義に扇動される必要はなく、本当に必要なものだけを購入すればいいのである。

第二に、一日の中で隙間を作ること。深呼吸をしたり、やっていることを中断する時間を少し持つならば、一日の中で隙間を作ることができる。どこかへ行くときに少し早めに行き、余裕を持って到着すれば、意図的に隙間を作ることが可能となる。会議等に遅れてくる人は、絶えず遅れを取り戻そうと、奮闘して、今この瞬間に存在していると実感する機会を持てないだろう。第三に、あわただしい気持ちが起こったら、それに気づくようにしよう。急ぎすぎてたくさんのことを一度にしようとしているときには、身体が緊張してしまうので、すぐに意識的にスローダウンすることが大切である(17)。

【二】音楽

芸術に触れるとき、魂に満たされた瞬間を経験することがある。多くの人々は、音楽の調べは観想的な状態を導き、魂が躍り出すのである。音楽を聴くと、意識は自我から離れていき、人は魂が大いなるものにつながることを感じる。

●日常生活を観想的なものに変えていくために必要なこと

さまざまな瞑想を行い、スローダウンし、音楽を聴き、沈黙と空間を大切にすることで、日常生活を観想的なものに変えていくことができ、その結果、魂が育まれるのである。魂をケアするためには、自分の生活を見直して変えていく必要がある。なぜなら現代生活が進んでいる方向は、魂が求めているものと逆行しているからである。もちろん、通常の生活をしっかりと営んで守ったうえで、観想的な生活も確保することが大切である(18)。

●最後に―自分を癒そうとしないで、どうしてこの地球を癒したいと望めるだろう―

私たちにできるもっとも重要なことは、自分自身に対するものである。自分を癒そうとしないで、どうしてこの地球を癒したいと望めるだろうかとミラー教授は言う。観想を通じて自分の魂を育むことができるのである。それは子どもたちの魂にとって肯定的な環境を作ることになる。私たちの内的な生と外的な生そして文化との間には密接な深いつながりがあるが、この関係を強固にしていく必要がある。観想的に生きることによって、この関係を深く強くすることができるのである(19)。

第五節　魂にみちた変革

ミラー教授によると、現代人の生活は、生活の世俗化と聖なるものの両者があまりにも隔離されすぎているという。本来、この両者は不離不即の関係にあるべきである。たとえばマザー・テレサのなした行為はすべてスピリチュアルな行為だった。ガンディーもまた精神の適切な発達は、子どもの身体的・霊的な教育と足並みがそろったときにのみ生じると指摘している。『宗教とアメリカ教育』を著したウォーレン・ノード（Nord 1995）によれば、現代アメリカ社会では、スピリチュアルな面に問題があり、世俗的な面が強すぎて、スピリチュアルな生活が抑圧されていると鋭く指摘している。[20]

●ケアする存在としての教師

ミラー教授に従えば、子どもたちに対して真の存在となることこそが、教師にとって魂を育むためにもっとも重要なことだという。なぜなら、教師が子どもに対して「ケア」（思いやり）や共感をすることで、子どもたちは、自分が傾聴され肯定されていると感じるものだからである。こうした経験こそが、子どもの魂を発達させるのである。すなわち、教師がケア、思慮深さ、親切心を体現している教室では、子どもたちの魂は安心して自己を表現できるのである。[21]

●魂に満ちたカリキュラムは子どもたち全体に関わる

魂に関心を持つ教師は、子どもたちが人格的成長やスピリチュアルな成長を遂げると同時に、学業においてもうまく展開することを期待するものである。なぜなら魂に満ちたカリキュラムは子どもたち全体に関わるものだからである。「本来的評価」（authentic assessment）への取り組みは、子どもたちが実際にどのように学んでいるかを示す材料になる。そのためにも、教師と親の間のコミュニケーションは、説明責任という観点からきわめて重要なものとなる。親が学校と継続的に連絡を図り、日々の子どもたちの学習を含めた活動が伝達できることが理想の説明責任となる。[22]

●教師や親は自分自身の魂をケアする必要がある

魂に関心を持つ教師は、子どもたちが人格的成長やスピリチュアルな成長を遂げると同時に、学業でも成長することを期待することは既に述べたとおりである。しかしさらに教師はそれと同じ重要性を伴って、自分自身をケアする必要がある。教師は毎日、心や身体を休ませる時間をとることが求められる。瞑想だけでなく、園芸や散歩が休息を与えてくれることもあるし、魂に栄養を与えてくれることもあるだろう。教師に言えることは親たちにもあてはまる。親はなによりも子どもに対して真に存在し、気づきをもっていなければならない。親がケアしてくれていると感じる子どもは肯定され認められていると感じるものである。子どもの「暴走」は、親に聞いてほしいという叫びなのである。[23]おとぎ話を読むことも有効だろうし、自然の中に散歩にいくこと、園芸をともにすることも意味あることである。

●中等教育と大学の学部教育レベルで宗教の学習を義務化すべきである

ミラー教授によれば、スピリチュアルな経験は宗教的なものに限られず、それを越えたところでも起きるし、もちろんその内部でも起きうるという。ノード（Noard 1995）もまた、中等教育と大学の学部教育レベルで宗教の学習を義務化すべきであるという。なぜなら今日の主流である世俗的な教育システムにおいて、宗教に関する議論はきわめて排除されてしまったからだという。ミラー教授もまた別の箇所で（Miller 1965）中等学校の生徒は世界の宗教を学ぶべきだと主張している。宗教は多くの文化の不可欠な部分であり、特に中東諸国では中心的働きをなしている。生徒はたとえばブッダやガンディー等の宗教的人物の回想録を読むべき（Miller 1994）だとも指摘している。[24]

ノード（Noard 1995）によれば、学校のカリキュラムは生徒に、宗教を内側から共感的に理解するための素材を提供し、生徒がその情報をもとに批判的に判断できるようにするべきだという。そのうえで、宗教的理念や価値が、世俗的理念や価値と張り合うのを認めるべきだと主張している。(25)

●魂にみちた変革の可能性

パーカー・パーマーは彼の著『教える勇気』（邦訳『大学教師の自己改善』玉川大学出版部）の中で、彼が「運動の精神」と呼ぶアプローチを以下のように展開している。これは公民権運動や女性解放運動のような運動から導きだされてきたものである。これは四つの段階で構成されている。第一段階は、問題を感じて孤立している個人が「もうけっして分断されない」で生きるという内的な決断をして、制度の外に出て、自己を見出そうとし始める。第二段階は、これらの個人が協同するコミュニティを形成し始め、そこから発展していく。第三段階は、それらのコミュニティが世間で認知され、私的な関心事が公共の問題へと転換していき、活発な批判を受けるようになる。最後の第四段階では、ついに既存の制度の利益構造に変革の圧力をかけるようになる。(26)

●「ホリスティックな学習、および教育におけるスピリチュアリティ」

ミラー教授はたとえば第二段階の事例として、ホリスティック教育に関連して次のように論じている。ミラー教授自身は「指導とカリキュラム開発学会」（A sociation of Supervision and Curriculum Development）の会員で、この学会の中に約五〇の組織があり、そのうちの一つが「ホリスティックな学習、および教育におけるスピリチュアリティ」である。そこではホリスティック教育に関心のある教師たちが集まり、変革への関心や希望を共有しうるという。パーマーによれば、こうした自分たちの価値観を実行可能な形で表明するとき、驚くことに賛同者たちが集まってくると指摘している。(27)

ミラー教授自身も彼が属する「トロント大学オンタリオ教育研究所」という組織で、カリキュラム学科の中に「ホリスティックな美的教育」という部門を作り、教員や学生がスピリチュアリティについて安心して語れるようにしていると述べている。先のパーマーの次の考え方は興味深い。教える勇気とは、自己と世界の中で、もっとも真実に触れる場所から教えようとする勇気であり、生徒自身にもそのような場所を見出し、探究しそこにとどまるように励ます勇気であるという。[28]

●道教とホリスティック教育

ミラー教授によれば、教育の変革は一般的に合理的、体系的に展開できると考えられがちだが、それだけでは実際にはうまくいかないという。なぜなら変化や現実についての包括的見方に欠けるからである。ミラー教授はそれを補うものとして道教思想を紹介する。道教の陰陽のシンボルが、ここでの包括的現実と深く関連するという。ミラー教授はこうした道教の包括性とホリスティック教育を関連づけて以下のように論を展開していく。[29]

道教思想では、宇宙の営みは、対立する二つの極が能動的にバランスをとって展開されているという。男性と女性、明と暗、能動と受動、内と外、合理性と直観等がその例である。

図3-1　陰陽のシンボル　ミラー著、『魂にみちた教育』、220頁参照。

道教思想では、両極はそれぞれ他方の極を必要とするために、一方の極は他方の極を内に宿している。図3－1で言えば、二つの白黒の円がそれに相当する。ミラー教授は（Miller 1994,1996）の中で、西洋では過去数百年にわたって陽の質が支配的で、陰の質が排除されてきたと指摘している。そしてこのアンバランスが暴力、スピリチュアルな意識の欠如という病理を生み出してきたと考えている。女性解放運動やスピリチュアリティへの関心への高まりは、二一世紀の文化に動的なバランスを回復するための端緒であると指摘している。[30]

●近代教育においては、両極のうち一方の学習形態だけを強調する傾向がある

教育においても、教育内容と課程、個別学習と集団学習、学習と評価、等の対立的な要素が存在するが、それらの間に動的なバランスを回復する必要があるという。近代教育においては、両極のうち一方の学習形態だけを強調する傾向があるために、それが学校内のアンバランスを生み出している。ホリスティック教育では、そうした現実の中でも、魂の面を強調することで、生徒の内面を無視してきた伝統的カリキュラムに対してバランスをとることが可能となる(31)。

●教師や指導者は自分自身の内部でバランスの回復を必要としている

ミラー教授によれば、教師や指導者は自分自身の内部でバランスの回復を必要としているという。第一に仕事とプライベートな生活の間のバランスが求められる。第二に私たちの内部でも陰と陽の内的なバランスを見出す必要がある。それらが統合されて私たちは、エネルギーに満ちた感じが獲得できることになる。これを「フロー体験」（チクセントミハイ）とも呼ぶ。教育においても生徒の内的世界に焦点を合わせる魂の尊重と、外的なカリキュラムを意識するというバランスが求められるだろう。教室ではこの両極の間のダイナミックなリズムを生み出すことが重要となる。これがあると生徒たちは学習に深く参加するようになり、フロー体験も得やすくなるという(32)。

●パラドックスを受け入れる

バランスの概念にとって重要なのが、パラドックス（矛盾）の概念である。ミラー教授はブライス（Blyth,1976）を援用しつつ、相対性と絶対性との間で、同時に両方を生きることを私たちに求めている。男性性と女性性、明と暗、能動と受動、内と外、合理性と直観の間を生きることはパラドックスを生み、論理によっては解決できないからである。より広い枠組みで全体を包むようなある種の飛躍が必要になってくる。ミラー教授も言うように、魂の本質は、合理的な思考よりもパラドックスのほうを好む傾向があるという。変化の中でしばしば多くのパラドックスに直面するが、それに圧倒されることなく、前進する勇気が求められるだろう。「あれかこれか」ではなく、両者の総合によって対応されなければならない。(33)

●自我がないこと

ミラー教授も指摘しているように、自我がないことは自己を否定することではなく、むしろ自己感覚をより広い文脈の中に置くことである。西洋の学問体系では、自己を固くて固定したものとして把握する傾向がある。こうした自己の硬さは変革しにくくし、自己感覚の硬い殻を柔らかくしなければ、他者を理解することが困難になる。ここから理解できることは、自己感覚を柔軟にすることによって、私たちは他者の魂に同調することが可能となる。学校の教職員の間で、各自の魂の独自性を認め合うと、「人が調和的に動く」ようになり、学校がよりよく成長していく。エマソンもまた自己を柔軟にすることによって大きなエネルギーが生まれることを知っていた。(34)

●「私は透明な眼球になり、無になって、すべてを目にします」（エマソン）

ミラー教授はエマソンの以下の有名な思想を引用している。

「裸の大地に立ち、私の頭が軽やかな空気にみたされ、限りない空間へと頭をもたげるとき、一切のいやしい自己中心性は消え去ります。私は透明な眼球になり、無になって、すべてを目にします。普遍的存在の流れが私をとおって循環し、私は神の一部になります。(35)」

●教師が直観を通して、新しいことを試みるときに、本来的な変革が可能となる

ミラー教授によれば最近の教育の傾向は成果主義の教育であり、このような硬直したモデルの中では、自発的な行為の余地はほとんど見込めない。ここで今一度、計画的行為と自発的な行為との間のバランスをとる必要がある。魂は自発性が存在する精神風土でのみ成長することを考えると、成果主義のもとでは魂は枯れてしまう。実際に「教授可能な瞬間」とは、私たちが教育に自発性の余地を与えているときなのである。別言すれば、教師や指導者が自分の直観を通して、新しいことを試みるときに、本来的な変革が可能となる。(36)

●バランス、沈黙、パラドックス、無我、自発性を通して、真の変化が可能となる

ミラー教授は「道」（タオ）の教えを例えにだし、変化とは自然のやりかたであり、これに合わせることで、私たちは変化に即していくことが可能となる。教育制度の面においてさえ、考案されたモデルに従うよりも、むしろバランス、沈黙、パラドックス、無我、自発性といった要因を通して、真の変化が可能となる。こうした環境下で初めて、魂は必要とされるのを適切な瞬間に感じ取ることができるようになる。(37)

第六節　真の教育をめざすホリスティック教育

●「共感的な教師」の特徴

こうした「共感的な教師」は、自我に根ざした利己的な気持ちから、子どもたちに何かを望んでいるわけではないので、子どもたちとの間に距離を感じないのである。これとの関連でミラー教授はグリフィンを援用しているので要約してみよう。「共感的な教師」は、子どもとの間に壁を感じたり、敵対心を抱かないために、子どもの中に自分自身を感じ、教師の中に子どもの存在を感じることができる。「共感的な教師」は、以前よりも楽に動き、ゆったりとクラスで構えているので、子どもたちからは怖がられなくなるという。「共感的な教師」は、思いつめることもなく

なり、考えや行動の硬さがとれ、クラスの中で子どもとの関係性において緊張することがなくなる。つまり、「共感的な教師」は教育における厳しい勝ち負けの世界に染まらなくなり、真の意味で子どもたちとの信頼関係を構築することが容易になるのである。(38)

●「自我」に基づいて教育をしている教師の問題点

ミラー教授によれば、教師が「自我」に基づいて教育をしているとき、子どもたちにとって、そうした教師からの要求が押し付けられがちになると強く感じるという。自分の思うように事が進まないと、教師はすぐに腹を立て、怒りっぽくなり、自分の我を通そうとする。そうした教師が自分の要求を押し通すことにこだわっていると、教師の内面にわだかまっている焦りや緊張が、子どもたちにも伝染していき、結果的に子どもにとって辛い教育的状況が生じてくる。それに対して、教師がゆったり落ち着き安らいでいれば、子どもたちもこうした教師の意識の状態に類似の反応を見せることが多く、きわめて上質の教育的状況を生むことになる。こうしてクラスルームの「雰囲気」は、まさに担任の教師の人間的あり方をそのまま反映することになるのである。ここにボルノーが鋭く指摘した「教育的雰囲気」の問題が深く関連することが理解できるのである。

●周囲が安心できると感じられれば、子どもたちは進んで冒険したり、新しい物事に挑戦し始める（カール・ロジャーズ）

ミラー教授はまたカール・ロジャーズを援用して次のように考えている。ロジャーズは、学びが促進されるためには、子どもたちが安心できる環境にある場合に限ると述べている。周囲が安心できると感じられれば、子どもたちは進んで冒険したり、新しい物事に挑戦し始めるようになる。反対に、子どもたちが何かに恐怖を感じるならば、彼らは引きこもりがちになり、学習という自発的な行動を起こそうとしなくなる。(39)

●ホリスティック教育の源泉は古代ギリシアの格言である「汝自身を知れ」にまで遡る

ホリスティック教育の源泉は古代ギリシアの格言である「汝自身を知れ」にまで遡るという。この意味するところは、外から自分を眺めるのではなく、自分の内部で働いている「信念」に気づくということである。こうして内なる旅を深めることによってのみ、真の〈自己〉を見出すことができるのである。

ミラー教授は次のように述べているので要約してみよう。ユングはこの人間の内面の中心のことを〈自己〉と呼んでいる。古代ギリシアではそれは人間の内なるダイモンと呼ばれていた。こうした内なる〈自己〉は、自我よりも深い自律的な部分からやってくるのである。こうした「宇宙的な自己」は宇宙の法則に調和している部分であり、宇宙の法則が個人の中で人格化して現われた部分であり、そこには癒しの力が備わっているとミラー教授は確信している。(40)

●内面性の教育：子どもの内面の成長を最も重視しているシュタイナー教育

ホリスティック教育においては、子どもたちの内面の成長がもっとも重視される。しかしながらこのことは計画通りに進むものではないばかりか、十分に信頼のおける環境の中で、教師の側の内省や瞑想のような活動を通して培われていくものである。その中でも特に、子どもの内面の成長を最も重視しているのはシュタイナー教育であろう。シュタイナー学校では、物語、芸術、身体運動等を通して、七歳から十一歳の子どもの内面が育まれることになる。シュタイナー学校の朝は、エポック授業から始まり、これは、子どもたちの想像力を働かせながら、教科の内容を学んでいくというものである。ミラー教授はシュタイナー教育の特徴についてリチャーズを援用しているので以下で要約してみよう。エポック授業では、子どもの耳を澄ます力、からだを動かす力、考える力、感じる力が必要になる。芸術的な活動はとくに意志と結合するために、それは実際に行い、作り出す経験であり、芸術的な活動は子どもの中に何かを表現したいという感情を引き起こす。(41)

●「共感」によって、私たちは自分の中心へ、人生全体の中心へと近づいていける

「共感」によって、現実的な理解を深めていくことで、私たちは自分の中心へ、人生全体の中心へと近づいていくことができる。人間関係においては、傷つくことが少なくなるので、身を引いたり諦めたりすることが減少するのに対して逆に、喜びや満足感が増加し非難を怖がらなくなるので、創造的な面が表に出やすくなるという。その結果、生活のさまざまな活動に積極的に参加し、自由に関わることができるようになるのである。(42)

●知性とこころの統合

残念ながら、「共感」する能力は現代社会において正当に評価されていないとミラー教授は鋭く指摘している。「共感」は、優柔不断とかひ弱というイメージを持たれて、軽視されがちである。私たちの文化には、知性とこころを切断する傾向があり、一般に巨大な組織社会では、共感や優しさは犠牲にされ、知的任務遂行が強調されやすい。学校においても同じ傾向が見られる。つまり、学校で成功するには、概念的な知識を習得しなければならないのである。学校では専門的な技能や抽象的な知識の獲得が求められるが、やはり「共感」の育成には重点が置かれていない。協力やあたたかい関係よりも、競争や頭の回転の速さのほうが、価値が高いと学校では考えられているのである。

知性をこころから切り離す傾向にあるのは、頭の作り出す幻想の世界に浸りやすいからである。現代の教育界においても「基礎学力に帰れ」という幻想が重視されている。読み・書き・算術という基本に焦点を絞って教育を推し進めると、知性とこころの分裂はますます深まってしまう。このように感情や精神面を統合せずに、認識面の発達だけを強調していると、文化の分裂傾向がさらに顕著になってくる。当然のことながら、読み書きを学ぶ事は重要なことではあるが、それはあくまでも人間存在の全体が統合されて初めて有効になり得るのである。(43)

●共感的になるためには自分の存在をありのままに受け入れることが重要

教師が共感的になるためには、自分を受け入れ、自分に深く耳を澄ますことが必要となる。一番重要なのは、自分の存在をありのままに受け入れることである。自分の行動や地位によって、自分の良し悪しを計らないということである。自分の行動や地位に依存して自分のアイデンティティを構築しようとすると、自己の外面ばかりが膨張し、内なる自己を発見することが困難になるのである。教育の世界でも同様で、教師は、教え子の成績向上や、上司からの評価に基づいて、教師としての自分を形成する必要は必ずしもない。もちろん自分に向けられる評価を認識しておく必要はあるが、いずれにせよ、他者が外から評価することが基準となるのではなく、内なる革新である〈自己〉が、最終的な基準を与えるのでなければ本末転倒の結果になるであろう。[44]

【註】

（1）John P.Miller,The Holistic Carriculum. Second Edition.University of Toronto Press,Toronto Buffalo London 2007.　ジョン・P・ミラー著、中川吉晴・吉田敦彦・手塚郁恵訳、『ホリスティック教育―いのちのつながりを求めて―』、一九八八年、春秋社、六頁参照。

（2）ジョン・P・ミラー著、前掲書、七頁参照。

（3）ジョン・P・ミラー著、前掲書、八頁参照。

（4）ジョン・P・ミラー著、前掲書、八頁参照。

（5）Vgl.John P.Miller,The Holistic Teacher,1993. OISE Press.p.45.　ジョン・P・ミラー著、中川吉晴・吉田敦彦・桜井みどり訳、『ホリスティックな教師たち』、一九九七年、学習研究社、七三頁参照。

（6）Vgl.Miller,ibid.,p.45f.『ホリスティックな教師たち』、七四頁参照。

（7）Vgl.Miller,ibid.,p.46.『ホリスティックな教師たち』、七六頁参照。

（8）Vgl.Miller,ibid.,p.46.『ホリスティックな教師たち』、七六頁参照。

（9）Vgl.Miller,ibid.,p.48.『ホリスティックな教師たち』、七九頁参照。

（10）Vgl.John P.Miller, EDUCATION and the SOUL,1999, the State University of NewYork Press.p.121.　ジョン・P・ミラー著、中川吉晴監訳、吉田敦彦・金田卓也、今井重孝他訳、『魂にみちた教育』、晃洋書房、二〇一〇年、一七九頁参照。

（11）Vgl.Miller,ibid.,p.122.『魂にみちた教育』、一八〇頁参照。
（12）Vgl.Miller,ibid.,p.123.『魂にみちた教育』、一八二頁参照。
（13）Vgl.Miller,ibid.,p.132.『魂にみちた教育』、一九六頁参照。
（14）Vgl.Miller,ibid.,p.132.『魂にみちた教育』、一九六頁参照。
（15）Vgl.Miller,ibid.,p.132.『魂にみちた教育』、一九七頁参照。
（16）Vgl.Miller,ibid.,p.133.『魂にみちた教育』、一九七頁参照。
（17）Vgl.Miller,ibid.,p.133f.『魂にみちた教育』、一九八頁参照。
（18）Vgl.Miller,ibid.,p.137.『魂にみちた教育』、二〇三頁参照。
（19）Vgl.Miller,ibid.,p.138.『魂にみちた教育』、二〇六頁参照。
（20）Vgl.Miller,ibid.,p.139.『魂にみちた教育』、二〇七～二〇八頁参照。
（21）Vgl.Miller,ibid.,p.141.『魂にみちた教育』、二一〇～二一一頁参照。
（22）Vgl.Miller,ibid.,p.141.『魂にみちた教育』、二一一頁参照。
（23）Vgl.Miller,ibid.,p.142.『魂にみちた教育』、二一一～二一二頁参照。
（24）Vgl.Miller,ibid.,p.143.『魂にみちた教育』、二一三頁参照。
（25）Vgl.Miller,ibid.,p.143.『魂にみちた教育』、二一四頁参照。
（26）Vgl.Miller,ibid.,p.144.『魂にみちた教育』、二一五頁参照。
（27）Vgl.Miller,ibid.,p.145.『魂にみちた教育』、二一七頁参照。
（28）Vgl.Miller,ibid.,p.145f.『魂にみちた教育』、二一八～二一九頁参照。
（29）Vgl.Miller,ibid.,p.146.『魂にみちた教育』、二一九頁参照。
（30）Vgl.Miller,ibid.,p.146f.『魂にみちた教育』、二二〇頁参照。
（31）Vgl.Miller,ibid.,p.147.『魂にみちた教育』、二二〇頁参照。
（32）Vgl.Miller,ibid.,p.147.『魂にみちた教育』、二二〇頁参照。
（33）Vgl.Miller,ibid.,p.148.『魂にみちた教育』、二二一～二二二頁参照。
（34）Vgl.Miller,ibid.,p.149.『魂にみちた教育』、二二四頁参照。
（35）Vgl.Miller,ibid.,p.150.『魂にみちた教育』、二二四頁参照。
（36）Vgl.Miller,ibid.,p.151.『魂にみちた教育』、二二六頁参照。
（37）Vgl.Miller,ibid.,p.151.『魂にみちた教育』、二二六～二二七頁参照。

（38）Vgl.Miller,The Holistic Teacher,p.16f.『ホリスティックな教師たち』、二九～三〇頁参照。
（39）Vgl.Miller,ibid.,p.21.『ホリスティックな教師たち』、三五頁参照。
（40）Vgl.Miller,ibid.,p.22.『ホリスティックな教師たち』、三六～三七頁参照。
（41）Vgl.Miller,ibid.,p.29.『ホリスティックな教師たち』、五〇頁参照。
（42）Vgl.Miller,ibid.,p.33.『ホリスティックな教師たち』、五五頁参照。
（43）Vgl.Miller,ibid.,p.33f.『ホリスティックな教師たち』、五六頁参照。
（44）Vgl.Miller,ibid.,p.34.『ホリスティックな教師たち』、五七頁参照。

第二部

ボルノーの庇護性と安全な居場所づくり

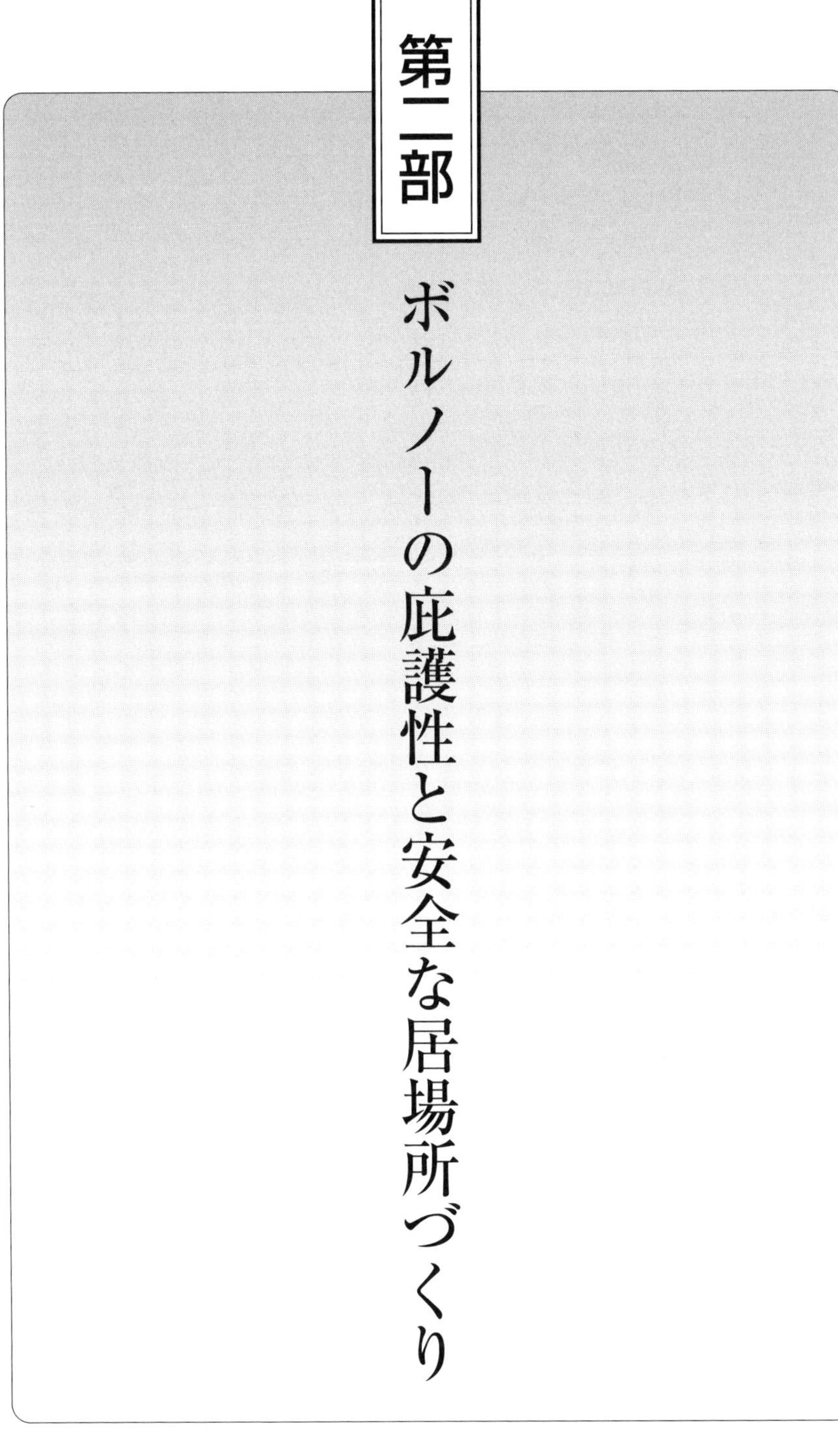

第四章　ボルノーの「庇護性」概念を中心とした「安心・安全な学級（居場所）づくり」

問題の所在：学級担任がおこなう教育相談の哲学的根拠

元来、「教育相談」とは、けっして特別な専門職の担当者だけが行うものではなく、それぞれの学校現場の教職員が、自ら関わる児童生徒一人ひとりに対して、あらゆる教育の場で行うものである。その中でも特に、学級担任が行う教育相談の目的は「安心で安全な学級（居場所づくり）」―「温かい空気（雰囲気）で満たされている学級（絆づくり）」を基盤にして、一人ひとりに寄り添うことで児童生徒の心の成長や発達につながるように支援することである。これは極めて重要な今日的な教育課題にもかかわらず、その分野の学問的根拠が希薄であることは周知の事実である。

こうした切実な教育学的課題に一石を投じる意味でも、本章では主として、ボルノーの哲学的主著の一つ『実存主義克服の問題―新しい庇護性』[1]および教育学的主著である『教育をささえるもの』[2]を中心に、理論的に論を展開することになる。とくに、ボルノーの「新しい庇護性」についての理論的研究には、それと平行する教育実践上の喫緊の問題として、今日の日本の教育界が解決・改善するべき「安心で安全な学級（居場所）づくり」の問題が深く関わっている。この教育的実践的課題は、これまであまりその学問的・理論的根拠が教育界においても論究され検討されることなく、その対処法だけが先行して議論され、紹介されている傾向が強いように筆者には思える。

そこでボルノー教育哲学思想の観点から、現代教育における安心、安全、居場所、庇護性、温かい雰囲気等の重要性の教育哲学的根拠を探ることが本章の目指すところである。

第一節　支持的存在への通路としての庇護性：ある不登校児を例に

●外界が人間にとって近づきうるように感じたとき、人間は自ら幸福な精神状態にある

ボルノーが主張する「庇護性」の特徴は、人間の実存的動揺を超越して、自己自身のうちに、新しい確固としたよりどころを築くための人間の内面的状態を指し示す[3]。

ボルノーにとって庇護性とは、人間を超えた外にあって人間を支え保護している存在のことである。そこでは人間にとって、以下のような形而上学的な問題が示唆される。ボルノーの言説を引用してみよう。

「不安と絶望にかられて、いっさいの支持的な〈生の関連〉から引き離された、そしてどたん場の孤独に投げ返された人間が、どのような仕方で、再びかれを取りまく世界にたいする新たな信頼に達することができるか、が問題になる[4]。」

こうした存在論的連関の中でのみ、私たちは人間の「新しい庇護性」について有意義に論じることが可能となる。さて、ボルノーは実存哲学の負の側面として、重苦しい圧迫的な気分を指摘したうえで、そうした「気分」は人間を世界から締め出し、自己自身のうちに閉じ込めてしまう、そしてその結果、人間を孤独へ陥れると考えている。その逆に、人間が外界に対して開かれており、この外界が人間にとって近づきうるように感じたとき、人間は自ら幸福な精神状態にあるという[5]。

●不登校だった児童が、学校に来ることができるようになった

こうしたボルノー教育哲学の指摘については、これまで観念的・抽象的にしか筆者は考えてこなかったけれども、「私たち人間」を、さまざまな事情で学校に、あるいは自分の学級に足を運ぶことのできない多くの「不登校児童生

徒たち」と置き換えることができるのではないかと考えるようになった。「不安と絶望にかられて、いっさいの支持的な〈生の関連〉から引き離された」人間とは、紛れもなく、不登校の児童生徒たちそのものであり、保健室登校を余儀なくされる子どもたちと読み替えることができるのではないのか。

その逆に、人間が外界に対して開かれており、この外界が人間にとって近づきうるように感じたとき、人間は自ら幸福な精神状態にあるとボルノーは考える。「こころ」の壁を感じて、所属する学級の戸口の前までは来ることができるのに、そこから先は足が竦み、クラスの中に入ることができなかった子どもが、実際のビデオ映像で取り上げられているのを筆者はある機会に見ることができた。その後、さまざまな先生方や友達の援助や協力を経て、ついに自分の所属するクラスに入ることができるようになった同じ不登校児童の姿のビデオ画像を目の当たりにしたとき、その子どもの内面に、明らかな変化が生じていたことを、筆者は明確に感じ得た。すなわち、その子どもが「外界」という所属学級に対して開かれるようになり、この外界〔所属する学級〕が、その不登校児童にとって「親しみのある近づきうる空間」に変貌しており、そのように感じ始めることができたからこそ、その児童は自ら「幸福な精神状態」になりえて、そのときに初めて、自分のクラスに足を踏み入れることができたのである。(6)

後述するが、この状況を、卓越した批評家若松英輔は次のように表現している。彼にあって、優位性は「内なる世界」にあり、その内なる精神世界が実は、「外なる世界」である現象界を包み込んでいるのだ、と指摘してみせる。つまり、不登校児童にとって、彼・彼女の「内なる世界・魂」が、学級の同級生や教師との信頼という内なる精神状態で満たされたときに初めて、「外なる世界」である現象界である、自分の所属するクラスに足を踏み入れることができたのである。筆者には、優位性は「内なる世界」にあり、その内なる精神世界が実は、「外なる世界」である現象界を包み込んでいる、という若松の指摘が、極めて具体的に理解しえたのである。

●人間を世界から締め出し自己自身のうちに閉じ込めてしまう側面と、人間を支え保護している側面

ここで、再びボルノー哲学に戻ろう。ボルノーは、こうした二つの側面―人間を世界から締め出し自己自身のうちに閉じ込めてしまう側面と、人間を支え保護している側面―について、次のように鋭く対極的に記している。

「人間は、一つの可能性では、自己自身のなかに閉じこもり、外界とのいっさいの接触を絶つ。これに反して、他の面は、人間を解放し、人間になんらかの真の人間外の現実との接触をはじめて可能にする。それゆえ、人間の外にある支持的な実在性の問題は、幸福な気分状態の基底と、なんらかの仕方で連関しており、この状態の分析は、したがって、もっとも高い存在論的意義をもっている。(7)」

●人間の外部にある支持的な実在性についての存在論的な考察

ボルノーはここで詩人のリルケを登場させる。なぜならリルケは、他のだれよりも実存主義的不安と絶望とを切り抜けてきて、それを真実な詩のかたちに結晶させた人だからである。リルケはその長い人生航路の果てに次のように謳った。

「神を見出すためには、人は幸福でなければならない。なぜなら、自分の困窮から神を勝手に創り出すような人は、気忙しく先を急ぐからである。……」(リルケ「フランス語による詩集(8)」)

ボルノーはこうしたリルケのことばを引用することで、人間の外部にある支持的な実在性についての存在論的な考察を深めようとしているのである。「神を見出すためには、人は幸福でなければならない」とは、自分の困窮から発する絶望的な試みは見込みのないものであるという認識である。ここで私たちに深く理解できることは、〈幸福であること〉とは、人間自身の努力によって獲得できるものではなく、「恩寵(おんちょう)」のようなかたちで人間に授かるものであるという実在の秘儀である。別言すれば、存在へ到達するためには人は幸福でなければならないとリルケは考えた。これはハイデッガーがヘルダーリンの詩との関連で、〈晴れやかなもの〉と類似的な意味を含むものである、とボルノーは鋭く指摘している。(9)

●若松英輔のリルケ解釈：「魂は内なるものであるが、肉体を包んでもいる」

こうしたボルノーのリルケ論に呼応するように、キリスト教（カトリック信仰）の立場で、深く霊性や精神性について、哲学的、文学的、詩的、宗教的に幅広い観点から、一貫して実存的に語り続けている稀有かつ秀逸な批評家、若松英輔も、リルケに詩を送りつけた若い青年に語ったリルケの有名なことばを引用しつつ、次のように指摘している。

「あなたは外へ眼を向けていらっしゃる、だが何より今、あなたのなさってはいけないことがそれなのです。誰もあなたに助言したり手助けしたりすることはできません。誰も。ただ一つの手段があるきりです。自らの内へおはいりなさい。あなたが書かずにいられない根拠を深くさぐって下さい。（中略）もしあなたが書くことを止められたら、死ななければならないかどうか、自分自身に告白して下さい」（『若き詩人への手紙』高安国世訳）(10)

多くの他のリルケ研究者もこの点に言及する中で、若松は次のようなユニークな解釈を展開している。若松にしたがえば、外に眼をむけるとき人は行動する。しかし詩を書こうと思うなら、内へ入れとリルケは言う。ここでの「内」とは現代人が考える内面ではなく、さりとて深層心理学のいう無意識でもない。むしろ内とは、現象と実在、肉体と魂の関係に近いという。さまざまな現象の奥に実在と呼ぶべき存在を感じる。魂は内なるものであるが、肉体を包んでもいる。それゆえに私たちは、肉体的な衝撃以外でも、暴力的な言動に触れるとき、身を傷つけられるのである。

若松はさらに言う。[11]

「この構造は、私たちが暮らす世界空間にも当てはまる。世界の奥に『内なる世界』があるのではなく、『内なる世界』がこの現象界を包む。[12]」

若松英輔にあって、優位性は「内なる世界」にあり、その内なる精神世界が実は、「外なる世界」である現象界を包み込んでいるのだ、と指摘してみせる。筆者は、さきに不登校児の例で、どうしても自分の所属する教室に入れなかった子どもが、教師や友達のこころからの寄り添いと精神的援助によって、ついには文字通り教室に「入れた」映像を見ることができた。この瞬間、若松がいう「『内なる世界』がこの現象界を包む」ことの真の意味を具体的に把握できた。

第二節　「晴れやかさ」という庇護性：「安全な場所づくり」を例として

●「静かな晴れやかさ」の徳性

ここで再びボルノーの言説に戻ろう。ハイデッガーやヘルダーリンとの関連で、ボルノーは、〈晴れやかなもの〉についての教育者の基本的態度を以下のように鋭く指摘している。ちなみにこの『教育的雰囲気』の箇所は、重要な「庇護性」の例であるにもかかわらず、今回、筆者のボルノー教育学研究で取り上げるのが初めての箇所である。「庇護性」における〈晴れやかなもの〉という視点が筆者にとって欠落していたことと、リルケ等が主張する人間の外部にある支持的な実在性についての存在論的な考察と、こうした倫理的徳性が呼応し得ないと思い込んでいたことが主たる原因である。そのことが今回の研究で明確に理解できたことは筆者にとっても意義深い発見である。

●円熟した教師は「静かな晴れやかさ」の徳性を身につけている

ボルノーによれば、若い教師は、快活さで子どもたちをひっぱっていくとすれば、円熟した教師は「静かな晴れやかさ」の徳性を身につけているという。熟練教師は、快活な活動的生に対して距離を保ちながら、しかしさりとて冷ややかな隔たりをとることなく、相手と温かいつながりを保持しつつ、静かな自信で子どもたちを愛し、肯定し、力づけるのである。しかもこの「静かな晴れやかさ」の徳性は、意図的に獲得できるものではなく、人間性育成という長い修行を経て、人間的成熟とともに身についていく徳であり、ボルノーはこうした心境が、教育的雰囲気の全体にみなぎることが、限りなく重要であると考えている。以下、詳細を見て行こう。[13]

●静かな形態の恒常的な「晴れやかさ」

ボルノーは、リルケを援用しつつ、雲一つない夜の広がりを「晴明」と表現した。この「晴明」という言葉は、ペスタロッチやゲーテもまた、理性的な領域について、思考の明晰さを表わす言葉としても好んで使用されたという。ここでは、静かな形態の恒常的な「晴れやかさ」に絞ってボルノーとともに考察を進めていこう。ボルノーは、ヘルマン・ヘッセの『ガラス玉演戯』を援用しつつ、主人公の少年とその学友フェロモンテとの間に育まれた、美しくも意味深い夜の会話において、「遊びごとでも表面的でもない真剣で深い晴れやかさ」について以下のように論じている。[14]

「それは、人生のあらゆる恐怖や深淵を独力でくぐりぬけ、みごとにそれを克服し終えた人こそが、獲得しうるものである。この晴れやかさは、こうしたあらゆる困難の克服から、そして、それによって得られた内的な超俗性と安らぎの中から、生まれ出てくるものである。（中略）それゆえヘッセは、この晴明について、それは『聖者と騎士の徳であり、滅ぶことのない、年を重ねて死に近づくにつれていや増してくる徳である』と述べている。[15]」

こうしてボルノーは、「晴れやかさの徳」がとりわけ熟練の教育者の徳性であることを指摘する。若い教育者は快活の徳があてはまるが、晴れやかさは、ある人間の内部では浄化の媒質であり、当人を超えてその光を外に及ぼすものである。ボルノーはさらにヘルマン・ヘッセの『ガラス玉演戯』の次の文章を引用している。

「この人は、その晩年にあって、晴明の徳を身につけること、あたかも太陽の光のようにそれが彼から放射されるかのごとくであった。それは好意として、生きる喜びとして、上機嫌として、あるいはまた信頼と確信として、その輝きを真面目に受けて吸収したすべての人々へ行きわたり、彼らの中でさらに輝きつづけたのである。[16]」（ヘルマン・ヘッセ『ガラス玉演戯』より）

ここから理解しえることは、「晴れやかさの徳」は、熟練した者からし出されるなにものかであるということであり、どこまでも内的な超俗性と安らぎの中から、生まれ出てくる超越性を志向するということである。

●「晴れやかさ」はあらゆる教育的状況のなかで、教育的雰囲気全体にみなぎるようになる

ボルノーはこうした援用をしつつ、「晴れやかさ」の徳は、たんに生の喜びを子どもの内に呼び覚ますだけでなく、それ以上にその人自身の信頼と確信を呼び覚ますことにあると指摘している。こうして「晴れやかさ」は、放任教育を意味するのではなく、まして教育的責任を軽視することでもない。むしろ「晴れやかさ」によって、家庭や教室や他のあらゆる教育的「場」全体が、信頼と愛の教育的雰囲気でみなぎるようになる。[17]

●「晴れやかさ」は、安心で安全な学級（居場所づくり）に必須の雰囲気である

この「晴れやかさ」という教育的事実こそが重要であるとボルノーは確信している。こうした形而上学的見解が、本稿の主題である「安心で安全な学級（居場所づくり）」「温かい空気（雰囲気）で満たされている学級（絆づくり）」と密接に関連してくるのである。実際に、教室に入りたくても入れない不登校気味の子どもたちは、教室の雰囲気に「脅威」を感じてしまい、足が竦んでしまうのである。私たちは、そうした学校に来たくても来ることのできない子どもたちの苦悩を真剣に我が事として受け止める必要があるのではないだろうか。

さきに筆者は、冒頭で、学級担任が行う教育相談の目的は「安心で安全な学級（居場所づくり）」「温かい空気（雰囲気）で満たされている学級（絆づくり）」を基盤にして、一人ひとりに寄り添うことで児童生徒の心の成長や発達につながるように支援することである、と述べた。しかしこうした内容の哲学的根拠はこれまでほとんど自明の前提として、学問的に問われてくることがなかった。筆者はこうした哲学的背景をボルノーの「庇護性」に読み取れると確信している。

第三節　教育における庇護性：ペスタロッチとフレーベルに基づいて

●教育しようと欲する当の人間こそが自分自身の心の安らぎに達していなければならない

ボルノーはこうして「晴れやかさ」の秘訣としての教育者の特別な徳を次のようにまとめている。

「教育しようと欲する当の人間こそが、まず第一に自分自身の心の安らぎに達していなければならないとするならば、ひとは教育にとってきわめて重要な晴明を、教育者の特殊な職業的徳性として、意図的に獲得しようと努めることはできないのである。むしろ晴明は、円熟した人間の全体から生まれるものであって、それは、ことさらに求めずとも、また特に

欲せずとも、円熟した人間であれば、他のあらゆる人間関係におけると同様に、教育においても、おのずから光を発しうるものなのである。[18]」

自分の所属する学級（教室）に「脅威」を感じる子どもが少なからず存在するということは、そこで学び、教える子どもたちや教師が、まず学級内で存在するその在り方（雰囲気）を一度、振り返る必要があるのではないだろうか。ボルノーはここで、「教育しようと欲する当の人間こそが、第一に自分自身の心の安らぎに達していなければならない」ことを強調している。子どもたちもまた自らの立場を優位に保持するために、弱い者を排除していないだろうか。教師は、自ら担任する学級を維持するために、大人の論理で学級や子どもを支配していないだろうか。子どもたちもまた自らの立場を優位に保持するために、弱い者を排除していないだろうか。ボルノーが提案しているように、自らが心の安らぎを得ることができれば、こうした自我中心の抑圧的関係とは無縁になれるし、そこでのみ庇護性も獲得できて、結果として、教室に脅威を感じて、学校に来ることのできない子どもたちの心理的負荷はかなり減少するのではないだろうか。

●人間的生を支える被包感（庇護性）を育てることの重要性

ボルノーの教育的主著『教育をささえるもの』の解説文の中で、訳者は「あらゆる幻滅を超えて、人間的生を支える被包感（庇護性）を育てるためには、特定の他人に対する信頼が存在全般に対する普遍的信頼へ徐々に変わってゆくように、配慮しなければならない[19]」と考えて、さらに以下の興味深い言説を展開している。

「失われた被包感（庇護性）を新たに獲得するという問題には、すでに、重要なことが含まれている。というのは、それは、人間の生涯において、さまざまの段階を通じて一歩ずつしか実現できず、完全なおとなになってはじめて終結する道程に関わる問題だからである。[20]」

すなわち、ここで重要と筆者に思われるのは以下のボルノーの論点である。すなわち、庇護性を獲得するためには、「人間の生涯において、さまざまの段階を通じて一歩ずつしか実現できず、完全なおとなになってはじめて終結する」というボルノーの指摘である。これはすなわち、庇護性を得るには熟練を必要とするという事実である。このボルノーの見解は、先に見てきたように、熟練教師は、相手と温かいつながりを保持しつつ、静かな自信で子どもたちを愛し、肯定し、力づけるだけでなく、しかもこの熟練教師の「静かな晴れやかさ」の徳性は、人間性育成という長い修行を経て、人間的成熟とともに身についていく徳であるという点で、歩むべきベクトルに共通項を有することが、筆者には新しい発見であった。

●ペスタロッチの教育的な愛と雰囲気の人間学的課題

またボルノーは彼の著『哲学的教育学入門』の中で、失われた被包感〈庇護性〉を新たに獲得するという教育的問題について、人間の間の感情に基づいた教育の諸前提、つまり、教育の精神的風土の問題を取り上げている。ボルノーによれば、教育は隔離されて、合理的な目的に応じた空間の中でおこなわれるのではなく、さまざまな種類の感情的な関係によって特徴づけられる。しかしこれまでの教育学研究では「教育の精神的風土の問題」に、ほとんど注意が払われてこなかったという。ここに教育的な愛と雰囲気の喫緊の人間学的課題が潜んでいるのである。ボルノーはペスタロッチの『ゲルトルートは如何にしてその子を教えるか』の手紙を紹介して、乳児と母親の関係がいかに愛という雰囲気に支配されているかを示そうと試みた。またボルノーは同書で、レネ・シュピッツ（Spitz.R..1887～）のホスピタリティの問題、すなわち、母親との信頼関係の希薄な、施設で育つ子どもたちの問題点、アルフレート・ニチュケ（Nitschke.A..1898-1960）の研究によって、子どもの健康な成長にとって、庇護されているという感情や信頼の雰囲気を感じられることが、子どもたちにとってどれほど重要なことかを示している。こうした条件が整うことがなければ、子どもは成長が遅れ、肉体的にも精神的にも悪い影響を受けることになる。[21]

筆者は、この領域にはさらに「安心で安全な学級（居場所づくり）」「温かい空気（雰囲気）で満たされている学級（絆づくり）」等の、現代の最重要教育的課題を解決するための端緒が多く含まれていると考えている。

●フレーベルの『幼稚園』のなかで実現しようとした庇護性

これをまとめてボルノーはフレーベルとともに次のように述べている。

「大切なことは、成長する子供のために生まれた時から、そのような保護的な雰囲気を作ってやり、子供が自力でより厳しい外界の風土に堪えることができるまで、安心してそのなかで成長することができることである。フレーベルが彼の『幼稚園』のなかで実現しようとした考えがこれであり、この『園』は垣根によって荒い外界から隔離された領域であり、このなかで幼い子供たちが、教育者の注意深い保育のもとで、成長することができるものであった。[22]」

このように、フレーベルの教育思想の本質はロマン主義的、理想主義的世界観にあることはまちがいない。世界全体はフレーベルにとって調和のある意味深い、秩序だった関係であり、そこで人間（子どもを含む）は安全に信頼をもちつつ、住むことができるのである。しかし現代社会を生きる私たちは、こうした調和ある健全な秩序だった世界は崩壊していることを否応なく受け入れさせられている。世界は不気味で危機に脅かされている状態が長く続くことが明白になってきているために、フレーベル的な調和思想は子どもっぽい幻想であると批判されるのである。[23]

●庇護された「家」が子どもにとって必要不可欠な要素となる

ボルノーはこうした批判を受け止めつつ、それでもフレーベル思想の今日的意義を次のように見出しているのである。すなわち、私たちは現代社会で調和のある健全で秩序だった世界に生きていないにせよ、さらに現実の厳しい状況を知っているにせよ、子どもたちはさしあたり調和的世界の中で「庇護」されて育てられなければならない。

私見であるが、このことは発達心理学的にもすでに実証済みのことである。例としてハーローの赤毛サルの実験、アタッチメント等を持ち出すまでもなく容易に理解できるだろう。

いずれにせよ、子どもたちに調和のある完結した世界があることを体験させることによってのみ、子どもは健全に成長していくのである。そうした子どもは、仮に危険な状況に晒(さら)されたとしても、しっかりと耐えていけるのである。そのためには庇護された「家」が子どもにとって必要不可欠な要素となる。フレーベルの幼児教育はこの点を強調しているとボルノーは考えるのである。[24]

まとめ：ボルノーの「新しい庇護性・信頼」概念を中心に

私たちは、ボルノーの理解する「実存主義」を、近代の非合理主義の危機に陥った最終段階として把捉するところから出発した。「人間はいつも、襲いかかる破壊にゆだねられて、自分が希望のない破滅のなかにいることを知った」[25]とのボルノーの言説をつまでもなく、私たちの世紀をまさに「不安の世紀」と呼ばざるを得なくなった。現代日本の学校教育や家庭教育においても、まさにさまざまな教育問題――いじめ、不登校、虐待、低い自尊感情等――の根底にあるのは、「不安の世紀」を生きなければならない「寄る辺なき」子どもたちが直面する本質的な教育的課題なのである。

こうした教育問題も含めて、全般的な人間存在の威嚇的で虚無的な状況を克服していくためにボルノーは、人間の「生の可能性」を前提とした哲学を生涯追い求めた。人間が虚無的な孤独の足枷を断ち切るために、ボルノーは「支持的な実在」(eine tragende Realität)、すなわち、「何か確固としたもの、信頼できるものとして、人間の生に意味と内容を与える」[26]新しい「庇護性」という感情へ至る道を提唱したのである。

そこからボルノーは、この新しい「庇護性」の根拠を「信頼」(Vertrauen) 概念に求めて次のことを確信した。

すなわち、ここでの「信頼」とは、特定の存在に対する信頼ではなく、「その背後に存する、個別的な信頼をはじめて可能にする世界と生一般とに対する信頼、（中略）深い庇護性の感情から生それ自体のなかに浮かび上がってくるような、そうした信頼[27]」なのである。

しかも、こうしたボルノーの提唱する「信頼」概念は、主観的で心理学的な意味で把捉されるものでなく、「存在信頼」（Seinsvertrauen）と呼ばれるものに近く、「信仰の概念を特定の宗教的信仰という意味に極端に狭める危険がなければ、存在信頼と似たような意味で、存在信仰（Seinsglaübigkeit）［存在敬虔］と呼ぶこともできる[28]」と述べている。ボルノーによれば、「存在信頼」は、あくまでも、すべての人間の生にとって、必然的な前提条件である以上、逆に「存在信頼」の喪失は人間の危機的な絶望へと向かうことになるのである。

ボルノーは、普遍的な「希望」や「存在信頼」あるいは「存在信仰」という諸概念を実存主義克服の重要な切り札と考えていたが、それらを論証するための方法論として、随所に文学的な詩人の証言を取り込んでいったし、本稿でもこうしたボルノーの手法に即しつつ、意図的に多くの文学者や詩人等の思想を紹介したのである。ボルノーの鋭い観察によれば、とりわけ最近の叙情詩のなかで、「あらゆる恐怖の経験をへたあとに存在肯定の新しい感情、つまり、人間固有のあるがままの現存在と人間が遭遇する世界にたいする喜ばしい感情に満ちた賛同が目立ちはじめたことは、とくに意義深いこと[29]」であると把捉しているからである。たとえばボルノーは、他者の追随を許さないほど、実存的絶望の深淵をくぐり抜けてきた晩年のリルケ（Rainer Maria Rilke,1875-1926）の『ドゥイノの悲歌』を援用しつつ次のように指摘した。すなわち「そこには、おどろくほど新しいことば使いで、満ちあふれている幸福の感情、つまり、包括的存在の全体のなかにある庇護性の感情が、表現されている[30]」と。

本稿においては、こうした一見遠回りをしているような哲学的考察法を使用することによって、最終的に私たちは、現代教育のもっとも焦眉の課題である、子どもが安心して過ごせる場所、教室、学校の再生を求める根拠を探ろうとしたのである。なぜなら大人存在のみならず子ども存在もまた、深く精神的・形而上学的存在であり、その意味で、目に見えないところの魂の治癒や信頼、庇護性という領域を考えることなしには、さまざまな教育的課題の根本的な解決の端緒は見えてこないからである。

【註】

（1）O.F.Bollnow,Neue Geborgenheit. Das Problem einer Überwindung des Existentialismus, Stuttgart 1955, 4.Aufl.1979.S.20. ボルノー著、須田秀彦訳、『実存主義克服の問題――新しい被護性――』、未来社、一九七八年。以下では、『庇護性』と略記する。なお本稿では、「被護性」を「庇護性」に変更している。

（2）O.F.Bollnow,Die pädagogische Atmosphäre, Heidelberg.4 Aufl.,1970. ボルノー著、森昭・岡田渥美訳、『教育を支えるもの』、黎明書房、一九八〇年。以下では、『支えるもの』と略記する。

（3）Bollnow.Neue Geborgenheit.S.147.『庇護性』、一六七頁参照。

（4）Bollnow.a.a.O.S.147.『庇護性』、一六七頁。

（5）Vgl.Bollnow.a.a.O.S.148.『庇護性』、一六八頁参照。

（6）木村泰子著、『「みんなの学校」が教えてくれたこと―学び合いと育ち合いを見届けた3290日―』、小学館、二〇一五年。および木村泰子先生自身が作成したビデオを参照。

（7）Bollnow.Neue Geborgenheit.S.148.『庇護性』、一六九頁。

（8）R.M.Rilke.Gedicht ein französischer Sprache.Wiesbaden 1949.S.114. in:Bollnow.a.a.O.S.149. リルケ著、『フランス語による詩集』in『庇護性』、一六九頁。

（9）Vgl.Bollnow.a.a.O.S.149.『庇護性』、一七〇頁参照。

（10）リルケ著、高安国世訳、『若き詩人への手紙』in 若松英輔著、『生きる哲学』、文藝春秋、二〇一六年、一四一頁。

（11）若松英輔著、『生きる哲学』、一四一頁参照。

（12）若松英輔著、前掲書、一四一頁。

（13）『支えるもの』、訳者解説、一四八～一四九頁参照。

（14）Vgl.Bollnow.a.a.O.S.65.『支えるもの』、一五三～一五四頁参照。

（15）Bollnow.a.a.O.S.65.『支えるもの』、一五四～一五五頁。

（16）ヘルマン・ヘッセ著、『ガラス玉演戯』in.Bollnow.a.a.O.S.66.『支えるもの』、一五六頁。

（17）Vgl.Bollnow,a.a.O.S.66 f.　『支えるもの』、一五七頁参照。
（18）Bollnow,a.a.O.S.67.　『支えるもの』、一五八頁。
（19）『支えるもの』、訳者解説、六〇頁。
（20）Bollnow,a.a.O.S.23.　『支えるもの』、六一頁。
（21）ボルノー著、『哲学的教育学入門』、玉川大学出版、一九八八年、一九二～一九三頁参照。
（22）ボルノー著、前掲書、一九三頁。
（23）ボルノー著、浜田正秀他訳、『対話への教育―ボルノー講演集―』、玉川大学出版部、一九七三年、二三八頁参照。
（24）ボルノー著、前掲書、二三九頁参照。
（25）Bollnow. Neue Geborgenheit. S.20.　『庇護性』、一六頁。
（26）Bollnow,a.a.O.S.23.　『庇護性』、二〇頁。
（27）Bollnow,a.a.O.S.24.　『庇護性』、二一～二二頁。
（28）Bollnow,a.a.O.S.25.　『庇護性』、二二頁。
（29）Bollnow,a.a.O.S.26f.　『庇護性』、三〇頁。
（30）Bollnow,a.a.O.S.27.　『庇護性』、三一頁。

第五章　ボルノー教育哲学における「実存主義克服」

―「健全なもの」と「やすらぎの空間」という視点から―

はじめに

●形而上学的・精神的に「健全なもの」あるいは「やすらぎの空間」とは何か

日本の今日の教育的課題を論じる際、形而上学的・精神的に「健全なもの」あるいは「やすらぎの空間」とは何かという本質的な教育的議論は、それほど多くは展開されていないのではないかと筆者は感じている。そうした形而上的議論よりも、たとえば不登校気味の児童生徒に対して、対処療法として即効性のある教育方法や教育技術が先行して議論されることが少なくない。そうした教育現実の中で、じっくりと彼らの学校での居場所をどのように確保するか、あるいはそもそも子ども（人間）が「庇護されてある」とはどういう状況なのか、あるいは、「健全な世界」や「やすらぎの空間」とはどのような場であるのか、ということの本質的な考察がぜひとも必要なのではないだろうか。以下ではそうした現実的・形而上学的な観点から、ボルノー（Otto Friedrich Bollnow,1903-1991）の教育哲学的提案を考察していく。

●「健全なもの」「やすらぎの空間」とは何かという本質的な教育的議論を展開する

上で述べたように、本稿での目的は、ボルノーの広範な哲学的人間学の思想に即しながら、形而上学的・精神的に「健全なもの」あるいは「やすらぎの空間」とは何かという本質的な教育的議論を展開していくことである。当然のことながら、安易な態度でボルノー思想の形而上学的な超越性だけを強調することは、かえってボルノー思想の真髄を歪曲化（わいきょくか）する恐れをむ。そしてそのことを十分承知しつつ、それにもかかわらず筆者としては、特にボルノーの哲学的人間学の根底に横たわる、「真実の人間性に不可欠なものとしての超越性」について、ボルノーがいかに苦心して取り組んでいるかを、論究してみたい。なぜなら実存哲学のある部分の問題点を浮き彫りにしつつ、それを乗り越える仕方でのみ、人間の「健全なもの」あるいは「やすらぎの空間」は獲得し得るからである。

それは「実存主義克服の超越的な領域」であり、ボルノーはそれを「新たな庇護性」とか「安らぎ」、「健全な世界」などということばで表現している。その際、どのような特定の宗教的解釈の以前にも存在している生と人間と世界を共に包括している普遍的な「存在信頼」（Seinsvertrauen）とでもいうべきものを認めるボルノーは、こうした存在信頼はすべての人間の生に対する必然的な前提条件であるとの確信にいたる。この存在信頼とは、たとえば人間の健全な発達に必要不可欠なものであり、やすらぎを抱かせる「雰囲気」、さらにはあらゆる脅威の中でも感じとれる「健全な世界」での庇護性とも言い換えることもできよう。

第一節　実存的不庇護性から新しい庇護性への転換

●実存哲学の限界

ボルノーは、彼の著『実存哲学概説』の最後の箇所で、「実存哲学の限界」として次のような見解を提示している。「実存哲学の限界」を見極めようとすると、人間生活の根本的な態度を分析する必要がある。この根本的な態度とは、「内奥の孤独な自我の実存哲学的な孤立化を乗りこえて、人間の外に置かれている現実との関係へと導いていくことを期待させる態度のこと」[1]である。

●実存哲学で等閑にふされていた生の領域である「信仰」「信頼」の可能性

これとの関連で、ボルノーは実存哲学の正しさを保持ししつつも、なおかつ実存哲学の逃れ難い限界を乗り越え、実り多い探求をするうえで、「信仰」的概念の不可欠さを次のように強調している。すなわち、内奥の孤独な自我の実存哲学的な孤立化を克服して、人間の外に置かれている「現実」との関わりへと導いていくことこそが重要である。実存哲学では等閑にふされていた生の他の領域は、「信仰」とならんで、愛と感謝をこめた「信頼」という概念で言い表わすことができるというのである。こうした観点に立って近代の思想界を眺めるならば、たとえば晩年のリルケ(Rainer Maria Rilke, 1875-1926)やハイデッガー(Martin Heidegger, 1889-1976)の思想的「転向」や、ベルゲングリューン(Werner Bergengruen, 1892-1964)の完全に「健やかな」世界の発見という信仰的な概念の芽生えをボルノーはけっして見逃しはしなかった。(2)

●「人間現存在の不庇護性の経験から、庇護性という新しい感情へいたる道」の重要性

私たちにとってここでの焦眉の問いは、「実存的孤独の足かせ」を断ち切って、人間の外部にある「実在」との「支持的な関連」を再び取り戻すこと、と言明できよう。ボルノーは「支持的な関連」について以下のように強調している。

「われわれは、これによって、別の人間、人間の共同社会、こうした共同社会がその生活をそこで形成した種々の制度、さらには生活の中で生産的になりうるかぎりでの精神的世界のいろいろな力、要するに、何か確固としたもの、信頼できるものとして、人間の生に意味と内容を与えることのできるすべてのものを、意味しているのである。(改行)それ(「支持的な実在」(eine tragende Realität))は、端的にいうなら、実存的に圧迫する人間現存在の不庇護性(Ungeborgenheit)の経験から、庇護性(Geborgenheit)という新しい感情へいたる道である。(3)」

●特定の宗教的解釈の以前にも存在している基礎的な存在関係を、「存在信仰」と定義する

この人間現存在の不庇護性（Ungeborgenheit）の経験から、庇護性（Geborgenheit）という新しい感情へいたる道だけが実存主義克服の突破口となりうるとボルノーは考えた。そしてさらにそこからもっと高い次元で実存的経験を和解させる必要性を唱えた。この点について、ボルノーは次のように述べている。

「それゆえ、誤解する者もあるだろうが、実存的な不庇護性から、むぞうさに新しい庇護性へ移り行くことではなく、不庇護性の面から一方的に見られていた半面の真理の代わりに、両面を包括する完全な真理を設定することが、問題なのである。(4)」

ここで、どのような特定の宗教的解釈の以前にも存在している基礎的な存在関係を、「存在信仰」（Seinsvertrauen）と定義するボルノーは、これとの関連でさらに次のように詳述している。

信仰の概念を特定の宗教的信仰という意味に極端に狭ばめる危険がなければ、存在信頼と似たような意味で、存在信仰（Seinsgläubigkeit［存在敬虔］）と呼ぶこともできるであろう(5)」。

私たちは以下で、特に二人の詩人、ベルゲングリューンとリルケおよびこの思想に関連する哲学者ハイデッガーの晩年の思想を任意にとりあげていこう。

●ベルゲングリューンの「健全なもの」の意義

「健全なもの」の経験が、特に現代文学の中で顕著になり始めたことは、実存主義的立場の克服の端緒が開かれはじめた重要な兆候であると思われる。特にベルゲングリューンが彼の最後の詩集『健全な世界』（Die heile Welt. München,1950.）の表題で、「健全なもの」を讃え、その中の詩の一節、「幾重もの環の奥深くもっともっと内なる環の中で、それらの中核は安らいで健全にやすらう」（ベルゲングリューンの詩）と歌うとき、まだ特に直接的にキリスト教的な概念は入り込んではいないものの、そこに人間の魂の「永遠の健全性」を求めていることは容易に推察できよう。(6)

●リルケにおける「健全なもの」の概念

上述したベルゲングリューンの「健全なもの」の意義が、実存的硬直を実り豊かに乗り越えていった晩年のリルケとみごとなまでに符合することにボルノーは着目して、以下のように論を展開している。(7)

「彼〔リルケ〕はまた同様に、いかなる内面的矛盾も侵入することのできなかった、『健全な』日について述べている。（中略）この日が偶然に健全であるというのではなく、それとは逆にこの日の本質状態によって、すなわち、〈健全であること〉によって、締め出されているから、いかなる障害も、まったくこの日の中に侵入することができなかったのである。〈健全であること〉は、このような場合いつも、いかなる障害によっても破壊されない、内面的全体性不可侵性のしるしである。(8)」

リルケも晩年には絶えず「健全なもの」において、新たな存在経験のやむにやまれぬ表現としてこの言葉を発していたが、リルケにおけるこの「健全なもの」の概念は、言葉の根源的な意味での「聖なるもの」（das Heilige〔健全なもの」）であり、さらには極めて慎重な言い換えではあるが「神」という言葉を明確に使用している。それとの関連でボルノーはさらに続けて言う。

「人間に現存している、本源的全体性の分裂と破壊とに反して、いまや神が、この『健全であること』の源泉と、また、失われてしまった全体性が回復される場所と呼ばれ、それゆえまた、『癒す場所』と呼ばれている[9]」。

●「一番最後のことばは、美しい、であれ」（リルケ）

ボルノーによれば、実存的絶望のあらゆる深淵を自らくぐり抜けた詩人リルケの晩年のフランス語による詩において、この新しい「生の感情」が納得のいく表現に達しており、この詩の行き着く先は、最終的なリルケの最後の遺言であると指摘して次のようにリルケの言葉を紹介している。

「『われわれの最後から二番目のことばは悲惨の一語であってもよかろう。だが（中略）一番最後のことばは、美しい、であれ』という詩句である。（中略）われわれは、このことばを聞くとすぐに、このことばの中に共鳴している、この概念の総体的にパスカル的な背景を彷彿とさせられるにちがいない。だが、この悲惨ということばは、この新しい認識の前では、『美しい』という一番最後のことば、つまり、喜ばしい賛同のことばによって置き換えられ、訂正された、最後から二番目のことばであるにすぎない[10]。」

ボルノーはここにリルケの「実存的不安の克服」の問いかけをみて取るのである。いずれにせよリルケほど、一切の実存主義的不安と絶望とを切り抜けた詩人はいない。彼はその長い人生航路の果てに次のような思索に辿り着いた。これとの関連でボルノーはリルケを援用して次のように述べている。

「神を見出すためには、人は幸福でなければならない。なぜなら、自分の困窮から神を勝手に創り出すような人は、気忙しく先を急ぐからである[11]（後略）」。

ボルノーによれば、リルケが「神」という言葉を使う際には、それは人間の外部にある、すべての「支持的な実在性」に該当するとし、そこからボルノーは「神を見出すためには、人は幸福でなければならない」というリルケの命題に依拠しつつ、「幸福」とは「恩寵」のような形でのみ、人間に授かる宗教的・超越的な思想であることを明確に指摘している[12]。

●ハイデッガーの「晴れやかなもの」は同時に「至高なもの」である

次に、ボルノーは実存主義克服のための第三の証人としてベルゲングリューンとリルケに続けて、後期ハイデッガーの思想を援用する。周知のように、彼の旧著、『存在と時間』（Sein und Zeit）の中で展開された「窮迫した時間性」の世界では、たしかに「健全なもの」の概念はまったく入り込む余地は残っていなかった。というのも、ハイデッガーは、「人間の生は、まさに世界の無気味さとその中で基礎づけられた人間の非全体・存在から捉えられ、したがって人間は、自己の全体性を死の中にのみ見出すことができる[13]」と考えていたからであった。

しかし注目すべきは、その後の晩年のハイデッガーが、特にヘルダーリン（Friedrich Hölderlin,1770-1843）研究を通して為された彼の思想的転向である。ヘルダーリンの『帰郷―親近者に寄す―』という詩の解釈において、ハイデッガーは「晴れやかなもの」という生の肯定的理解の意義を歌いあげた。ハイデッガーによれば、「晴れやかなもの」とは、いかなる外的脅かしによっても秩序が乱されず、それゆえに自己の本質の全体性に発展していくものである[14]。

●ハイデッガーの「晴れやかなもの」は、リルケの「癒するもの」とも結びつく

この意味で、ハイデッガーの「晴れやかなもの」は同時に「至高なもの」であり、リルケのいうところの本源的な意味で、「癒するもの」（das Heilende）とも結びつく。ハイデッガー的に表現すれば「『晴澄は根源的に癒す』と要約することができるのである。晴澄は、こうした意味で『聖なるもの』（das Heilige）それ自体である。[15]」と。これとの関連で、ハイデッガーは次のように述べている。

「『至高なるもの』と『聖なるもの』とは、詩人にとっては同一である。すなわち、清澄である。それはすべて喜ばしきものの根源として、最も喜ばしきものである。その中において、純粋な晴朗化の作用が行われるのである。この『至高なるもの』の中に、かの高き存在者、すなわち『聖なる光の喜戯』によって喜ばされたもの、すなわち、喜べる存在者が住まうのである[16]」。

このハイデッガーの言説のうちに、『存在と時間』での世界の無気味さの中で基礎づけられていた人間存在の定義が百八十度回転し、「至高なるもの」「晴れやかなるもの」という宗教的なものによる人間の生の肯定的理解の重要性がもののみごとに打ち出されている事実にわれわれは注目すべきであろう。

●ボルノーにおいて初めて、「幸福な信頼」と「深い庇護性」の存在規定の究極が、「健全なもの」（das Heil）という概念でまとめあげられた

ボルノーにおいて初めて、「幸福な信頼」と「深い庇護性」の存在規定の究極が、「健全なもの」（das Heil）という概念でまとめあげられた。その「健全な」という言葉は、いつも砕かれず、傷つけられずにいる「砕けやすいもの」

「傷つきやすいもの」の象徴であり、それをさらに形而上学的・超越的な意味に結びつけて、「人間のもつ最も深い生がかけられている、威嚇からの脱出として――、『魂の救い』(Heilder Seele)」[17]としてボルノーは鋭く指摘してみせた。

第二節　「健全なもの」の教育哲学的意義

一．人間を迎え入れる場所としての「支持的な実在性」

●「支持的な実在性」とは、人間が依存し頼りきることのできる現実

ボルノーはしばしば生の哲学者、ヤコービを援用して、「信仰」について次のように述べている。ヒュームの思想に基づきつつ、人間の外部にある支持的な精神的実在性というものは、根本的に証明不可能であり、「信仰」においてのみ可能になるという。ボルノーがいう「支持的な実在性」とは、人間が依存し頼りきることのできる現実であり、ファウストがグレートヒェンの悲劇の絶望ののちに、第二部の冒頭で嬉々として「大地よ、お前は昨夜も不断と変わらなかった。そして、新たに活気づいておのれの足もとで息づいている」と叫んだものと共通項を有する。ボルノーによれば、このファウストの叫びは、存在関連の信頼性が決定的であることを意味するという。[18]

●人間に自己の現存在を可能にし、意味を与える確固とした一点としての「実在性」

「支持的な実在性」こそが、人間がそれに寄りかかることのできる支えであり、人間に自己の現存在を可能にし、意味を与える確固とした一点になる。ヤコービは、この一点こそが「信仰」であり、それは合理的論証によって確証不可能なものであると考えている。この「信仰」は、疑惑によって接近されるやいなや姿を消してしまうものであり、人間の努力に依存せず、むしろ「恩寵」として人間にやってくるものなのである。[19]

二．実存主義の『破壊された世界』とは異なった、『健全な』世界の経験

●「支持的な実在性」が人間を迎え入れる場所は、ブーバーがいうところの「汝」である

ボルノーによれば、「支持的な実在性」が人間を迎え入れる場所は、生きている他の人間であり、ブーバーがいうところの兄弟のような「汝」である。もちろん、実存哲学が、共同人間をまったく無視したというのは正当ではない。なぜなら、人間が環境の中に結合されていることを認めたのは実存哲学の功績だからである。とはいえ、ハイデッガーがいわゆる匿名的な「ひと」あるいはヤスパースの不特定の「大衆存在」の世界を、実存哲学の概念で展開するかぎりにおいて、他の人間は私にとって支持し、援助する本来の「汝」としては把捉されていなかったはずである。(20)

●マルセルが考える〈もの〉から〈汝〉への移行という感銘深い公式

他方で、「庇護性という支持的な実在性」が人間を迎え入れる場所を考える場合、匿名的な「ひと」や「大衆存在」では無理があるのは当然である。なぜならそれらは生きている「汝」ではないからだ。そこでブーバーやマルセルの「実存主義を超える考え方」が必要になってくる。マルセルは〈もの〉から〈汝〉への移行という感銘深い公式で次のように考えた。〈もの〉の段階では、人間はたんなる衝動的存在としてエゴイズムに駆り立てられる。そこでは人間は実用的な人間知が考察するのと同じ存在となる。しかし真の〈汝〉の段階では、他の人間における自由と善意の能力の本質が問われることとなる。(21)

●支持的な信頼性の確実性

ボルノーによれば、他の人間の信頼性の確実性は、純粋に合理的な証明は不可能であり、漠然とした〈信頼〉という過程の中でのみ明晰になり確実なものとなる。それをボルノーは次のように表現している。

「この確実さは、わたしが実際に、この他の人間とかかわり合うときに、また、わたしが自己を拘束し、この自己拘束においてわたし自身を賭けるときに、明らかになる、ということを意味している。このことは、しかし、真の愛する関連という具体的な出会いの際にのみ、起こるのである。[22]」

●実存主義の「破壊された世界」とは異なった、「健全な」世界の経験

こうした支持的な信頼性の確実性は、ブーバーやマルセルのいう「出会い」の中で到達されるものであり、愛の中に完全に別個の世界が開けてくるという。この世界は今や新しい完全さで、驚嘆する意識に顕現するという。この点をボルノーはシェーラーを援用しつつ以下のように述べている。

「シェーラーは、特定の究極的存在経験は愛する人間にとってのみ接近されうるものであり、それゆえ愛は形而上学的器官であることが実証される、ということに着目した、おそらく最初の人であったろう。そののち、ビンスワンガーは、このことを驚くほど具体的なかたちで進展させ、愛する意識にとって、世界はもはや、無意味かつ威嚇的なものとして、また拘束的抵抗として、示されるのではなく、むしろ世界は、活動の余地を与える広さの中に、しかも同時に促進し支持するものとして経験されるということを、示したのであった。それは、われわれが予め要約することができるように、実存主義の『破壊された世界』とは異なった、『健全な』世界の経験である。[23]」

●ブーバーやマルセルのいう「出会い」は、実存主義の範疇に入るものでありながら、同時に新たな庇護性という「恩寵」としての出会いである

私たちは、ここから以下の貴重な示唆を得られるように思える。私見によれば、ブーバーやマルセルのいう「出会い」は本来、実存主義の範疇に入るもので非連続的なものである。他方で、「庇護性」はその実存を突破した世界で

世界から与えられるものであるから、実存とは一見相入れない新たな連続的な領域である。しかしボルノーがここで強調するのは、「実存主義の『破壊された世界』とは異なった、『健全な』世界の経験」であることに注目する必要があるだろう。それゆえ、ブーバーやマルセルのいう「出会い」は、実存主義の範疇に入るもので非連続的でありながら、無神論的な実存主義とは正反対の新たな庇護性という連続的な意味での「恩寵」としての出会いなのである。

三　新しい存在論的経験

●〈庇護性〉や〈やすらいでいること〉の感情は、現実的形而上学的な可能性である

〈庇護性〉や〈やすらいでいること〉の感情は、たんに心理学的に理解しうる人間精神の状態などというものではなく、現実的形而上学的可能性なのである、とボルノーは考えている。マルセルは、正当にも、現実的な具体的存在への唯一の通路が問題であると再三、指摘しているほどである。ボルノーは、幸福な信頼と深い庇護性の基底の上で開示される存在規定のうち、「健全なもの」(das Heil) という存在規定が最終かつ究極のものであるという。この概念は、人間存在の全面的な、威嚇され危険にさらされている状態に対して、二重の仕方で立ち向かっているという。一つは、人間は脅かしのさ中にあって健全なままである、もう一つは、世界はいっさいの明白な破壊のさ中にあって健全なままであると表現している。以下ではこうした新しい存在経験の本質的側面を掘り下げていきたい[24]。

第三節　教育哲学的結論

以上のようなボルノーの庇護性の問い、実存主義克服の課題は、それでは教育の場面でどのような関連性を持つのであろうか。私たちは、最後の結論部で、ボルノーの教育的主著である『教育的雰囲気』(邦訳『教育を支えるもの』)を中心に、両者の連関を考察して、本稿を終えることとしたい。

●他の人に対する「信頼」の関係は、庇護的領域の中で抱かれる「被包感」の問題についても該当する

ボルノーの庇護性の問い、実存主義克服の課題は第一に、教育における「信頼」の問題と深く関連するだろう。たとえば、ボルノーは、ペスタロッチがシュタンツで、放任された子ども等を相手に、仕事を開始したときに、子どもたちの「信頼と愛着」を得ようと努めたと述べていることに言及して、以下のように述べている。

「発達のはじめに、ある特定の個人に対する限りない信頼に含まれていたものは、その限界が知られるにいたったのちは、特定の個人に限定されることのない、生に対する一般的な信頼感に吸収されるのである。この生に対する普遍的な信頼には、これまではただひとり信頼の対象であった人物もともに含まれているのであるから、それによって信頼の全体性が再び回復されるのである。(25)」

こうして他の人に対する「信頼」の関係は、庇護的領域の中で抱かれる「被包感」の問題についても該当する。母親の保護の中に包まれた無条件の被包感は、いつかは失われざるをえない。しかしながら、こうした被包感は、たとえこれまでの無条件性が維持できなくなっても、依然として子どもたちのために確保してやることが、教育的課題となる。(26)

●若松英輔の「信頼」の捉え方

キリスト教的信仰の立場から、形而上学的でありながら実に人間の真実性を真摯にしかも鋭く提言する稀有な批評家、若松英輔もまた人間にとって「信頼」がどれほど不可欠なものかを次のように熱く語っている。

「(前略)人間は、信頼という不可視なつながりを感じながら生きている。それを確かめたいと願って、外に証拠を探そうとしても中中見つからない。信頼はそれぞれの自己に根付いている。それがどんなにもろく、また、危うい状態にあったとしても、自己への信頼を感じたとき、世界が信頼の環でつながっていることがわかる。他者を信じる自己を信じることほど、他者への大きな情愛はない。死者をめぐって考えれば、ことはいっそうはっきりする。死者からの呼びかけを信じる自己を信じることほど、死者への大きな情愛はないのである。(27)」

若松の論に従いつつ私見を述べるならば、たとえば一般論として、不登校児にとって、彼らがようやく担任教師を信じることができ、さらに級友を信頼することができるようになり、他者を信じられるようになる自己を発見したときに、初めて、自分のクラスに足を踏み入れることができるのではないだろうか。世界が信頼の環でつながっていることを体感したときに初めて、不登校の子どもたちは学校に戻ってくることが可能になるのである。そこで初めて彼らは自己の「居場所」を獲得しうるのである。

なお、若松英輔は、この引用の中で、信頼について、生者だけでなく死者との関わりについても鋭く論じている。これは教育学においても、死への準備教育、あるいは生命尊重の教育の範疇で、真剣に考察するべき重要課題であるが、ここでは紙幅の関係上、これ以上深めることができない。今後、機会を改めて論じてみたい。

●子どもは安定感を抱くことのできる空間をいつでも必要とする

ボルノーに従えば、被包感のこうした領域は、子どもの生活圏が拡大していっても、それ以降の発達途上でも必要なものであるという。ここで重要な視点は、子どもが、じょじょに外部世界を広げて活動していくいかなる途上にあっても、一つの狭い領域を持ち、その中で安定感を抱くことのできる空間を必要とするという神聖な事実である。

そこでボルノーはフレーベルを援用して次のように強調している。

「フレーベルは、山登りや洞窟探検の喜びなど少年時代の冒険的な企てを、折にふれて力説している。こうした未知なるものや危険なるものに挑む遊びは、すべて、いつでもそこへ帰っていける安全な空間があるという意識が、つねに背後に存在するばあいにのみ、可能なのである。それゆえ、この信頼できる領域の中で持たれる安定感は、子どもたちが発達段階のある時期に、なんらの価値もそれに置かないように見えるばあいにも、やはり、ひきつづいて育成しなければならないのである。[28]」

このように「庇護性」の哲学的問題は、なにも形而上学的な課題だけでなく、フレーベルを援用すれば容易に理解できるように、幼児にとって、「安全な空間」を確保するためには必要不可欠な雰囲気であり、きわめて具体的な「場所論」ともなる。心身ともなる存在としての人間、とりわけまだ未熟な子どもたちにとっては、安心して自分の存在が認められる「健全で晴れやかな空間」を堅持することが、どれほど重要な教育的課題であるかが容易に理解できるだろう。しかし現在の学校という空間は、いじめや閉鎖的人間関係のせいで、学校に行けない子どもが少なくないのは周知の事実である。これを改善できるのは本当の意味で、子どもたちを信頼できる精神が熟練した教師であり、同じ学級の仲間がどれだけ不登校児に親密さを提示することができるかにかかっているのである。

●子どもたちは、彼ら自身の空間を形成し、そこで「寛いだ」気分を味わい、その空間を自分自身のものとして感じようという要求をもつようになる

子どもの庇護性の問題は、教育哲学者であるランゲフェルドからも提出されている。彼の独自の概念である「秘密の空間」の要求は、きわめて説得力のある子ども期の特徴を示していると思われる。子どもがある年齢段階に達したときに、自分だけの「隠れ家」を創りたいという欲求がでてくるという。[29]その点に関してボルノーは次のように言う。

「ここから、やがて、子どもたちは、彼ら自身の空間を形成し、そこで『寛いだ』気分を味わい、その空間を自分自身のものとして感じようという要求をもつようになる。それは、自分自身の居住空間を、温かい被包感のもてる場所に作り上げようとする要求なのである。この要求は、あらゆる手段を講じて支持されなければならない。[30]」

●あらゆる手段を講じて、安心できる教室づくりをめざすことが強く求められる

子どもというものは、ある年齢段階に達したときには、自ら、寛いだ気分を味わえる空間を創りたいと思う存在なのである、とボルノーは考えている。だからこそ、私たち教育にたずさわるものには、あらゆる手段を講じて、たとえば安心できる学級、教室づくりをめざすことが強く求められるのである。そうした教育哲学的根拠がここでも見出される。

子ども時代から青年、成年へと段階が進んできて、家庭外の領域の比重がますます増加してきても、外部の未知なる世界と内部の庇護性の相互関係は、人間的生の不変な基本的関係のひとつとして必ず残存する。そして結論としてボルノーは以下のようにまとめている。

「人間の心的健康は、彼が『うち』という空間を持つことができるかどうか、すなわち、世の中で果すべきさまざまの責務から、いつもこの『うち』へ再び立ち帰り、その中で彼が安定感をもつことができ、世の中の障礙や脅威から保護されて、身内のものといっしょに『すまう』ことができるかどうかにかかっている。[31]」

●子どもの健全な人間発達にとって、子どもにこの世界の中で、安らぎをいだかせる雰囲気が不可欠

さらにボルノーは、子どもの健全な人間発達にとって、子どもにこの世界の中で、安らぎをいだかせる雰囲気が不可欠であることを強調する。意味のある安心して安らげる世界は、幼児にとってさしあたり、母親に対する人格的な信頼関係の中に開ける、といえよう。それゆえ庇護されているという普遍的な気分は、人生の発端から、愛される特定の関係と結びついているのである。しかし、「信頼によって支えられ、完全に支配されている子どもの世界は、実ははじめから、無常の芽をはらんでいる。（中略）なぜなら、いつかは母親の人間的な不完全さがわかってくるからである[32]」。

●究極の根底においては〈全き世界〉の中に包まれているという感情の確立、これがあらゆる教育の中心的課題である

ここに教育の新たな課題が生じてくる。つまり、信頼が崩れるとき人間はどうしたらよいのか、という問題である。ボルノーは、教育者はすべての幻滅のかなたにある一般的な信頼へ子どもを導いていくことが重要である、という。

「この新たなる信頼の形成、あらゆる禍いと脅威にもかかわらず、なお究極の根底においては〈全き世界〉の中に包まれているという感情の確立、これがあらゆる教育の中心的課題である[33]」。

なぜなら、人間の生は究極的に人間を支えるものなしには、けっして存立しないからである。人間の生は高齢にいたるまで、不安と安らぎの二重性の中に置かれている。それゆえ、庇護性の領域は、くり返し襲ってくる脅威に抗しつつ、つねに努力して獲得されねばならない。しかし同時にそれは、どこまでも恩寵のような形で、自己の外から与えられるきわめて形而上学的かつ超越的な性質のものなのである。

●教育における「全き世界」とは、リルケやベルゲングリューンの「健全なもの」とも一脈通じている

そしてここでの〈全き世界〉の中に包まれているという感情の確立とは、先に考察してきた、リルケにおけるこの「健全なもの」の概念や、言葉の根源的な意味での「聖なるもの」(das Heilige［健全なもの］) と重なり合い、さらには極めて慎重な言い換えではあるが「神」という言葉を志向するものとなるのである。

さらには、ベルゲングリューンの主要概念である、「健全なもの」とも一脈を通じており、彼の詩の一節、「幾重もの環の奥深くもっともっと内なる環の中で、それらの中核は安らいで健全にやすらう」(ベルゲングリューンの詩) と歌うとき、まだ特に直接的にキリスト教的な概念は入り込んではいないものの、そこに人間の魂の「永遠の健全性」を求めていることも容易に推察できよう。

●教育における「すまう」ことと、「健全で晴れやかな空間」を創造すること

いずれにせよ、教育の現象において、子ども達が、本当の意味で、「うち」という空間を、家庭で、学校で持つことができるかどうか、が教育の成否に深く関わることになる。すなわち、世の中で果すべきさまざまの責務から、いつも平安な「うち」へ再び立ち帰り、その中で子ども達が安定感と安心感をもつことができ、世の中や学校の障礙や脅威から保護されて、身内 (家庭や学級) のものといっしょに「すまう」ことができるときに、不登校気味の子ども達が救済されることになるのである。

このように「庇護性」の哲学的問題は、なにも形而上学的な課題だけでなく、フレーベルを援用するまでもなく、幼児にとって、「安全な空間」を確保するためには必要不可欠な雰囲気であり、きわめて具体的な「場所論」であった。心身ともなる存在としての人間、とりわけまだ未熟な子どもたちにとっては、安心して自分の存在が認められる「健全で晴れやかな空間」を堅持することが、どれほど重要な教育的課題であるかを本稿で提示したかったのである。しかし現在の学校という空間は、いじめや閉鎖的人間関係のせいで、学校に行けない子どもが少なくないのは周知の事実である。これを改善できるのは本当の意味で、子どもたちを信頼し、温かい空間である「学級」を創造することの

できる精神が熟練した教師のみである。

【註】

（1）O.F.Bollnow.Existenzphilosophie.Kohlhammer.Stuttgart.8Aufl.,1978.S.136.　ボルノー著、塚越敏・金子正昭訳、『実存哲学概説』、理想社、一九七六年、二三九頁。

（2）Vgl.Bollnow.a.a.O.S.136f.『実存哲学概説』、二四〇頁参照。

（3）O.F.Bollnow.Neue Geborgenheit. Das Problem einer Überwindung des Existentialismus. Stuttgart 1955.4.Aufl.1979.S.23.　ボルノー著、須田秀彦訳、『実存主義克服の問題——新しい被護性——』、未来社、一九七八年、二〇頁。以下では、『庇護性』と略記する。なお本稿では、「被護性」を「庇護性」に変更している。

（4）Bollnow.a.a.O.S.24.『庇護性』、二一頁。

（5）Bollnow.a.a.O.S.25.『庇護性』、二二頁。

（6）Vgl..Bollnow.a.a.O.S.158.『庇護性』、一八〇〜一八一頁参照。

（7）Vgl..Bollnow.a.a.O.S.159.『庇護性』、一八一〜一八二頁参照。

（8）Bollnow.a.a.O.S.159f.『庇護性』、一八二頁。

（9）Bollnow.a.a.O.S.161.『庇護性』、一八三〜一八四頁。

（10）Bollnow.a.a.O.S.27.『庇護性』、三一頁。

（11）Bollnow.a.a.O.S.149.『庇護性』、一六九頁。

（12）Vgl..Bollnow.a.a.O.S.149.『庇護性』、一七〇頁参照。

（13）Bollnow.a.a.O.S.161.『庇護性』、一八四頁。

（14）Vgl..Bollnow.a.a.O.S.161.『庇護性』、一八四〜一八五頁参照。

（15）Bollnow.a.a.O.S.162.『庇護性』、一八五〜一八六頁。

（16）M.Heidegger.Erläuterungen zu Hölderins Dichtung.Frankfurt a.M.1951.S18.　ハイデッガー著、手塚他訳、『ヘルダーリンの詩の解明』（ハイデッガー選集第三巻）、理想社、一九六五年、二四頁。

（17）Bollnow.a.a.O.S.157.『庇護性』、一七八頁。

（18）Vgl..Bollnow.a.a.O.S.150.『庇護性』、一七一頁参照。

(19) Vgl.Bollnow,a.a.O.S.151. 『庇護性』、一七二頁参照。
(20) Vgl.Bollnow,a.a.O.S.152. 『庇護性』、一七三頁参照。
(21) Vgl.Bollnow,a.a.O.S.152f. 『庇護性』、一七四頁参照。
(22) Bollnow,a.a.O.S.153. 『庇護性』、一七四頁。
(23) Bollnow,a.a.O.S.154. 『庇護性』、一七五頁。
(24) Vgl.Bollnow,a.a.O.S.155. 『庇護性』、一七六～一七七頁参照。
(25) O.F.Bollnow,Die pädagogische Atmosphäre, Heidelberg,4Aufl.,1970.S.24. ボルノー著、森昭・岡田渥美訳、『教育を支えるもの』、黎明書房、一九八〇年、六二頁。以下では、『支えるもの』と略記する。
(26) Vgl.Bollnow, a.a.O.S.24. 『支えるもの』、六二頁参照。
(27) 若松英輔著、『池田晶子　不滅の哲学』、トランスビュー、二〇一三年、一八九～一九〇頁。
(28) Bollnow,Die pädagogische Atmosphäre.S.25. 『支えるもの』、六四頁。
(29) Vgl.Bollnow,a.a.O.S.25f. 『支えるもの』、六五頁参照。
(30) Bollnow,a.a.O.S.25. 『支えるもの』、六五頁。
(31) Bollnow,a.a.O.S.26. 『支えるもの』、六六頁。
(32) Bollnow,a.a.O.S.23. 『支えるもの』、五九頁。
(33) Bollnow,a.a.O.S.23. 『支えるもの』、五九頁。

第六章　「リルケの死生論」の臨床教育学の試み

――O．F．ボルノーと若松英輔との対比――

はじめに

本章では、「リルケの死生論」について、教育哲学的に考察することを目的とする。その際、筆者は、ドイツの教育哲学者ボルノーの実存的なリルケ論を展開した後に、日本の稀有な批評家、若松英輔のリルケ論を紹介する。両者を比較することによって、リルケの詩および思想が、近代という時代にどれほど必要不可欠な人間把握であるかを浮き彫りにすることを試みる。具体的には主として、ここ数十年の間に日本が経験した未曾有の大震災後に、「死者論」という観点から、私たちはどのように人間の真の「死」の問題を取り扱ってきたかを省察することにする。若松英輔がどのように人間の「死」の問題を、「我が事」として受け止めていることを浮き彫りにして論じてみたい。

ボルノーと若松英輔という時間的にも空間的にもまったく接点のない二人に共通する人間理解は、「死に関する実存的アプローチ」であり、日本の教育学あるいは教育哲学がこれから深めて研究していかなければならない分野であると筆者は確信している。

第一節　ボルノーが理解する「リルケにおける死」

一．「生における死」

●初期リルケにとって、生は死と同じ次元に存在するボルノーに従えば、リルケが手がけた文学作品にはすべて、「死」の問題が通奏低音のように流れているという。初期の作品では『旗手クリストフ・リルケの愛と死の歌』の中でそれが特徴的に現われており、生と死が生の陶酔の頂点で一つとなっており、ボルノーは次のように描写している。

「この作品では、生は、まさにその頂点においては死と同質である。愛と死は融合し、生きることの最高は同時に死ぬことなのである。(1)」

ここでリルケにとって生は死と同じ次元に存在し、愛することと死ぬことは溶け合い、生きることが死ぬことと同質になると、考えている。ここにリルケの人生観が如実に浮き彫りにされているとボルノーは実存哲学的観点から鋭く指摘している。

●「死」の様相がますます強くなっていくリルケの作品

リルケにおける「死」の問題はさらに発展していき、後には本質的な転向が生じることになる。それは、すでに現在のものである「生における死」との対決が深まる転向であり、『時禱集(じとうしゅう)』から『マルテ・ラウリッツ・ブリッゲの手記』に至る過程の中で見出すことができると考えられる。こうしたリルケの諸作品には、ある陶酔的な親近感がじょじょに姿を消していき、「死」の様相がますます強くなっていく。そして、やがてリルケの作品には、生を後退させ、恐ろしい異様なものとして「死」が描かれるようになるとボルノーは明確に報告している。たとえば、『白衣の貴婦人』で、使者がペストについて次のように報告している。

「そこでは死が、
わが家にでもいるように、はいったりでたりしています、
それはわたくしたちの死ではなく、見知らない死なのです……
神から給料をもらっている死ではなく……
誰も知らない、見知らない死なのです。[2]」

この時期のリルケは、自分の死と見知らぬ死を明確に区別していることを、私たちには容易に理解できるだろう。見知らぬ死は、偶然のものとして外部から生に侵入してくる。それに対して、自分の死は「神から給料をもらっている」生の、内面の必然性に由来する死なのである。ここから発展して、生と死の対立をより高いところで統一しようとするロマン主義的な生と死の神秘に、私たちは触れることができる。『ドゥイノの悲歌』におけるリルケ後期の言葉をボルノーは次のように引用する。[3]

「生者たちはみな
過ちを犯している、あまりにも区別しすぎる過ちを。
天使たちはしばしば区別を知らぬ（という）
生者たちのあいだを歩んでいるのか、それとも死者たちのあいだを歩んでいるのか。[4]」

●**死は、体験されない出来事ではなく、この現在を構成する要素そのものとなる**

リルケのここでの課題は、此岸の生を、彼岸の生と完全に融合させて一つに統一することにある。これとの関連で、さらにボルノーは『白衣の貴夫人』を引用する。

「ごらんなさい、このように死は生のなかにあるのです。
生と死、それは絨毯を織りなす糸のように、
編みあわされているのです……
誰かが死ぬとき、いいえ、それのみが死ではありません。
死は誰も死ぬことのできないときにあるのです。
死は容易ならぬもの。死を葬ることなどできません。
誕生と死去とはわたくしたちの内部に日々あるのです。(5)」

ここでボルノーは、リルケの「死は生のなかに」あるという点に鋭く注目している。初期のリルケには存在しなかった本質的な前進がここに見られるという。すなわち、死は、もはや体験されない出来事ではなく、この現在を構成する要素そのものとして、リルケによって考えられるようになったからである。ボルノーはそれを次のように解釈している。

「比喩的な広い意味で死と呼ぶこともできるものが絶えず生のあらゆる箇所で起こり、したがって生は絶えざる死滅と再生のうちに存続し、こうしてやがて生と死とは絨毯を織りなす糸のように編みあわされてゆく、という意味なのである。(6)」

二．「大きな」死が「小さな」死になること

●工業的大量生産的な生と死に対する人間の問題を鋭く指摘したリルケ

上述のロマン主義的な生の哲学的解釈と並んで、ボルノーは「見知らぬ死」と「自分の死」の区別から、リルケ特

有の死生観を次のように展開していく。「小さな」死は、思いがけなく人間を襲う死で、大衆的現存在にみられる死のことである。ボルノーはリルケの『時禱集』の中で、「そこには、……小さな死が、誰もそこで捉える小さな死がある」を引用して、悲惨な大都会、病院での大量生産の死の人間疎外的な問題を取り扱っている。人々は自分の病気に付属した死を死んでいるほかないとその問題点を指摘したうえで、ボルノーはこうした死の在り方を次のように指摘する。

「内面的に営まれた特別の生が特色のない大衆的現存在である『ひと』において均等化されてしまっていること、（中略）死でさえもはや本来的な自己存在（Selbstsein）へと呼びさます警告者として現われることはなく、皮相に受け継がれたままの形をとって現われる結末になってしまう。(7)」

●「個々の人間の特別な生から生じた一つの死を与えよ」（リルケ）

ボルノーはこのように述べて、リルケがどうして、工業的大量生産的な生と死に対する人間の問題を鋭く指摘したかの理由を展開している。

リルケは『時禱集』の別の箇所で、生と死について次のような叫びをあげている。

「おお、主よ、すべてのものに自己自身の死を与えたまえ(8)」

ボルノーの解釈によれば、この詩の一節は、「個々の人間の特別な生から生じた一つの死を与えよ」というリルケの訴えであるという。ここからのみ、人間が自己自身の死に対してもつ課題の意識が芽生えだす。その課題とは、自己自身の死を、自己に固有の仕事として完成させ、自己の死を「仕上げる」という課題である。こうして「大きな死」

の獲得のために努力することによって、はじめて人間は非本来性から本来性へと高まっていくとボルノーは暫定的な結論を示している。(9)

第二節 若松英輔におけるリルケ理解

次に私たちはボルノーとは時代と空間がまったくちがう気鋭の大学研究者で卓越した批評家の若松英輔の論を展開する。しかし両者ともに、人間の真の「死」についてきわめて共通する本質的な議論をしているので、それをここで紹介してみたい。

一.リルケの『ドゥイノの悲歌』と『若き詩人への手紙』解釈

「声がする、声が。聴け、わが心よ、かつてただ聖者たちだけが
聴いたような聴きかたで。巨大な叫び声が
聖者らを地からもたげた。……
……おまえも神の召す声に
堪えられようというのではない、いやけっして。しかし、風に似て吹きわたりくる声を聴け、
静寂からつくられる絶ゆることのないおの音信（おとずれ）を。(10)」

●「聖者ではない私たちはせめて死者の声を聴こう」（リルケ）

若松は、リルケの代表作である『ドゥイノの悲歌』（手塚富雄訳）の上の一節を援用した後に次のように述べている。

大地からの轟（とどろき）を詩人リルケは「声」という呼びかけとして受け取る。しかしほとんどの人間は、そのうねりのような大地の「声」、「神の召す声」に堪えられない[11]。

この詩には次の一節が続くと若松は言う。「あれこそあの若い死者たちから来るおまえへの呼びかけだ」（リルケ）。静寂の中に生み出される絶えることのない「音信（おとずれ）」とは、死者の声に他ならない、と若松英輔は明快に指摘して、続けて彼は言う。

「神の言葉を聴くのは難しい。それを聴くのは聖者の使命であるならば、聖者ではない私たちはせめて死者の声を聴こうと、リルケは言う[12]。」

若松英輔によれば、「ドゥイノ」は、ある時期、リルケが暮らしていた場所の地名であるという。『マルテの手記』執筆後に休息をとっていた最中に、突如として、詩作の発想が沸き起こった。リルケが暮らしていたドゥイノの古城は、海の見える高台にあり、六〇メートルほどの崖に立ったときに、激しい風が吹き、波がさざめき、自然のざわめきの中に一つの声を聴いたというのである。

「ああ、いかにわたしが叫んだとて、いかなる天使が
はるかの高みからそれを聞こうぞ？」

続けてリルケは手帳に書き留める。

「よし天使の序列につらなるひとりが／不意にわたしを抱きしめることがあろうとも、わたしはその／より烈しい存在に

焼かれてほろびるであろう」。

リルケが岸壁に立ったとき、意思を持たない天使がリルケを訪れたという。天使との邂逅(かいこう)もまた慄(おのの)きの経験だったと若松は明快に指摘している。(13)

完成までに十年もかかった『ドゥイノの悲歌』は、リルケが自ら書こうとしたものでなく、言葉がリルケに訪れるまでじっと待ち続けたのである。彼にとって詩作とは、想念を語る言葉を探すことではなく、言葉の到来をひたすら待つことであった。こう述べた後、若松は次のように指摘する。

「実感から言えば彼は、詩の作者であるより記録者であった。彼の秘密は、書くことよりも沈黙にあった。(14)」

●詩作とは真の語り手からの「委託」を受けること

『ドゥイノの悲歌』の中で、リルケは、詩作とは真の語り手からの「委託」を受けることだと考えた。若松によれば、悲歌は単に悲しみを謳ったものではなく、むしろ悲しみの彼方にあるもの、あるいは彼方の悲しみを謳うものなのである。(15)

「そうだ、年々の春はおまえをたのしみにしていたのではないか。あまたの星は
おまえにかんじとられることを求めたのだ。
過去の日の大浪（おおなみ）がおまえに寄せてきたではないか。または、
開かれた窓のほとりをすぎたとき、
提琴の音がおまえに身をゆだねてきたではないか。それらすべては委託だったのだ。」

　ここから理解できることは、リルケにとって詩とは、この世界を謳いあげる言葉の芸術というよりも、「彼方の世界から訪れる呼びかけ」であった。さらに若松は続ける。

「彼に言葉を『委託』したのはときに天使であり、ときに死者だった。（改行）詩で謳われていることだけが重要なのではない。詩が生まれていること自体が深甚な意味を有するのである。超越が存在することに比べれば、それが何を語ったかは二次的な問題にすぎない。[16]」（筆者傍点）

●「自らの内へおはいりなさい。あなたが書かずにいられない根拠を深くさぐってください」（リルケ）

あるとき、リルケがまったく知らない詩を書く青年から、リルケのもとに手紙が届いた。リルケは丁寧な返信をその青年に書き送った。これはリルケの特徴を示す言葉として非常に有名な箇所となっており、さまざまな研究者や文学者によって引用されている。

「あなたは外へ眼を向けていらっしゃる。だが何よりも今、あなたのなさってはいけないことがそれなのです。誰もあなたに助言したり手助けしたりすることはできません。誰も。ただ一つの手段があるきりです。自らの内へおはいりなさい。あなたが書かずにいられない根拠を深くさぐって下さい。（中略）もしあなたが書くことを止められたら、死ななければならないかどうか、自分自身に告白して下さい」（『若き詩人への手紙』高安国世訳[17]）。

二．志村ふくみと池田晶子の死者論

（一）『薔薇のことぶれ：リルケ書簡』の著者、志村ふくみについて

若松英輔は、染織作家の志村ふくみ著、『薔薇のことぶれ：リルケ書簡』（人文書院）を取り上げて以下のようにリルケを論じている。同書は、三か月前に、『晩祷―リルケを読む』が刊行されているが、それの読編である。[18]

●震災以後の日本において、志村ふくみ以外に、リルケを語ろうとした人は皆無に近かった

若松英輔によれば、小説『マルテの手記』や、詩『ドゥイノの悲歌』で知られる一九世紀プラハに生まれた文学者のリルケは、言葉に深い力があり、作者が刻んだ文字は、私たち読者に深く沁み込むという。「言葉があたかも触手となって傷ついた心を癒そうとする」実感を持ちうると若松は言う。天使を描き、死者を語った、言葉が心に深く沁み込むリルケの作品を読むことで、私たち読者は、「自分でも忘れていた心に秘められた場所を思いだす。その意識の奥の部屋には、私たちの生涯すべての歴史が生きていて、その場所で人は真実の自己やすでに彼岸へと逝った人々にまみえることができる。[19]」

こう述べた後で続けて若松は言う。震災以後の日本において、リルケは読み返されるべきであるのに、志村ふくみ以外に、リルケを語ろうとした人は皆無に近かったと明快に指摘したうえで、次のように続ける。

「『芸術とは人をなぐさめ、よろこばせることは言うまでもないが、実は人を蘇生させる程の力をもっている』と作者〔筆者註：志村ふくみ〕は書いている。（改行）文学の言葉を、文学者からのみ聞く時代は、すでに終わった。だが、文学は生きている。むしろ、文学者とは単なる職業名ではなく、真に文学の伝統に用いられた者に付される呼び名であることを、また、誰の心にも詩人の魂があることをこの本は教えてくれている。[20]」

このような若松の指摘に対して、筆者は教育哲学者として、これまで本当に、傷つき弱りはてた大人たち（教師達）に向かって、あるいは子どもたちに向かって、蘇生させる言葉を語ってきたのかと、率直に深く反省させられた。

（二）意中の人—池田晶子のこと—

若松英輔は二〇一二年三月に『魂にふれる—大震災と、生きている死者』を刊行した。本書で論じられているのは、死者論であるが、ここでの「死者」とは「遺体」の異名ではないと若松は明言している。(21)

●震災後、被災した人々や遺族の「痛み」を真剣に考える報道に出会えなかった

若松は、震災後、被災した人々や遺族の「痛み」がどこにあるのかを真剣に考える報道になかなか出会えなかったと述懐した後、次のように自らの著作者としての使命を述べている。

「（前略）そしてもっとも言語化しづらく、しかし、彼らの心の奥にあったのは、世間が『死者』への畏敬を忘れたこと、さらにいえば『死者』としての存在を黙殺したことへの嘆きではなかったか。(22)」

こう述べた後、震災後、多くの文学者や哲学者たち、そして組織としての宗教も、「死」を語りはしたが、少数の例外を除いて「死者」を語ったものが、ほとんどいなかったと鋭く批判した。そうしたある日、若松が電車に乗っていたときに、哲学者である池田晶子の次の文章と出会ったというのである。

「死者
死体の謂ではない
生存ではない存在形式において存在する者
つまり異界の者

の思い為すこと、それが物語である
死者の思い為しを生者は生きている
死者に思われて生者は生きている
したがって、生存とはそのような物語である」『リマーク　1997-2007』（池田晶子）

●池田晶子の文章に出会って以来、若松英輔にとって「死者」は論じる対象ではなくて、不可視な隣人になった

若松英輔はこの池田晶子の文章を引用した後、この時以来、若松にとって「死者」は論じる対象ではなくて、不可視な隣人になったと告白している。それと同時に、震災後の日本は、「死者」の問題を正面から捉えることなく、真実の一歩を踏み出し得ていないと確信したという。(23)

家に着いた若松は、『リマーク　1997-2007』（池田晶子著）を出版した会社社長にすぐにメールを送り、「死者」は実在する、「死」とは生命の終わりでなく、新生であるということを、言葉にしてみたいと綴ったという。書き始めて二か月で、二〇一二年三月に『魂にふれる—大震災と、生きている死者』は完成した。苛酷ではあるが緊密な六〇日間であったが、「何者かに用いられた仕事だったという実感は、今もある。」とまとめている。(24)

（三）若松英輔の『若き詩人への手紙』解釈

若松英輔はリルケについて以下のように考えている。リルケに詩を送りつけた若い青年に語ったことばであり、多くのリルケ研究者がこの点に言及する有名なことばである。

「あなたは外へ眼を向けていらっしゃる、だが何より今、あなたのなさってはいけないことがそれなのです。誰もあなたに助言したり手助けしたりすることはできません。誰も。ただ一つの手段があるきりです。自らの内へおはいりなさい。あなたが書かずにいられない根拠を深くさぐって下さい。（中略）もしあなたが書くことを止められたら、死ななければならないかどうか、自分自身に告白して下さい」（『若き詩人への手紙』　高安国世訳）

若松にしたがえば、外に眼をむけるとき人は行動する。しかし詩を書こうと思うなら、内へ入れとリルケは言う。ここでの「内」とは現代人が考える内面ではないし、さりとて深層心理学のいう無意識でもない。むしろ「内」とは、現象と実在、肉体と魂の関係に近いものであるという。さまざまな現象の奥に「実在」と呼ぶべき存在を感じる。魂は内なるものであるが、肉体を包んでもいる。それゆえ私たちは、肉体的な衝撃以外でも、暴力的な言動に触れるとき、身を傷つけられるのである。若松はさらに言う[25]。

「この構造は、私たちが暮らす世界空間にも当てはまる。世界の奥に『内なる世界』があるのではなく、『内なる世界』がこの現象界を包む[26]。」

私たちは、日常の価値観として、「内なる世界がじつはこの現象界を包む」とは容易に理解しにくいが、本質的にはそうだろうと直観しうる。だからこそ、こうした価値観の転換を意識した教育をすることに意味が見出せるのではないだろうか。もちろん、確固とした本質の外面的な現われである「現象界」は、私たちに強固なものとして立ちはだかり、吹けば飛んでいくような繊細な内なる世界が、「現象界」を包み込むように思えないが、若松英輔もボルノーもそうした先入観を突破しようという思想を私たちに提供しようとしているのであろう。

第三節　若松英輔の死者論から、教育学が学びえること

一．死者について語るのではなく、死者と生きることとの重要性

●死者について語るのではなく、死者と生きることが大切だ

若松英輔は、本書を震災やさまざまな悲しみに打ちひしがれている読者に、「君は」と呼びかけるかたちで本書を書き上げている。そしてその「君」は、愛について語る人となるよりは、愛を生きる人になるほうが素晴らしいと提案している。死者との関係も同様で、死者について語るのではなく、死者と生きることが大切だと指摘してみせる。こうした視点こそ、教育学で「生命尊重」を考察する場合に極めて重要な大前提となると筆者には思われる。安全教育や生命尊重の教育を語り実践する場合、特に小学校高学年から高校生にかけては、若松のいう「死者について語るのではなく、死者と生きること」を学ぶ視点をけっして忘れてはいけないだろう。特に筆者の研究対象とする道徳教育等では、「死者と生きること」について、秀逸な読み物教材を使用すれば、たとえ小学校の子どもたちであっても、深く主体的な対話を展開して、この主題に迫っていくことも可能であると思われる。本稿では紙幅の関係でこれ以上、論じられないが、このテーマは別の機会に改めて考察してみたい。

●君が見たこと、感じていることは、君が生きることによって真実になる

震災についても「君が見たこと、感じていることは、君が生きることによって真実になる。その生を他者と分かち合うこと、それがぼくらに委ねられた責務だ。それを語るとき、君と死者との関係がそうであるように、永遠の次元の出来事としても語ってほしい。」(27)

このように述べたあと、若松は、一九世紀のオーストリアに生まれた詩人で小説家のライナー・マリア・リルケの晩年の作品『オルフォイスへのソネット』の次の詩を紹介するのである。

「記念の石は建てるな。ただ年毎に
　薔薇を彼のために咲かせるがよい。」（田口義弘訳[28]）

若松はこの詩を次のように解釈する。記念碑を建てると、人はそこに刻まれた言葉を忘れてしまう。しかし花を植える者は、起こったことを決して忘れない。なぜなら花が私たちに、その出来事を語りかけてくるからだという。ここで花とは死者の魂であり、私たちは「花」と対話しうると確信する。[29]

若松英輔はもう一つのリルケの手紙の一節を紹介する。

「死者は自分の始めていたさまざまのことを、自分のあとに生き残った人々に、もしこの人々がいくらかでも内面的に結ばれ合っていたとしたら、続けてやりとげてくれる課題としてゆだねるのではないでしょうか。」（「エリザベート・シェンク男爵夫人への手紙」高安国世訳[30]）

●死者は、「課題」の中で、私たちと生きる、ひそやかな同伴者となる

このリルケの手紙を若松は引用して、次のようにリルケを解釈しつつ、文章を結んでいる。私たちの課題は生きることであり、他者と悲愛によって結ばれることだという。それには困難が伴うがそのときは祈ればよいと若松は主張する。祈りは願うことでなく、沈黙の言葉を聴くことである。死者は、「課題」の中で、私たちと生きる、ひそやかな同伴者となる、というのである。「死者と生きる」とは、死者の思い出に閉じこもることではなく、今を生きることであり、新しい歴史を刻むことだと、若松は、魂からの言葉を発している。[31]

二.　真に幸福と呼べるものは「内部世界」にしかない
●「想像の秘儀」を潜り抜けることによって、人は初めて真実の世界を生きることができる

若松英輔によれば、「想像の秘儀」という営為を潜り抜けることによって、人は初めて真実の世界を生きることができると指摘している。それとの関連で、「想像の復権」を強く唱えたのは、詩人のリルケだったと若松は指摘し、次のように述べている。[32]

「リルケにとって実在と『内部』はほとんど同義であり、詩を書くとは、『内部』に生きている死者と天使から委託を受けることだった。リルケ―特に後期のリルケにおいて想像力とは、内部世界を構築する営みと同義であり、その『内部』には、天使だけでなく死者も暮らしていた。[33]」

晩年の作品『ドゥイノの悲歌』には、上述した不可視な他者からの言葉が満ちているという。若松英輔はリルケの以下の詩を紹介して、「内部」の重要性を指摘している。

われわれは隣人たちに承認された幸福を高くかかげようとする。疑いようのない幸福がわれわれに顕現するのは、ただわれわれがそれをわれわれの内部において変化さすときだけなのに。

愛する人たちよ、どこにも世界は存在すまい、内部に存在するほかは。（手塚富雄訳[34]）

●真に生きようとすれば、人は「内部」とのつながりを回復しなければならない

真に幸福と呼べるのは「内部世界」にしかないのに、人はどうしてそれを外の基準ではかろうとするのかと、リルケは鋭く私達の時代を批判する。真に生きようとすれば、人は「内部」とのつながりを回復しなければならないという。[35]

●「支持的存在への通路としての庇護性：ある不登校児を例に」

この視点を教育の問題に引き付けて考えてみるとどのような具体例が示されるだろうか。筆者はかつてある不登校の子どもの例を、ボルノーの庇護性との関連で次のように報告したことがある。上述した若松の「リルケにとって実在と『内部』はほとんど同義」であることと深くつながる主題ゆえに、以下に要約してみよう。

「支持的存在への通路としての庇護性：ある不登校児を例に」と題した筆者の言説を要約するとおおよそ、次のように言い得よう。ボルノーが主張する「庇護性」の特徴は、人間の実存的動揺を超越して、自己自身のうちに、新しい確固としたよりどころを築くための人間の内面的状態を指し示す。ボルノーにとって庇護性とは、人間を超えた外にあって人間を支え保護している存在のことである。そこでは人間にとって、以下のような形而上学的な問題が示唆される。ボルノーの言説を引用してみよう。

「不安と絶望にかられて、いっさいの支持的な〈生の関連〉から引き離された、そしてどたん場の孤独に投げ返された人間が、どのような仕方で、再びかれを取りまく世界にたいする新たな信頼に達することができるか、が問題になる。[36]」

こうした存在論的連関の中でのみ、私たちは人間の「新しい庇護性」について有意義に論じることが可能となる。さて、ボルノーは実存哲学の負の側面として、重苦しい圧迫的な気分を指摘したうえで、そうした「気分」は人間を世界から締め出し、自己自身のうちに閉じ込めてしまう、そしてその結果、人間を孤独へ陥れると考えている。その逆に、人間が外界に対して開かれており、この外界が人間にとって近づきうるように感じたとき、人間は自ら幸福な精神状態にあるという[37]。

●「不安と絶望にかられて、いっさいの支持的な〈生の関連〉から引き離された」人間（ボルノー）＝不登校の児童生徒たちそのもの

こうしたボルノーの指摘については、これまで観念的・抽象的にしか筆者は考えてこなかったけれども、「私たち人間」を、さまざまな事情で学校に、あるいは自分の学級に足を運ぶことのできない多くの「不登校児童生徒たち」と置き換えることができるのではないかと考えるようになった。「不安と絶望にかられて、いっさいの支持的な〈生の関連〉から引き離された」人間とは、紛れもなく、不登校の児童生徒たちそのものであり、保健室登校を余儀なくされる子どもたちと読み替えることができるだろう。

●不登校児童が学校に、クラスに戻れるときとは？

その逆に、人間が外界に対して開かれており、この外界が人間にとって近づきうるように感じたとき、人間は自ら幸福な精神状態にあるとボルノーは考える。「こころ」の壁を感じて、所属する学級の戸口の前までは来ることができるのに、そこから先は足が竦（すく）み、クラスの中に入ることができなかった子どもが、実際のビデオ映像で取り上げられているのを筆者はある機会に見ることができた。その後、さまざまな先生方や友達の援助や協力を経て、ついに自分の所属するクラスに入ることができるようになった同じ不登校児童の姿のビデオ画像を目の当たりにしたとき、その子どもの内面に、明らかな変化が生じていたことを、筆者は明確に感じ得た。すなわち、その子どもが「外界」という所属学級に対して開かれるようになり、この外界〔所属する学級〕が、その不登校児童にとって「親しみのある

近づきうる空間」に変貌しており、そのように感じ始めることができたからこそ、その児童は自ら「幸福な精神状態」になりえて、そのときに初めて、自分のクラスに足を踏み入れることができたのである。(38)

いじめで保健室にしか通えなかった子どもが、さまざまな愛情を受けて、教室に戻れるこうした事例を示してきたのは、「内なる世界がじつはこの現象界を包む」ことの傍証としたかったからである。

●人間を世界から自己自身のうちに閉じ込めてしまう側面と、人間を支え保護している側面

ボルノーは、こうした二つの側面―人間を世界から締め出し自己自身のうちに閉じ込めてしまう側面と、人間を支え保護している側面―について、次のように鋭く対極的に記している。

「人間は、一つの可能性では、自己自身のなかに閉じこもり、外界とのいっさいの接触を絶つ。これに反して、他の面は、人間を解放し、人間になんらかの真の人間外の現実との接触をはじめて可能にする。それゆえ、人間の外にある支持的な実在性の問題は、幸福な気分状態の基底と、なんらかの仕方で連関しており、この状態の分析は、したがって、もっとも高い存在論的意義をもっている。(39)」

●人間の外部にある支持的な実在性についての存在論的な考察

ボルノーはここで詩人のリルケを登場させる。なぜならリルケは、他のだれよりも実存主義的不安と絶望とを切り抜けてきて、それを真実な詩のかたちに結晶させた人だからである。リルケはその長い人生航路の果てに次のように謳った。

「神を見出すためには、人は幸福でなければならない。なぜなら、自分の困窮から神を勝手に創り出すような人は、気忙しく先を急ぐからである。……」(リルケ「フランス語による詩集」)

ボルノーはこうしたリルケのことばを引用することで、人間の外部にある支持的な実在性についての存在論的な考察を深めようとしている。「神を見出すためには、人は幸福でなければならない」とは、自分の困窮から発する絶望的な試みは見込みのないものであるという認識である。ここで私たちに深く理解できることは、〈幸福であること〉とは、人間自身の努力によって獲得できるものではなく、「恩寵」のようなかたちで人間に授かるものであるという実在の秘儀である。[41]

●優位性は「内なる世界」にある(若松英輔[40])

若松英輔にあって、優位性は「内なる世界」にあり、その内なる精神世界が実は、「外なる世界」である現象界を包み込んでいるのだ、と指摘してみせる。筆者は、さきに不登校児の例で、どうしても自分の所属する教室に入れなかった子どもが、教師や友達のこころからの寄り添いと精神的援助によって、ついには文字通り教室に「入れた」映像を見ることができた。この瞬間、若松がいう「『内なる世界』がこの現象界を包む」ことの真の意味を具体的に把捉できた。

終わりに

●「大震災と死者の詩学」

死者とはすでになくなった過去の存在、つまり死亡者ではないと若松英輔は考えている。若松のいう死者とは、私たち生者が存在しているように、実在するいわば「生ける死者」である。

「死と死者は異なる。むしろ、死者が、死から新生した者であることを考えると、死者は、死からもっとも遠い存在であるとも言える。[42]」

「死者は、死からもっとも遠い存在である」とは、若松英輔のきわめて逆説的な発想であり、筆者は意表を突かれた思いがした。その意味で、この若松の「死者論」は、極めてユニークな人間学的、教育学的課題となりうると思われる。

もし「死者」が、死からもっとも遠い実在であるならば、震災の問題は、死者を包括する議論が展開されないかぎり、真の解決へ向かわないと、若松は近代に対して警鐘を鳴らす。死を経験したのは死者だけであるという厳粛な事実を、近代は忘れてしまったのではないかと私たちに鋭い問いを発している。「臨死」は死でなく、彼岸に接しながらも、渡らずに戻ってきた「生者」であるという理解を若松は示している。その意味で、死を経験したものはだれもいないのに、近代は、無数の「死論」を吐き出してきたと、鋭く若松は批判している。[43]

この「近代」という時代には、芸術や宗教、教育の世界においてすら、「死者」が正当に位置づけられていないとの若松の痛烈な批判は、教育哲学徒の一人として、深く一考に値する重要課題である。いじめや不登校、教育事象に関わるさまざまな事件で、多くの子どもたちや教師たちが、傷つき、職場や学校を離れ、その結果、命を亡くする悲劇がくり返されている。当人だけでなく、遺族の人々の心情を察する際に、私たち教育哲学研究者は、どう受け止め、どのように返答しうるだろうか。まさしく、本質的な教育的問いを若松英輔から投げかけられている思いがする。

【註】

（1）Bollnow.O.F..Existenzphilosophie.8.Aufl..Kohlhammer.1978.S.83.　ボルノー著、塚越敏・金子正昭共訳、『実存哲学概説』、理想社、一九七六年、一四四頁。

(2) Bollnow,a.a.O.S.83.『実存哲学概説』、一四五頁。
(3) Bollnow,a.a.O.S.84.『実存哲学概説』、一四六頁。
(4) Bollnow,a.a.O.S.84.『実存哲学概説』、一四六～一四七頁。
(5) Bollnow,a.a.O.S.85.『実存哲学概説』、一四七～一四八頁。
(6) Bollnow,a.a.O.S.85.『実存哲学概説』、一四九頁。
(7) Bollnow,a.a.O.S.86.『実存哲学概説』、一五〇～一五一頁。
(8) Bollnow,a.a.O.S.86.『実存哲学概説』、一五一頁。
(9) Vgl.Bollnow,a.a.O.S.86.『実存哲学概説』、一五一頁参照。
(10) 若松英輔著、『生きる哲学』、文春新書、文藝春秋、二〇一六年、一三一頁。
(11) 若松英輔著、『生きる哲学』、一三一頁参照。
(12) 若松英輔著、『生きる哲学』、一三一頁。
(13) 若松英輔著、『生きる哲学』、一三三頁参照。
(14) 若松英輔著、『生きる哲学』、一三三頁。
(15) 若松英輔著、『生きる哲学』、一三四頁参照。
(16) 若松英輔著、『生きる哲学』、一三五頁。
(17) 若松英輔著、『生きる哲学』、一四〇頁。
(18) 若松英輔著、『涙のしずくに洗われて咲きいづるもの』、河出新社、二〇一四年、七五頁参照。以下、『涙のしずく』と略記する。
(19) 若松英輔著、『涙のしずく』、七六頁。
(20) 若松英輔著、『涙のしずく』、七六頁。
(21) 若松英輔著、『涙のしずく』、八一頁参照。
(22) 若松英輔著、『涙のしずく』、八二頁。
(23) 若松英輔著、『涙のしずく』、八三～八四頁参照。
(24) 若松英輔著、『涙のしずく』、八四頁。
(25) 若松英輔著、『生きる哲学』、一四一頁参照。
(26) 若松英輔著、『生きる哲学』、一四一頁。
(27) 若松英輔著、『魂にふれる─大震災と、生きている死者』、トランスビュー、二〇一七年、一八～一九頁。以下、『魂にふれる』と略記する。
(28) 若松英輔著、『魂にふれる』、一九頁。

(29) 若松英輔著、『魂にふれる』、一九頁参照。
(30) 若松英輔著、『魂にふれる』、一九頁。
(31) 若松英輔著、『魂にふれる』、二〇頁。
(32) 若松英輔著、『涙のしずく』、一三一頁参照。
(33) 若松英輔著、『涙のしずく』、一三一～一三二頁参照。
(34) 若松英輔著、『涙のしずく』、一三二頁。
(35) 若松英輔著、『涙のしずく』、一三二頁参照。
(36) O.F.Bollnow,Neue Geborgenheit. Das Problem einer Überwindung des Existentialismus. Stuttgart 1955.4.Aufl.1979.S.20. ボルノー著、須田秀彦訳、『実存主義克服の問題――新しい被護性――』、未来社、一九七八年。以下では、『庇護性』と略記する。なお本稿では、「被護性」を「庇護性」に変更している。
(37) Vgl.,Bollnow,a.a.O.S.148. 『庇護性』、一六八頁参照。
(38) 木村泰子著、『「みんなの学校」が教えてくれたこと―学び合いと育ち合いを見届けた3290日―』、小学館、二〇一五年。および木村泰子先生自身が作成したビデオを参照。
(39) Bollnow,Neue Geborgenheit.S.148. 『庇護性』、一六九頁。
(40) R.M.Rilke,Gedichte in französischer Sprache.Wiesbaden 1949.S.114. in:Bollnow,a.a.O.S.149. リルケ著、『フランス語による詩集』in『庇護性』、一六九頁。
(41) Vgl.,Bollnow,a.a.O.S.149. 『庇護性』、一七〇頁参照。
(42) 若松英輔著、『涙のしずく』、一四二頁。
(43) 若松英輔著、『涙のしずく』、一四三頁参照。

第三部

道徳教育の理論と実践

第七章　「より高い目標を目指し、希望と勇気を持って着実にやり抜く強い意志をもつ」道徳学習
――星野富弘さんの生き方に学びつつ――

本章は、「より高い目標を目指し、希望と勇気を持って着実にやり抜く強い意志をもつ」道徳学習について考察する。一節では、われわれは、実存論的教育観とは何かについて基本的な説明をし、そのうえで二節において、道徳の時間の性格について一瞥（いちべつ）する。さらに三節では、道徳の授業を展開するうえで参考になるために、指導過程の定型を紹介したい。四節において、生徒の目標志向的行動について論述し、最後の五節で具体的に、人間教師としての星野富弘さんの生き方・在り方を紹介したい。

第一節　実存論的教育観

横山利弘によれば、「目覚める―目覚ます」という関係で教育的関係をとらえる教育観を、実存論的教育観という。実存哲学は、非本来的な生き方と、本来的な生き方を明確に区別する哲学であり、それを基盤とした実存論的教育観は、日常の非本来的な生き方を断ち切って、本来的な生き方へと転回するような非連続性を重視する(1)。

本論の教育哲学的基盤もまたここに立脚する。私たちは通常、時間に流されて生きがちであるが、そのような生活は本来的な生き方からすべり落ちてしまっていると実存哲学では捉えるのである。そのようなときに、本来的な生き方へと転回するように訴えかけることが教育の重要なひとつの形式であると考えるのが実存論的教育観なのである。

しかし人間は一度目覚めるとその後はずっと本来的な生が維持できるものではなく、目覚めても、またもとの非本来性に堕落しがちになることが多い。この「覚醒」概念を、教育の非連続的形式のひとつとして実存哲学的に取り上げたのが、『実存哲学と教育学』の著者、ドイツにおける代表的教育哲学者ボルノー博士（Bollnow O.F.）である。(2)

横山利弘は、非本来的な生き方から本来的な生き方へ転回させようとする教育は、道徳教育や生徒指導の中核となるべきものと考えている。この教育関係は、大人の意のままに子どもをつくることでもなければ、子どもに内在する素質を連続的に育てることでもなく、むしろ本来的な自己にたち返るように「呼びかけ」ることができるだけである。ヤスパース（Jaspers K.）はこれを「訴えの教育学」と呼んだ。非本来的な生き方をしている日常的な惰性の生活に対して、「それでよいのか？」と本来の自己に立ち返るように良心に呼びかける。(3)本論で展開する道徳の時間の具体例はこうした実存論的教育観をその基盤とする。

第二節　道徳の時間の性格

道徳の時間とは、教師が子どもに一方的に型に押しつける、あるいは上から教え込むという態度で臨むのではなく、子ども自身が深く納得し、感銘を覚え、心を揺さぶられて「よしきた、やるぞ」という実践意欲を燃え上がらせる時間にすることが古田嘉彦の主張(4)であり、筆者もまたそれに賛同する者である。以上のことから、道徳の時間と生活指導やしつけとは、互いに排斥しあうものではなく、むしろ相互にそのよいところを生かしあい補足しあって、教師と生徒がともに、道徳性を高めていこうとするものであることが理解できよう。このような位置づけにある道徳の時間について、古田嘉彦は、次の五つの項目をおさえ、満たす時間でなければならないと考えている。

すなわち、道徳の時間は

①日常性＝生活からはなれない時間――日常生活の切実な問題をとりあげ、これと関連させて話しあい、考え合う

時間。

②価値性＝良心に目をむけあう時間――より望ましい生き方・あり方を、師弟ともにめざしあう時間。

③内面性＝心に感銘の灯をともす時間――自分で自分の心に、深い納得をし、感銘をおぼえ、心をゆさぶらせて、「よしきた、やるぞ」という実践への意欲を燃えあがらせる時間。

④和楽性＝わかった快さを感ずる時間――明るく楽しい雰囲気で、待たれる時間。

⑤多様性＝形式化をいましめる時間――さまざまな方法や資料を活用する時間。

この五つの条件をふまえた時間でありたいと、古田嘉彦は強調する。そうして、この五項目は、いずれも道徳の時間の重要なおさえどころであるが、その中でも、とりわけ重要で中心的な事項は、③の「内面性」ということである。

したがって、道徳の時間は、

①子どもたちが生活するなかでの切実で重要な問題をとりあげて（日常性）

④あかるく楽しい雰囲気の中で（和楽性）

⑤適切な資料や方法を活用しながら（多様性）

②人間として、より望ましい生き方やあり方はとうあるべきかを（価値性）

③真に、納得し、感銘をおぼえ、心をゆさぶらせて、「よしきた、やるぞ」という、実践への意欲を燃えあがらせる（内面性）時間である。(5)

こうしたあゆみをとおして、生徒一人ひとりが、「心の目を開く時間」である、と古田嘉彦は道徳の時間を理解している。さらに『学習指導要領解説道徳編』によれば、道徳教育の内容は、教師も生徒もともども、理想的な生き方・あり方を追求しつつ、われわれはいかにあるべきかをともに考え、ともに語りあい、その実行につとめるための共通の課題であると指摘している。生徒も先生もいっしょになって、より望ましい生き方・あり方を考えあい、それにむかって努力しあい、はげましあうところに道徳教育の真の姿があるのであって、教師が道徳を壇上から説教して終るのが道徳教育ではない。道徳教育は、たとえ道徳的に未完成、不完全な教師であっても、謙虚誠実な心で、師弟ともにつとめあい、はげましあうという心がまえこそ、最も重要な点である。本論では、③の「内面性」の段階で、星野富弘さんの生き方を紹介しつつ、道徳教育の時間で使用する教材として、以下に星野富弘論を展開する予定である。

第三節 指導過程の定型

古田嘉彦は、県教育委員会の道徳担当の指導主事時代に、以下の「三段階七変化」の指導過程を提唱された。これはひじょうにわかりやすく、新任の教師でもすぐに実践応用できる道徳教育の型であるため、ここで紹介してみたい。

三段階七変化の指導法

三段階とは、導入（意識化）・展開（内面化）・終末（実践化）の三つの大きな区分段階であり、七変化とは、次に示すように、導入から終末までのすすめ方を七つの内容と角度づけをして指導を深めようというものである。

第一段階　導入＝「意識化」の段階

① 生活＝みつめる ――まず、子どもたちの生活をみつめることから入ることを原則とする。

現実のできごと・読み物等を利用する。たとえば、勉強しなければならないことは頭では理解しているが、なかなか実行できないことを認識する。さらに読み物などを手がかりに、自分たちの生活をすなおに見つめる。

② 問題＝気づく ――生活を見つめる中から、お互いが、どんなに困っていること、迷惑していることがあるか、またはどんなにうれしいことがあるかという、本時で取り上げたい問題点に気づかせる。すなわち、導入（意識化）の段階では、指導のねらいに直結した問題について、生徒の経験を呼び起こし、生活を見つめて問題点として気づかせることが大切である。そしてその問題は、生徒各人にとって、自分の問題であるとともに、クラス全員の問題であることを意識させ、何とかして解決しなくてはならない重要事項として、意欲をもってとりくむ必要があることをわ

からせることである。

こうした導入過程で重要な視点は、

（a）まず、何をみつめさせ、何に気づかせるのかという、本時の焦点を明確にするということである。問題提示があいまいなままに道徳の指導をすすめると、話し合いが堂々めぐりに終ったり、皮相的な興味だけに流されたりして、せっかくの時間がピンボケになって、深まらずに終わるおそれがある。

（b）二つめには、その問題点が、子ども一人ひとりにとっても、学級全体にとっても、いかに重要で切実な問題であるか、ということをわからせることである。以上の二点を、導入段階でしっかりと子どもたちの意識にのせることができたら、道徳の時間の指導は半分成功したといえる。なぜなら、子どもが、「なるほど、これは問題だぞ」「ほんとうにそうだなあ」「なんとかしなくてはいけないな」と思うことで、目を輝かせて考え、話しあうことができるからである。[6]

第二段階　展開＝「内面化」の段階

この段階は道徳指導の中心的段階である。ここでは導入の段階でとらえた問題について

③ 分析＝しぼる――どういうことから、そうした問題がおきたのか、その原因は何か、中心的事項は何かに焦点づける。そんなに困ったことになった原因は何か。相手の言い分、立場はどうなのかを出しあわせたあと、中心となる事項を焦点づける。

たとえば、筆者の教育実践を例にとると、大学四年生で教育実習も無事に終え、教員採用試験を控えた大学生の教育指導の事例で考えるならば、採用試験直前の七月の時点でさえ、本気で教師をしたいのかまだ決めかねている学生がかなりの数に上る事実がある。なぜそうした問題が起きたのか。その原因は何か、中心的事項は何かに焦点づけて対話形式の講義を展開するように筆者は心がけている。教職課程受講生は、原因としてアルバイトや遊びすぎで、勉

強時間がなかったかとか、免許だけをとるつもりで、本当に教師になる強い動機がない、あるいは力量・学力が不足するのか、などの分析を始める。そうした内容を分析し問題を絞って教員が学生に問いを投げかけることが大切である。逆にはじめは資格だけとって一般企業へ就職するつもりだったが、教育実習へ行って、さまざまな経験をして、本当に教職に目覚めるという逆の事例を多々見受けることもまた事実である。

④ 価値＝考える――そのうえで、より高い価値（望ましいあり方）を多面的に考えあう。それぞれの立場、言い分（価値）の中で、高い価値（望ましいあり方）とはどういうことなのか、低い価値とはどういうことなのかを、じっくり考えあわせ、人間としての望ましい生き方・あり方を師弟共にめざしあい、学級の総知を出しあわせる。大学四年生で教員採用試験を控えた大学生の事例で考えれば、望ましい教師像とはどのようなものか、教育実習生としての準備に甘さはなかったのか、大学の講義・演習等に積極的に参加していたか等を師弟ともども考えあう。

⑤ 理想像＝てらす――こうした時、尊敬する先人、偉人、先輩は、どうこれを受けとめ、のりこえたか、という点を、資料や教師の説話によって明らかにし、それをこれまで話しあい考えあったことに重ね合わせ、照らし合わせることが重要である。

ここで星野富弘さんの生き方、人生に対する取り組み方を紹介する。想像を絶する苦悩を今も抱えつつ、それに負けずに日々を創造的に過ごされている星野さんの生き方・あり方を確認し、私たちの日々の生活と照らしあわせたい。その過程で、「そういう考え方・生き方があったのか」と、今までの自分の生き方、人生に対する取り組み方、ものごとに対する考え方の心の目を開かせられ（高い価値に気づく）、深く納得し、感動をおぼえ、心をゆさぶられて、ある者は、「何と、自分は、せまい了見であったか」と反省し、ある者は、じっとしておれぬ気持ちにかりたて、「よし、やるぞ」と、実践への意欲をもり上げる（次元の高い価値への欲求をもつ）ようにする段階である。

たとえば、発表者は毎年経験するところであるが、幾人かの大学四年生の教職課程履修者たちは、星野富弘さんの困難な環境のなかでも力強く人生に立ち向かう生き方を紹介されて、自らの学生としての恵まれた生活環境と重ね合わせることで、星野富弘さんの生き方に感銘する。そして次に、これまで怠惰な生活をしてきた自分を反省し再び、教員になるために勉学に真剣に取り組むようになる。首から下がまったく動かないというハンディキャップを背負いながら、毎月、星野富弘さんはすばらしい詩画を制作・発表されている。しかしそれを現実のものとするためには、毎日限られた体力と制作時間のなかで、こつこつと一点の花の制作とそれに合わせた詩作を創作するために、膨大な時間をかけてていねいに取り組まれる。その意味でいえば、私たちのあくせくと過ごす毎日の時間感覚とは、別の時間尺度で、人生を歩み、時を過ごされているのではないだろうか。日々感じている事柄を、画家としてそして詩人として表現する地道な、文字通り血のにじむような文学的創造の格闘の日々を現在、この瞬間もされていることを学生に伝えると、教員採用試験を前に逃げ出しそうになる自分が、無責任でありはずかしいことに気づく受講生もでてくる。

いずれにせよ、健康に恵まれて何一つ不自由のない生活が保証されており、無限の可能性が開かれているにもかかわらず、怠惰な日常生活に流されがちな私たちのあり方を、星野富弘さんの人生と照らし合わせて、ある者は、「何と、自分は、せまい了見であったか」と反省しある者は、じっとしておれぬ気持ちにかりたて、「よし、やるぞ」と、自分の立てた目標に進み始める事例も決して少なくはないことを、筆者は経験し確認している。(7)

第三段階　終末＝「実践化」の段階

第二段階で考えたことがらは、遠いよそのことではなく、現在の自分たちの問題であるとの現実感をもたせることが重要である。

⑥ 対策＝決める ――観念的な申しあわせや、口先だけの決意だけではなく、問題になった事柄について、生活の中で、「こうしていこう」「このことにつとめてみよう」と具体的方向性をみつけていく。これは教師の押し付けになると効果は半減するので、むしろ教師自身も、子どもたちとともに決定事項に参画する姿勢が子どもたちの共感を得

る結果となる。

⑦ 生活＝行う――上記の決定事項を、クラス全員が毎日の生活に結び、おろしていくようにつとめあう。道徳の時間の中だけで、一件落着という早期決着に至るほど、現実は単純ではないかもしれない。しかしそれにもかかわらず、その後の日常生活と結びつけ、教科や特別教育活動とつなげて、実践化されることが望ましい。たとえば、中学生で、放課後、ごみ拾いをしようということになれば、当然、可能な限り、教師も生徒が決めた事柄を尊重し、ともにその活動に入るなり、見守る必要がでてくるだろう。

以上、道徳の時間のすすめ方の一つの型を古田嘉彦に従いつつ発表者の意見も付加したうえで提示した。この型の特色といえることは、生活から入り、生活にかえる指導過程である、ということが重要な視点である。なぜならば、道徳教育というものは、人間のよりよい生き方・あり方をめざしあうことを外にしては、目的は存在しないからだと古田は確信している。生活・実行につながらぬ道徳教育は、無意味であると発表者も考える。(8)

指導過程の定型

三段階		七変化		
導入	意識化 →	生活	みつめる	・生活の現実実態をみつめる。
		問題	気づく	・その中に、どんな問題があるかに気づく。
展開	内面化 →	分析	しばる	・その原因は何か、中心的事項は何かに焦点づける。
		価値	考える	・より望ましいあり方を多面的に考えあう。
		理論像	てらす	・先人の歩みにてらし、たしかめる。
結末	実践化	対策	決める	・先の問題点にどう対処するのがよいかを決める。
		生活	行う	・日常の生活実践と結ぶ。

古田嘉彦著『若い「道徳」の先生に』黎明書房　58頁

図7-1

第四節　目標志向的行動

一．努力すること

横山利弘によれば、ある目標に向かって「努力する」ということは、生き方にかかわる道徳の重要な内容のひとつである。努力については、学習指導要領で、小学校段階は、目標に向かって「くじけないで努力する」と表現され、中学校では「着実にやり抜く強い意志をもつ」と表現されている。ここで、継続的に努力するということはその根底の意志が強固でなければならないことを意味するために、小学校においても、意志を強くもつという教育をする必要がある。しかし中学校では、努力しているかどうかをみるだけではなく、そこに、子ども自身の意志のはたらきをみなければならないと、横山利弘は指摘する。

現在の子どもたちは耐性に欠けるといわれており、ちょっとした困難に出合うとすぐにあきらめてしまう子どもが多いのも事実である。努力しようという気持ちが持続しないのである。原因の一つとして、子どもたちをとりまく現代社会の状況をあげることは容易である。物質的に豊かな時代に生まれ育った子どもは、ことさら強い意志をもち、高い目標の実現を目指さなくても、何とか生きていけるのだ、という誤った風潮を生んでいるのも事実である。しかし、実際にはけっしてそれで満足しているわけではない子どもの心に教師は気づかなければならないと横山利弘は強調する。

子どもたちは心の中に夢や希望を秘めている。そして、その夢や希望を実現するためには、たゆまぬ努力を必要とすることも、子どもたちは頭の中では理解している。けれども現実には多くの子どもたちの努力は長続きしない。これを教師が子どもの意志の弱さと結論づけてしまえば、そこには教育的配慮の余地がなくなる。そこからどうすれば子どもたちがその努力を継続できるのか、そのことを考えなければならないと横山利弘は強く主張するのである。夢や目標が高いものであればあるほど、その努力は長時間におよび、多くの困難にも直面するものである。この間、常に希望をもちつづけさせるには、教師が子どもの努力を認めるだけではなく、子ども自身がそのプロセスの中で自分の進歩を確認できるように、教師は配慮する必要があるという。教師が子どもの努力を認めるということは、子ども自身が自己の進歩を確認することができてこそ有効なのだと横山利弘は考えている。

努力の過程は、ひたすら足元を見ながら歩く登山に似ている。展望の開けた場所で一息いれて、「これだけ登った」ということを確認することが重要である。英会話ができるようになるためには、英語の単語をコツコツ覚えなければならならず、より高い目標に達するためには、それに至る途中のより近い具体的目標をたてなければならない。目標達成のための第一歩となる具体的な目標の必要性を子どもたちに自覚させることも、教師は忘れてはならない。たしかに現代の子どもたちは、その達成が容易ではないと知ったとたんに、簡単に放棄してしまう傾向がある。しかしだからこそ、教師の支えや励ましがとくに必要となると横山利弘は強調するのである。(9)

二．目標志向的行動

中学校の『学習指導要領 解説—道徳編—』では、自分の好むことや価値を認めたものに対しては、意欲的に取り組む態度が育ってくるとし、取り組みの対象について価値を認めることが重要であるととらえている。子ども自身が、それを実現することに価値があると認める事がらであってこそ「意欲的に取り組む」ことができるのである。

中学校の内容では「着実にやり抜く強い意志をもつ」と、「意志の」を取り上げている。一定の目標を立ててそれに向かってある時間、継続的に実行するという人間の積極的・持続的行動を取り上げている。つまり、人間に特徴的な「未来に対するある態度」が問題になっていることになる。未来に対する人間のかかわりには漠然とした期待や不安など、さまざまなものが含まれるが、ここではっきりとした未来への「目標志向的行動」が中心の課題となっている。ある目的を達成するために「合理的に」構成した計画的な行動が求められている。

それでは「意志の涵養」とは何だろうかと横山利弘は問いを続ける。意志はあらゆる行為においてはたらくものであるし、またあらゆる行為をなさしめる原動力でもある。その意味で「意志の涵養」は、道徳教育のあらゆる場面で配慮されなければならない重要なものといえよう。にもかかわらず、あえてそのことがこの内容で取り上げられているのは「意志の涵養」にもっとも役立つのが、自分で立てた目標の達成を目指す過程だからである。

「意志の涵養」と「目標の志向」とのかかわりでは、はっきりとある時間を区切って計画を立て、それを着実にやり抜く人間の行動に焦点を当てることが重要であると、横山利弘は指摘している。これはプランニングの問題ということもできる。つまり、一定の目的を達成するために「主体的に」かつ「合理的に」未来を構成するという計画的な行動が問題となっているということである。

このように考えると「目標志向的行動」は、ひじょうにむずかしい特別な行動のように思われるかもしれないが、私たちは日常生活のあらゆる場面で、これをくり返していることになる。現実の子どもの生活に目を向けてみると「週末までに九九が全部言えるようになろう」とか「夏休みが終わるまでに二五メートル泳げるようになろう」というように、現在の状況を超えた状態に向けて目標を立てて、それを志向して努力することはよく見受けられる。これらはいずれも「より高い目標」なのである。

したがって、「より高い目標」という意味を、現実の子ども一人ひとりの実態から遠くかけ離れた目標であるとか、教師が観念的につくりだした理想的人間像のようなものとしてとらえていると、こういった日常的な子どもたちの姿を看過してしまうことになる。「より高い目標」という文言を抽象的にとらえるだけでは、子どもの実態にそって内容をみることにはならないと、横山利弘は道徳の時間担当者に注意を促している。

中学生頃の子どもたちは、私たち大人からみるとまさに夢見る世代といえる。まだまだ社会の厳しさを知らず、人生にまどろんでいられるようにみえる年頃であるが、しかし子どもたちは、その子なりの強い願望を心に秘め、実はその実現を強く志向している。そこに自我関与があることを私たち大人は見逃してはいけないと横山利弘は指摘する。

道徳の時間の指導の前に、子ども自身の志向している目標を押さえておかなければならないということは、こういった事情による。それは、けっして生活主義に陥ることを意味するのではなく、子どもの日常の道徳的な体験的事実をふまえ、指導するためなのである。この内容に関する道徳の読みもの資料は、ともすれば高邁な目標を立ててこれを立派に達成し得た偉人の話が選ばれることが多いようである。そのために、道徳の時間の指導も現実離れして子どもが心に抱く願望とも離れてしまいやすい。もちろんそういう資料も必要ではあるが、その場合の指導では、単に「偉い人がいるな、とても自分ではまねができない」ということで終ってしまわないように、注意しなければならないと横山利弘は注意を喚起している。発表者は上述の横山の指摘を十分に考慮しつつ、道徳の時間の内容となる教材を星野富弘さんの生き方に即しつつ以下で展開したい。とくに道徳の時間で取り扱う人物を子どもたちに紹介するときには、その人物を紹介する教師自身が、その人物の生涯なり、生き方・考え方に深く感動し共鳴していることが重要な視点である。なぜなら、こうした前提でないと、道徳教育のなかで、教師が子どもたちに伝えたい気持ちが伝わりにくく、結果的に形式主義で終ってしまう危険性があるからである。(10)

第五節　人間教師としての星野富弘さんの生き方・在り方

すでに還暦（二〇二〇年現在七四歳）を迎えられた星野富弘（一九四六年四月二四日～）さんは、大怪我で両手両足が不自由なために、口で筆をくわえてあざやかな草花を描く有名な詩画作家として、現在でこそ日本中で知られている存在であるものの、群馬大学教育学部卒業後、すぐに就職した職業が、中学校の体育の教師であったことはあまり知られていない。そして新任教師のその年に首から下がすべて麻痺する大怪我をされたのである。星野富弘さんのこれまでの生き方は、困難のさなかにあっても、人間は日々の生活を充実させ、より高い目標を目指し、希望と勇気をもって着実にやり抜く強い意志をもつことが可能であることを示すモデルでもある。本発表においては、星野さんが大怪我をされた後、幾多の困難に耐えつつ、そこから不屈の精神で、今日の彼の積極的な人生を切り開いた経過を紹介するなかで、子どもたちに困難に直面してもなお、高い理想を持ち、継続的に目標を実現する勇気の大切さを示したい。(11)

一．星野富弘さんの生への取り組みと現在に至るまでの軌跡

以下の内容は星野富弘著（二〇〇一年）新版『愛、深き淵より。』(12)から学んだ内容である。一九四六年四月二四日、

群馬県勢多郡東村（現・みどり市）に生まれ育った星野富弘さんは、経済的には決して恵まれた環境にはなかったものの、両親の愛情を豊かに注がれて農家の家庭で何不自由なく、自然の恵みをいっぱい受けて元気にすくすくと育った。高校は群馬県立桐生高等学校に進むものの、体育とクラブ活動（器械体操部）が得意で、さらに山岳部にも顔をだしていたというスポーツ好きの青年であった。大学では、さまざまな活動に全身全霊を傾けられ、勉学の成果が発揮され、就職はみごとに一度で、公立の教員採用試験に合格された。ついに一九七〇年四月、二四歳のときに、念願の新任教師として高崎市立倉賀野（くらがの）中学校に「体育教師」として赴任された。この進路決定は、両親の期待にも添うところであり、長男である本人はもちろんのこと、さらにご両親もたいへん喜ばれたと自伝で紹介されていた。しかしそれからわずか二か月足らず後の六月一七日の夕方一七時四五分に、悲劇が起こってしまった。

星野先生は、事故の起こる次の日から、中学二年生の高原学校の付き添いで榛名湖へ行くことになっていたために、たまった下着を学校の用務員室で洗濯しようとした。しかし洗濯機の前に立つと窓からあまりにも透き通った深い青空が見えたので、体育館へ行って生徒たちと飛び回ろうと、洗濯の予定を急遽変えて、体育館へ直行したのである。放課後の体育館は活気に満ちていた。「きたぞ！」という生徒たちのうれしそうな顔を見るのが星野富弘先生は好きだった。「やっぱりきてよかった」と星野先生は思ったという。中学生の器械体操は、床、鉄棒、跳び箱で、とくに鉄棒は危険だから、星野先生がいないときは練習しないように伝達していたので、生徒たちは、踏み切り板を使用してジャンプの練習をしているところだった。星野先生は、踏みきり、ジャンプ、空中での回転、この三段階を極端に区切って模範演技をしてみせた。失敗しても大丈夫なように、マットのうえにさらに厚さ二十センチのスポンジのマットを敷いて万全を期した。軽く助走をつけて、天井に向って飛び上がった。思い切り伸ばした体をすばやくボールのように丸めつつ回転をつけた。と次の瞬間、「バアン！」と音が星野さんの耳の奥でしたという。[13]

ぼんやりと時の流れがあり、ふと気が付くと、星野さんの周りに人垣ができていた。あわてておきあがろうとするが、その気持ちが体のどこにもひっかからなかった。体全体が熱く感じられ、手足が湯気のように蒸発して形がなくなったような錯覚に陥ったという。

医師のカルテによると、人間の首は七個の頸椎（けいつい）がたてにつながっており、それぞれから手足等全身を動かす運動神経等がでている。星野さんの場合、上から四個目を脱臼骨折したため、肩から下の下方全身に麻痺がおこった。通常は、このようなけがの場合、窒息死する事例が多いが、たまたま横隔膜を動かす神経が四個目のすぐ上から出ていたために損傷せず、かろうじて腹式呼吸が可能であったため、一命を取り留めたのである(14)。

星野富弘さんは、こうして頸椎損傷を負うこととなり、それ以来、一九七〇年から二〇〇七年の現在に至るまで三七年間、車椅子の生活をされ、六〇歳の還暦をすでに迎えられた今日でも、首から下の自由はきかずに、車椅子の生活を毎日耐えておられる。妻の昌子さんとの文字通りの共同生活のなかで、あの心あたたまる詩画等の作品を継続的に、心を込めて制作されているのである。健康な状態の人間でも作品の締め切りに間に合わせるために大変な労力を必要とするのであるが、星野富弘さんの場合には、首から下の機能がすべて麻痺したなかでの過酷な創作活動を継続的に妻の昌子さんと二人三脚で実現されているのである。

入院して二度目の春が来た一九七二年に二六歳の誕生日を迎える頃、星野さんは、この頃、「生きているのではなく、生かされている」というキリスト教作家三浦綾子（一九二二～一九九九）さんの考え方に共鳴し始めていた。この頃からベッドの下に置いていた先輩の米谷（よねや）さんが届けてくれた聖書の存在が気になり始めていた。大学時代に同じ寮に住んでいた二年先輩の米谷さんが通っていた前橋キリスト教会の舟喜拓生牧師がこの頃たびたび訪問されるものの、まわりの人の目が気になって聖書を読む気持ちにはなれなかった。しかし一大決心をして書見器に聖書をつけてもらって読み始めることになる。そしてこの頃から、自分には、口で筆をくわえて字を書くことが、神様が求めておられることかもしれないと星野さんは思い始めたという。一九七二年一二月一五日の日記では、初めてカタカナの「ア」が書けたとの記録が見られる。枕の上の頭を少しずらすだけだから、力がほとんど必要なく、その夜、久しぶりにぐっすり眠れたという。さらに一二月二八日の日記によれば、わずか一三日間の練習で、初めて漢字を書くことも可能になっている。すさまじい努力家であることがわかる(15)。

一九七三年一月に三回目の新年を病院で迎えることとなる。当時は、石油ショックの影響で、病院の暖房も節約のため、お母様は湯たんぽの上に足を乗せて、寒さを凌いでおられた。わびしい正月だったが、字が書けるようになり星野さんの気分は明るかった。字を練習し始めて一か月が過ぎて、ふらふらしていた線もまっすぐ引けるようになる。

この頃、星野さんの身にも新しいことが起こる前兆のような気がしたという。ついに世界の扉は開かれ始めた。「私は前橋キリスト教会に通っている渡辺と申します。船喜牧師からいつもお話をきいています」と、あたらしい人生の歩みが始まった。渡辺さんは、星野富弘さんのお母様が病室から外出されたときに、星野さんにみかんを食べさせてくれるやさしい女性だった。その後も渡辺さんは毎週、土曜日欠かさず訪問され、それが週に二度・三度と訪問が増えていった。星野富弘さんが熱を出すと、会社の帰りに毎日立ち寄ってくれて、病室には入らず、部屋の窓明かりから遠くをみつめながら祈ってくれる人だった(16)。

一九七三年一一月（二七歳）のある日ことであった。星野富弘さんは、一切、手が動かないので三度三度の食事は、昌子さんと結婚されるまで、お母様が世話をされていた。あるとき手元がふるえてスプーンの汁が星野さんの顔にこぼれてしまった。わずかなことだったが積もり積もったイライラが爆発し、「チキショウ。もう食わねえ。くそばあ」とご飯粒をお母様の顔めがけて吐き出して怒鳴ってしまった。お母様は、涙を拭きながら、外で出てしばらく帰ってこなかった(17)。

この頃、星野富弘さんは自殺したいと思ったことが何度もあったという。若い青年にとって、女性を好きになっても抱くこともできないことが深刻な苦しみだった。しかし不思議なことに、病状が悪化して死を意識すればするほど逆に生きたいと切に願った。母親に首をしめてもらおうとも考えたが、母親を殺人犯にさせるわけにいかないと思いとどまった。

このような苦悩を抱えつつ、ついに、一九七四年一二月二二日、二八歳の星野富弘さんは、入院中の病院で前橋キリスト教会(プロテスタント)の船喜拓生牧師より洗礼を受けることとなる。星野さんは言う。「もし私がけがをしなければ、この愛に満ちた母にきづくことなく、私は母をうす汚れたひとりの百姓の女としてしかみられないままに、一生を高慢な気持ちで過ごしてしまう、不幸な人間になってしまったかもしれなかった。[18]」

一九七九年九月一四日、三三歳のときついに、九年間の入院を終え退院し、家に帰ることとなる。九年間もの長い入院生活についに終止符が打たれたのである。退院後、故郷に帰って創作活動を続け、一九八一年に自伝『愛、深き淵より。』の初版が出版される。さらに、同年四月、星野富弘さん三五歳のとき、病院にお見舞いにくり返しきてくれた旧姓渡部昌子(まさこ)さんと結婚。その後は、昌子さんは文字通り、星野さんの手足となり、星野さんの創作活動を陰で支えることとなる。水彩画、ペン画に詩を添えた作品と、幼少期の体験や故郷での生活を中心とした随筆(妻による口述筆記)を織り交ぜた『花の詩画集』をはじめ、数々の著作を出版するとともに、全国各地やハワイ、ニューヨークなどで「花の詩画展」を開催して、現在に至るのである。

一九九一年(四五歳)には、故郷の群馬県勢多郡東村草木ダムのほとりに村立・富弘美術館(現在の住所は群馬県みどり市東町草木八六)が開館し、星野富弘さんの作品が常設されている。二〇〇二年(五六歳)には入館者が四〇〇万人、二〇一〇年には、六〇〇万人を超えるほどの高い評価を得ている。そこで古い美術館を建て替えるために、新富弘美術館建設国際設計競技を行ったところ、なんと世界五四か国から一二一一件の作品が集まったという。そのなかで最優秀賞に選ばれたのがヨコミゾマコトの作品であった。展示室も事務所もトイレまで円形をしているその新館は、旧館の隣に建てられ、二〇〇五年四月一六日に新しい富弘美術館として開館している。星野富弘さんの生き方は、多くの人々に感動を与えるとともに、中学校の国語、道徳の教科書に随筆が掲載されている。さらに二〇〇六年六月二〇日、(六〇歳)群馬県名誉県民の称号を授与されている。

二　人間教師、星野富弘さんの生き方・あり方から道徳の時間担当者が学べること

私見によれば、私たちが真の意味で、道徳教育を担当できるためには、常日頃から、真実の生き方・誠実な人間観・世界観等に興味・関心を持ち続け、少しでも日常生活のなかで実践していなければ、そう簡単には道徳の時間を子どもたちとともに誠実に過ごすことはできないだろう。換言すれば、こうした問題意識を持ちつつ、日々の生活を過ごしている教師のみが、真正面から児童生徒の魂に立ち向かうことが許され、一人の人間として師弟ともども関わっていくことができる。

周知のように、現代の教育現場に、さまざまな教育問題が山積しているなかで、本当に子どもたちに、「こころの教育」を与えることができるためには、教師側によほどの心構えができていないと不可能であると思われる。要は、どれほどの道徳教育の技術・方法や専門知識が備わっていようとも、（それらもきわめて大切なことにちがいないが）子どもたちに対してどれだけ真剣に実存的に向かい合うことができるかが、教師の力量として一番求められている能力なのである。つまり、毎日をどれだけ誠実に、しかも謙虚に生きているかを意識している人間だけが、道徳教育と真剣に立ち向かうことができるのである。

さて、私たちは現在も私たちと同時代に現在進行形で過ごされている星野富弘さんの生き方から何を「道徳教育論」として学びえるであろうか。それは困難な状況のなかでさえも生きる意味を見出す姿勢というものである。首から下が一切麻痺して動かすことのできない状況のなかで、一人の人間として、一体何ができるというのか。とくに若い体育の先生だった当時の一青年の将来にどのような希望が持てたというのだろうか。しかし星野富弘さんは、死の道ではなく生きる道を選んだのである。自殺やいじめがあまりにも頻発に日常化する現在、「生命の大切さ」が教育界では声高に叫ばれている。しかしどれほどのリアリティーを持って児童生徒たちの心に「生命の大切さ」がしみ込んでいる教育が実践されているだろうか。

その意味でも、星野富弘さんの人生・生き方を紹介することは、道徳教育の時間をさらに深め、子どもたちを良い

方向で「覚醒」させることのできる可能性を秘めているきわめて良質な教材であると思われる。道徳教育を実践する教師が、教壇に立つ際に、私たちの先輩として、しかも同時代を生きておられる星野富弘先生の存在を思い起こせば、おとなである私たちもまた困難に直面したときにも、高い志を保持しつつ、教育実践に携わることができるのではないだろうか。

星野富弘さんの自伝には、文字どおり、無私ともいえる母親の息子への愛情、すなわち親子の愛を見ることができる。さらに星野さんが事故に遭われてから、その事情を知り尽したうえで結婚を決意された昌子さんとの出会いにおいては、本来的な異性との関わり、あるいは真の夫婦愛の本質を考えさせられる。さらに同じ病室で外科的な疾病をもちつつ、星野さんよりも早く治癒して、退院していく入院患者への嫉妬心も正直に告白されている。どうしようもない嫉妬心・罪意識を人間の有限性への気づきという点で率直に読者に打ち明けられている星野富弘さんの態度や人柄からは、多くの道徳的真理を学ぶことができる。

そして自分ではどうしようもない人間の心も弱さを、超越的なものによって救済されたいとの思いも切々とつづられている。さらに、星野富弘さんは車椅子から観察しうる自然と対面することによって、自然の妙味に畏敬の念を感じとられている。このような、友との出会いと支えあい、嫉妬等、自然への畏敬の念などの諸経験は、まさに真実な人生が凝縮されているといっても過言ではない。その意味で、彼の人生の歩みの記録はそのまま、「道徳の時間」のさまざまな主題で取り扱いうる優れた内容のテキストそのものとなっているが、これらの道徳的テーマについては別の機会に改めて詳細に論じてみたいと思う。

【註】

(1) 横山利弘著、『道徳教育とは何だろうか』、暁教育図書、二〇〇七年、一二五頁参照。

(2) O.F.Bollnow.Existenzphilosophie und Pädagogik.Versuch über unstetigen Formen der Erziehung. Kohlhammer, Stuttgart.6Aufl.1984.S.88f. ボル

ノー著、峰島旭雄訳、『実存哲学と教育学』、理想社、一九八七年。
(3) 横山利弘著、『道徳教育とは何だろうか』、三七頁参照。
(4) 古田嘉彦著、『中学校　若い〈道徳〉の先生に』、黎明書房、一九八五年。
(5) 古田嘉彦著、『中学校　若い〈道徳〉の先生に』、五〇～五二頁参照。
(6) 古田嘉彦著、『中学校　若い〈道徳〉の先生に』、五六～六二頁参照。
(7) 古田嘉彦著、『中学校　若い〈道徳〉の先生に』、六一～六二頁参照。
(8) 古田嘉彦著、『中学校　若い〈道徳〉の先生に』、六二～六三頁参照。
(9) 横山利弘著、『道徳教育、画餅からの脱却』、暁教育図書、二〇〇七年、八八～九〇頁参照。
(10) 横山利弘著、前掲書、二〇〇七年、九一～九六頁参照。
(11) 文部科学省、『中学校学習指導要領　解説―道徳編―』、二〇〇七（平成一九）年、一部補訂版、三七頁参照。
(12) 星野富弘著、新版『愛、深き淵より。』、立風書房、二〇〇一年。
(13) 星野富弘著、前掲書、二〇～四六頁参照。
(14) 星野富弘著、前掲書、四八～五八頁参照。
(15) 星野富弘著、前掲書、一二七～一四四頁参照。
(16) 星野富弘著、前掲書、一四九頁参照。
(17) 星野富弘著、前掲書、一六九～一七〇頁参照。
(18) 星野富弘著、前掲書、一八三頁。

付記

なお本論は二〇〇七年十一月一八日　日曜日にお茶の水大学において、「より高い目標を目指し、希望と勇気を持って着実にやり抜く強い意志をもつ」道徳学習の一考察――星野富弘さんの生き方に学びつつ――という題名で口頭発表した内容に加筆修正したものである。

第八章　「人間の命の平等性」の道徳教育の試み

――聖書のたとえ話に学びつつ――

第一節　人間の命の平等性のとらえ方

本章では、すべての生命のつながりを自覚し、すべての人間や生命あるものを尊重し、大切にしようとする心に根ざして、思いやりなどの道徳的価値を形成する道徳の時間の可能性を探ることを目指す。ここで考察する「人間の命の平等性」というテーマは、とくに「中学校学習指導要領解説――道徳編――」（参考文献①：一～一六頁）で触れられている以下の「生徒の道徳性の発達」領域と深く関わる。「自己の探求、理想の追求と自律の尊重：道徳性の発達の出発点は、自分自身であり、自己を大切にすることである。中学生は、大きく、激しい心の揺れを経験しながら、自己を確立していく大切な時期にある。」

また横山利弘に従いつつ、次期学習指導要領の道徳教育についての「改善の基本方針と改善の具体的事項」（中央教育審議会の答申「幼稚園、小学校、中学校、高等学校及び特別支援学校の学習指導要領等の改善について」二〇〇八年一月一七日）との関連で述べるならば次のような指摘ができるだろう。すなわち、中学校では「思春期の特質を考慮し、社会とのかかわりを踏まえ、人間としての生き方や社会とのかかわりを見つめさせる指導を充実する」こと、高等学校では「社会の一員としての自己の生き方を探求するなど、生徒が人間としての在り方生き方にかかわる問題について議論し考えたりしてその自覚を一層深めるようにする」ことが求められている。（参考文献②：一一七頁）

さらに、二〇〇六年一二月に改正された教育基本法との関連でいえば、本論ではとくに、教育の目標の第二条の二のなかで触れられる「自他の敬愛」および四にある「生命を尊ぶ（中略）態度を養うこと」に焦点をあてた内容を考察することとなる。また宗教教育については同法一五条で、以下のような新たな文言が追加された。「宗教に関する寛容の態度、宗教に関する一般的な教養及び宗教の社会生活における地位は、教育上尊重されなければならない。」下線部分が今回の教育基本法改訂で追加された文言である。とくにこれまでの公教育においては、宗教の意味や位置づけが一般教養的に、あまり触れてこられなかった経緯がある。それは同法一五条二の項目で「（前略）学校は、特定の宗教のための宗教教育その他宗教的活動をしてはならない。」に過度に対処しすぎていたことも一つの要因と考えられる。しかし、近代合理主義に潜む人間性軽視の傾向を回復するためには、あくまでも宗教に関する一般的な教養の範囲内であれ、宗教的なもの・超越的なものの考え方が、たとえばグローバル化した現代社会の価値基準とどの点で異なるかを考えさせることはきわめて有意義な教育であると著者は考える。本章のねらいの一つは、公教育の場面においても、一般教養として、聖書を道徳教材としても十分に道徳教育で取り扱えうる可能性を探るものでもある。

その意味で本稿においては、古典中の古典ともいわれる新約聖書に道徳教育的題材をとり、「命の平等性」について、現代社会が喪失している人間の命の重さと平等性について道徳の時間で師弟ともども学びあえる可能性を探りたい。現代はグローバル化した世界や格差社会の出現により、過去の価値観がおおきく変化しつつある。そのなかで人間としての生き方在り方を決定していかざるをえない若者にとって、今一度、「命の本当の価値」とはどのようなものかについて、道徳の時間で、しっかりと教師ともども考えることのできる端緒になることをめざしたい。

第二節　道徳の時間の自覚について

横山利弘によれば、子どもは授業において新しいことを学ぶ際に「わからない」という体験をするという。これをアポリア（行き詰まり・進行不可能性）の体験という。私たちは、何か新しいことに気づく直前までは、そのことがわからない状態にいる。わかるということは、直線的な進行ではなく、その前までとは異なる非連続的な飛躍が起こることを意味する。わかろうとしてもそれまでの思考内に留まる限り、それ以上進めない、進行不可能性に直面する。（参考文献③：二〇八〜二〇九頁参照）

道徳の時間は、架空ではあるが具体的な状況を子どもに提供する読み物資料を手がかりとして進められる。そのために読み物資料のなかには、子どもが自分自身のこととして考えられるものが用意されていなければならない。人間的な真実が描かれ、子どもの発達に応じたものであることによって、読み物資料は架空の出来事ではあるが、心引かれ共感できる、現実に子どもの心を動かすことのできるものとなりうる。こうして読み物資料をもとに道徳の時間が展開されるのだが、そこでは道徳的な価値の追究がなされなければならない。従来の道徳の時間の指導過程論のなかで、「価値の自覚の段階」の重要性が説かれながらも、十分な認識論的解明がなされてこなかったと横山は鋭く指摘する。道徳の時間の指導でいえば、アポリア（進行不可能性）を乗り越えたときが、まさに価値の自覚のときなのである。（参考文献③：二一五〜二一六頁参照）

こうした点に着目して、以下では、新約聖書の「ぶどう園の労働者」のたとえ話を道徳的題材として、子どもたちをいったんアポリアに追い込んだ後に、「真の人間の命」の価値に気づかせアポリアを乗り越えさせ、その前までとは異なる非連続的な飛躍（ここでは新しい人間の命の価値の捉え方が存在するという発見）が起こることを経験させつつ、真の道徳的な価値の追究を試みてみたい。

第三節 「ぶどう園の労働者」のたとえ（マタイによる福音書二〇章一節〜一五節）

林忠良の聖書解釈に従いつつ、真の人間の命の捉え方について道徳教育的に考察する。（参考文献④）天の国は次のようにたとえられるとイエスは言う。ある家の主人が、ぶどう園で働く労働者を雇うために、夜が明けると、街中へ出かけて行き、そこにいた労働者たちに声をかけて一日、一デナリオン（当時の日当額）の契約を結んだ。ところが主人が朝の九時頃にもう一度街に出かけて行き、まだ街にいた労働者たちと契約をしてぶどう園に送り込んだ。同じようにして主人は一二時頃と三時頃にも街に出かけて同じ契約、つまり一日、一デナリオンの契約を結んで、ぶどう園に労働者を送り込んだ。最終的には夕刻の五時頃にも街へ行って新しい労働者たちを雇い入れて、一日、一デナリオンの契約を結んで、ぶどう園に送り込んだ（この時点ですでに労働時間が異なる人々へ同一賃金を支払うという契約の矛盾が存在する）。

さて、夕方になりぶどう園での仕事が終り、その日の日当を支払うことになったが、ここで奇妙な事態が発生する。ぶどう園の主人が支配人に言いつけて、今日、働いた労働者たちを、夕方から雇って働いた人たちから逆に最前列に並ばせて、先に賃金を払うように命じた。そこで夕方五時頃から雇われて一時間しか働かなかった人たちにも、一日の日当にあたる一デナリオンを手渡した。おそらくかれらは一デナリオンをもらって、大喜びしたであろう。なぜなら本来ならば、一日一二時間働いてようやく日当である一デナリオンを獲得できるのに、彼らはわずかに涼しい夕刻の一時間だけの労働で、一デナリオンを支給されたからである。

しかしその光景をみて喜んだのはむしろ、その列の一番後方で見ていた人々、つまり夜明けから一二時間もぶどう園で働いた人々であった。一時間しか労働しなかった者でも一デナリオンもらえたわけであるから、一二時間働いた自分たちにはどれほどの報酬が用意されているのか、期待して待っていたにちがいない。単純に考えれば、一二倍の一二デナリオンもらえるかと期待に胸を膨らませていたことであろう。ところが日当の支払いの順番がやってきて、もっと多くもらえるだろうと思っていたのに、手渡されたのはやはり一デナリオンだけであった。あてがはずれた彼らは一斉に不満の声を上げ主人に向かって、「あなたは一時間しか働かなかったものたちと、明け方から働いた私たちと同じ扱いをした」と不満をもらした。ところが主人は、かれらに向かって次のように応答している。「友よ、私はあなたに対して不正をしていない。あなたは私と一デナリオンの約束をしたではないか。私はこの最後の者にも同様に払ってやりたいのだ。」と。

第四節　道徳教育における「人間の命の真の平等性」について

私たちは、この聖書のたとえ話から、「人間の命の平等性」について、道徳教育的にいったい何を学び取ることができるだろうか。私たちのなかには物に恵まれ、才能に恵まれ、心身ともに豊かな能力を持って生まれ、人々の役に立つ人生を長く生きて、大往生を遂げる幸運に恵まれた人々もたくさんいる。しかしまた反面、心身に恵まれず、才能に恵まれず、何一つ価値あるものを生み出しえず、文字通り一生を精神的にも肉体的にも辛く過ごす人々もいる。あるいは生まれつきハンディーキャップを背負って、他の人なら一二時間働けるにもかかわらず、一時間しか働けない人々もいる。あるいは生まれてまもなく何もしないままで、両親の悲しみだけを残して死んでいく赤ちゃんもいる。私たちの「命」が、私たちの働いた労働の質や量で判断されるならば、価値あるものを産み出しえなかったこの人々の「命」とは何の意味があるのだろうか。イエスは、産み出された労働の質や量で価値づけられる人間の「命」とは違った「真の命」の価値や意味というものを見抜いておられた。これがぶどう園の労働者のたとえから学ぶことのできる「命の平等性」の意味であり、道徳の時間で語り合いたい内容である。

またフランクル研究家の山田邦男によれば、まだ寝返りも打てない嬰児(みどりご)も、その母親にとっては何ものにも代えがたい存在である。また高齢で寝たきりの老人であっても、その子どもたちにとっては、かけがえのない親である。こうした嬰児や高齢者だけでなく、おおよそ、どのような人間でもその人の存在そのものがかけがえのない価値を有している。（参考文献⑤：二六五頁）

社会的身分の高い者の死であれ、凡人や庶民の死であれ、死の厳粛さには変わりはないはずである。同様に私たちの生についても、ある人の生だけが価値があり、他の人の生が尊くないということはありえない。すべての人間は、その存在そのものにおいて等しい価値を与えられている。山田はそれをフランクル思想との関連で「存在価値」と呼んでいる。（参考文献⑤：二六八頁参照）

言葉を発することができなくなっても、またいかなる行為や態度もとれなくなった場合でも、その人が存在しているというだけで有している価値がある。それゆえこの存在価値は、個々人のもつ唯一性と深く関わることになる。その存在そのものがかけがえのない存在であるがゆえに有している価値であり、何らかの他の価値に還元されることができないばかりか、相対的な優劣などの比較を絶した無条件で絶対的な価値をもつ存在価値である。（参考文献⑤：二七一頁参照）

真の存在価値とは、能力の優劣とは無関係に、その人の存在全体に関わる価値である。高齢者施設で一日中、寝たきりの生活を余儀なくされている高齢者の方々が多く存在する。また、罪を犯して牢獄で孤独な日々を過ごす人々も存在するが、彼らには人間としての価値は存在しないのだろうか。もし、この人々に何らの存在価値がないとするならば、それ以外の人々の存在価値を基礎づける絶対的根拠も揺らぐこととなりはしないか。存在価値とは、たとえ孤独な存在であっても、その存在だけで絶対的な価値を有するというものでなければならないからである。この意味でいえば、存在価値は人間関係における価値ではなく、むしろ世界との関係における価値、世界から見られた存在そのものの価値でなければならないと山田は鋭く指摘する。（参考文献⑤：二七三頁参照）

世界から見られた存在価値とは、世界にとっての利用価値や手段価値ではなく、むしろ反対に、人間それ自身の目的価値・人格価値のことを指し示す。存在価値においては、何かに利用できるとか、何かの役に立つというのではなく、その存在そのものが自己目的性を持つものとして受け取られることが重要な視点となる。個々人がそれ自身として無条件に価値を有するという前提のもとで、存在価値は初めて語りうるものであろう。「貧富・美醜・才能の優劣などの相対的差異にもかかわらず、個々人が何よりもまず人間として等しい尊厳をもつことを認めない集団は、健全な集団ではありえない」。（参考文献⑤：二七三頁）

こうした存在価値という視点から、先のぶどう園の労働者のたとえを捉えなおしたとき、イエスは、天国とはこのようなものだという説明のために、ぶどう園の労働者のたとえを語られたのである。つまりイエスの捉える「真の人間の命」とは、才能の優劣などの相対的差異にもかかわらず、個々人が何よりもまず存在するだけで、人間として等しい一デナリオンの命の価値が与えられているということである。

第五節 結語に代えて

結論として、道徳教育的に抑えるべきポイントを確認して終りたい。

第一点目は、「価値の自覚の段階」の重要性に関してである。アポリア(進行不可能性)を乗り越えたときが、まさに価値の自覚のときであり、道徳の時間ではおそらく生徒たちは次の点に疑問や反対の意見を出してアポリアと戦うであろう。夕方五時頃から雇われて一時間しか働かなかった人たちにも、一日一二時間働いた人にも、ともに一日の日当である一デナリオンが与えられたという矛盾点である。こうした理不尽な決定を私たちはどのように捉えたらいいのであろうか。なぜなら、これは現実社会ではありえない、またあってはならない労働報酬だからである。「名ばかり管理職」問題が論議されているが、これはまさに、長時間の残業をしてもその分の残業代さえまともに支払われない問題であり、現実社会の労働問題の厳しさが問われるべき社会問題である。

アポリアに陥った生徒たちにさらに次の質問が用意されるべきであろう。つまり一時間しか労働しなかった者でも一デナリオンもらえたわけであるから、一二時間働いた者たちは単純に考えれば、一二倍の一二デナリオンもらえてもいいはずである。ところが実際に彼らに手渡されたのはやはり一デナリオンだけであった。あてがはずれた彼らは一斉に不満の声を上げ主人に向かって、「あなたは一時間しか働かなかったものたちと、明け方から働いた私たちと同じ扱いをした」と不満をもらした。もし私たちが同じ立場にいたならば、同様の不満をもらすであろう。それではなぜ、この主人は一時間しか働かなかった者にも一デナリオンを与えたかったのだろうか？

なぜ、このような非現実的なたとえ話を聖書は記載しているのだろうかと素朴な疑問が生じるし、子どもたちにこうした疑問が生じることがアポリアからの脱却につながっていく。「まじめに働いた者が正当に評価されないではないか。悪平等でないか。」という正論を唱える生徒がでてくれば、道徳教育の時間は核心へと進んでいくだろう。このたとえの箇所は、こうしたさまざまな問題提起を含んでいる。

そこで第二段階で、上記のアポリアに追い込んだ後、教師は生徒とともに、「真の人間の命」の価値に気づかせる段階へ進むことが求められよう。子どもたちのアポリアを乗り越えさせ、その前までとは異なる非連続的な飛躍が起こることを経験させつつ、真の道徳的な価値の追究を試みていく。具体的には、ここで「存在価値」という近代合理主義ではほとんど語られえない価値論について議論が深めていくこととなる。つまり、私たちの「命」が、私たちの働いた労働の質や量で判断されるならば、価値あるものを産み出しえない人々の「命」には何の価値もなくなるのである、と。現に、現代社会には、高齢者や障害者の方々の命が軽視されるという社会問題が山積しているのが実態であろう。イエスは、産み出された労働の質や量で価値づけられる人間の「命」とは違った「真の命」の価値や意味、すなわち存在価値というものを見抜いておられたのである。

世界から見られた存在価値とは、世界にとっての利用価値や手段価値ではなく、むしろ反対に、人間それ自身の目的価値・人格価値のことを指し示す。存在価値においては、何かに利用できるとか、何かの役に立つというのではなく、その存在そのものが自己目的性を持つものとして受け取られることが重要な視点となる。個々人がそれ自身として無条件に価値を有するという前提のもとで、存在価値は初めて語りうるものであろう。日常生活において見落とされがちな「真の人間の命」へのまなざしについて道徳教育的に考察したい。

【参考文献】

①文部科学省編、「中学校学習指導要領（平成一〇年）解説――道徳編――」、二〇〇七年。
②高階玲治編集、横山利弘著、「道徳教育はどう変わるか」『中教審〈学習指導要領の改善〉答申』教育開発研究所、二〇〇八年。
③横山利弘著、『道徳教育、画餅からの脱却』、暁教育図書、二〇〇七年。
④林忠良著、関西学院大学経済学部でのチャペル講話、一九七八年九月一〇日。
⑤山田邦男著、『生きる意味への問い』、佼成出版会、一九九九年。

第九章　道徳の読み物資料における「助言者の構図」概念の類型比較

本章では、道徳の読み物資料における「助言者の構図」概念の類型比較について考察する。はじめに、「助言者の構図」概念について概略を説明し、第二に小学校の読み物資料を分析する。第三に内容が複雑になる中学校の読み物資料を分析したうえで、第四に本論の今後の課題について考察する。本章で最も主張したいことは、「助言者の構図」概念をしっかりと押さえることによって、当該の読み物資料の内容項目および中心発問の絞り込みを明確にすることである。

第一節　問題の所在

元来、「助言者の構図」という概念は、児童文学の領域に属するものであり、そこから道徳教育の領域に転用されてきた経緯がある。「助言者の構図」は児童文学において、物語の「山」を読者に理解しやすくするために設定されたものであるが、しかしこれがあまりにも簡単に読者に読み解かれてしまう場合には、結果としてそれは文学的にそれほど優れた作品とは言いがたいものになる。もちろん、道徳教育の読み物資料の場合を考えても、次に展開される答えが子どもたちに容易に予想されるようなものであれば、それは優れた道徳の読み物資料とは言えないだろう。

しかし道徳の時間の授業を準備し授業実践する教師の側からすれば、内容項目や中心発問を設定する構想段階で、この「助言者の構図」という概念を認識するかしないかでは道徳の時間の授業展開の充実度に大きな違いが生じることはまちがいない。それゆえ「助言者の構図」という概念を意識したうえで、授業の準備することはきわめて有効なことと言えよう。さらにはこの「助言者の構図」に着目して授業の中心発問等を構成することによって、資料の道徳的解釈の核心を外すことなく、道徳性を深める授業がさらに展開できると考えることが許されるだろう。

このような考え方を近年とくに積極的に道徳教育の講演会や研究会等で主張しているのが横山利弘である[1]。そこで筆者は本稿において、横山利弘の理論に従いつつ、この「助言者の構図」のいくつかの典型的な類型を、子どもの発達段階に即した複数の読み物資料を任意に取り上げることによって、そこに見られる固有の特徴を考察することを試みることにする。そのうえで、それらの資料に存在する「助言者の構図」に着目することで、道徳の内容項目を絞り込み、さらには読み物資料での中心発問を、的確に設定することが可能になることを傍証してみたい。そして「助言者の構図」を導入した結果として、さらに深く豊かな道徳の時間の授業を展開することができることを検証していく。その際に具体的事例として紹介される読み物資料は、多くの教師たちによって支持されている評価の高い内容の読み物資料であることは言うまでもない。さらにここで誤解のないように一言しておくと、資料の読み込みをする際、初めからどこを中心発問にしようかとか、どこが「助言者の構図」かと、授業に役立つ情報を収集することを前提とした作為的な読み方は避けるべきであると横山は戒める。むしろ初めは無心になってその読み物資料と向き合い、その作品自体を味わい感動することこそが最も重要な姿勢であることを確認しておきたい。

第二節　二つに大別される道徳の読み物資料の類型

ところで、道徳の読み物資料は二つのパターンにおおきく分類できると横山は主張する。第一は、「登場人物の行為が道徳的に変化して生き方を改めようとする資料」である。第二は、「登場人物の行為が道徳的に変化しない資料（もしくは筆者が道徳的に変化する資料）」である。第一の「主人公の道徳的変化がある資料」の代表的なものとしては、「はしのうえのおおかみ」（奈街三郎著）[2]、「ヒキガエルとロバ」（徳満哲夫著）[3]、「まどガラスとさかな」（奈良三郎著）[4]、「なしの実」（浅田俊夫著）[5]、「ロスタイムのつづき」（尾崎秀秋著）[6]、「加山さんの願い」（藤永芳純著）[7]、「一冊のノート」（北鹿渡文照著）[8]、「銀色のシャープペンシル」（木下一著）[9] 等がある。

第二の「登場人物の道徳的変化がない資料（もしくは筆者が道徳的に変化する資料）」には、「月明かりで見送った夜汽車」（武藤春枝著）[10]、「バスと赤ちゃん」（中野茂子著）[11]、「ありガトオヨ」（朝日新聞コラム）[12]、「すてきなおくりもの」（朝日新聞）[13]、「夜のくだもの屋」（杉みき子著）[14]、「発車、オーライ」（丸山浩路著）[15] 等があげられよう。

本稿の考察対象となる「助言者の構図」概念が問題となるのは、第一分類の「主人公が道徳的に変化して生き方を改めようとする資料」に限定されることをここで確認しておきたい。第一分類とは異なる特徴をもつ資料は第二分類に入る。これは「登場人物の道徳的変化がない資料（もしくは筆者が道徳的に変化する資料）」である。あるいは横山は、これを登場人物全員が善人である事例、また登場人物の「場の空気」が道徳的になっている事例、とも表現する場合がある。この第二分類の資料の読み方は、「助言者の構図」とはまた別の概念である「道徳的な温かい〈場〉」等の別の切り口を必要とするためにここでは触れることができない。

第三節　「助言者の構図」概念とはどのようなものか？

はじめに「助言者の構図」概念を説明しておきたい。横山利弘に従いつつ定義的に表現すれば「助言者の構図」とは、主人公の道徳的な心の悩みや葛藤・問題を、良い方向に改善する「きっかけ」となるような登場人物や物・事柄を読み物資料の中に配置する構図のことを意味する。そしてこの「助言者の構図」をきっかけに、主人公の道徳性が良い方向に変わっていく。その意味で言えば、主人公が道徳的に変化する資料の場合には、主人公の道徳的変化を中心に分析しながら資料を読み込んでいくことが授業担当者に求められる。しかも基本的に多くの読み物資料はこのような構造になっていると考えられる。

小学校低学年の読み物資料の場合には、比較的ストーリーが単純なものが多く、その場合の「助言者の構図」も、たとえばくまさんやロバさんという単純な設定が可能である。しかし中学校の読み物資料ともなると分量が多くなるだけでなく、考えさせる内容や構成も複雑になってくるために、「助言者の構図」の様相がさらに複雑なものとなってくるのは子どもの発達段階的側面からも当然の流れであろう。そのため「助言者の構図」もまたいくつかのヴァリエーションが生じてくる。本稿のねらいの一つは、子どもの発達段階的な「助言者の構図」についてのヴァリエーションとその特徴を明示することであるので、この点については後の箇所で詳しく論ずることにしたい。

いずれにせよ、先ほど触れた第一類型の読み物資料では、「助言者の構図」が内容項目や中心発問を決定する重要な要因となる。そこで以下の節では具体的に子どもの発達段階に即しつつ、読み物資料における「助言者の構図」がどのように設定され、また変化していくのかを中心に考察を進めることにする。その際、先ほど紹介した第一類型の読み物資料のすべてを紹介できないので、そのなかでも典型的なものを任意に選択せざるをえない。

第四節　小学校の道徳資料における「助言者の構図」について

①小学校一年生対象　「はしのうえのおおかみ」（奈街三郎著）

一般に小学校低学年の読み物資料は、児童の発達段階に合わせて登場人物がごく限られており、またストーリー展開も単純である。この「はしのうえのおおかみ」の資料も小学校低学年用であるために当然のことながら「助言者の構図」も単純明快である。「助言者の構図」の重要性を認識するためにあらすじを要約すると次のようになる。一匹のうさぎが、橋を渡ろうとして橋の真ん中へやってきた。そのとき同時に、橋の反対側からおおかみがやってきて、「もどれ、もどれ」と言ってうさぎを睨みつけたので、うさぎは橋の端まで戻らざるをえなくなった。おおかみはこのいじわるがおもしろくなり、その後も自分より小さくて弱いきつねやたぬきが橋を渡ろうとするときにも同じように、「もどれ、もどれ」と、自分が橋を先に渡りきるために、後ろへ追い返してしまった。この箇所が物語の「起」に相当する。

ところがある日、おおかみは橋の真ん中でばったりと、自分よりも強くて大きなくまと鉢合わせしてしまった。おおかみはあわてて、おじぎをしておおかみ自身が「うしろへもどります。おさきにわたってください」とすごすごと詫びると、それを聞いたくまは「それにはおよばないよ」と返答して、おおかみをひょいと抱き上げて自分の後ろにそっと抱きかかえながら下ろして、お互いが橋を渡りきることができた。そのときおおかみは、くまは「なんて優しいのだろう」と感じ入った。ここが「転」に相当するが、「承」はこの物語では存在しない。元来、道徳的問題が発生する場面の「起」の後で、「承」の部分では主人公が道徳的葛藤で悩み苦しむ場面が出てくるが、この資料ではおおかみが明確にいじわるをして道徳的葛藤で悩み苦しむ場面がないために「承」も存在しないことになる。

そして次の日のこと、おおかみは橋の上で昨日いじわるをしたうさぎにふたたび出会った。痛い目にあったうさぎはあわててひきかえそうとするのだが、そのときおおかみはやさしい声で呼びとめて、うさぎを抱き上げ、自分がくまにしてもらったように、後ろにそっと抱きかかえながら下ろして互いに橋を渡りきることができ、おおかみはいい気持ちになった、という「結」でみごとに話が閉じられている。

さてここで、このストーリーの「助言者」になっているのはやさしい「くま」であることは言うまでもない。「くま」に抱きかかえられることによって初めておおかみは、自分の内面におおらかな優しさが欠けていたことに気づき、そこで初めておおかみは心を良い方向へ道徳的に変化させる決心ができたのである。実際、おおかみは「くまはなんてやさしいのだろう」と思っている。翌日、おおかみは同じ橋でうさぎをだきあげ、自分がくまにしてもらったように行動することで主人公のおおかみは道徳的成長を遂げている。このように良い方向へ道徳的変化をさせる登場人物等を配置することを「助言者の構図」という。

[資料分析表1]　資料名：「はしのうえのおおかみ」

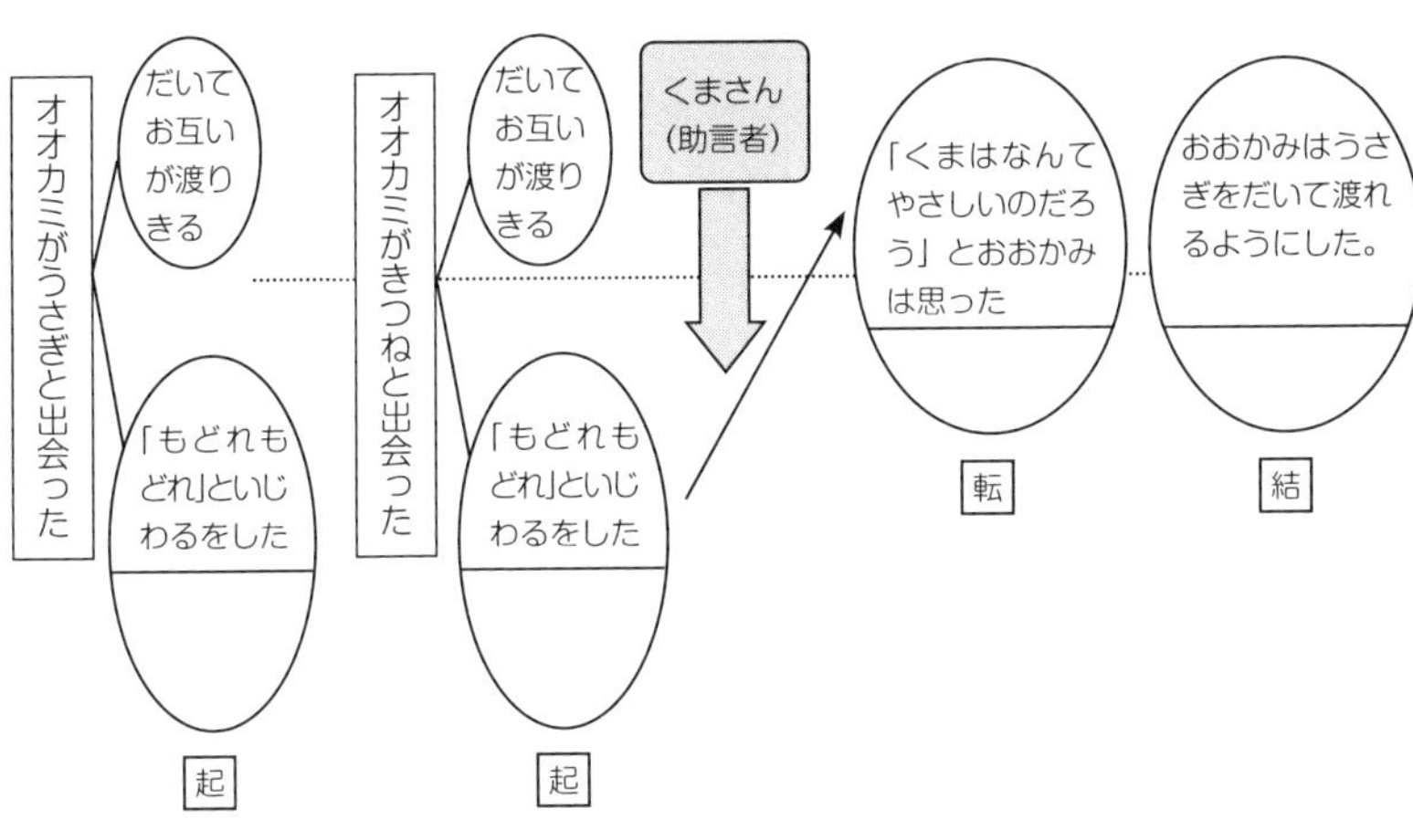

図の出典：横山利弘を囲む勉強会での講演メモより、広岡義之が作成した。

それゆえ、この資料を使っての道徳の授業では、おおかみの心に目覚めたやさしい「思いやり」について考えを深めさせればよいことになる。結果として、子どもたちは、優れた人との出会いによって生き方が大きく変わることを学び感じることができればよい。中心発問は、「橋の上でくまさんに出会ったおおかみは、くまさんから何を受け取ったのだと思いますか？」となる。またそこから内容項目は必然的に2－（2）相手のことを思いやり、進んで親切にする「思いやり」である。本資料のねらいは、「自分より弱い相手にいばることで、得意になっていた主人公のおおかみが、くまの優しさにふれ、相手に親切にすることの気持ちよさに目覚める姿を通して、人に大きな思いやりをもって接することのすばらしさについて考え、実行しようとする道徳的実践意欲を育てる」ことにある。[資料分析表1]を参照のこと[16]

②小校三年生対象「ヒキガエルとロバ」（徳満哲夫著）

次に紹介するのは、小学校低学年用の「ヒキガエルとロバ」である。先の「はしのうえのおおかみ」よりも、考えさせる道徳的内容はやや複雑になる。あらすじを簡単に紹介しておこう。アドルフとピエールの前に一匹のヒキガエルが飛び出してきた。気持ち悪いという理由だけで、アドルフたちが面白半分にヒキガエル

［資料分析表２］　資料名：「ヒキガエルとロバ」

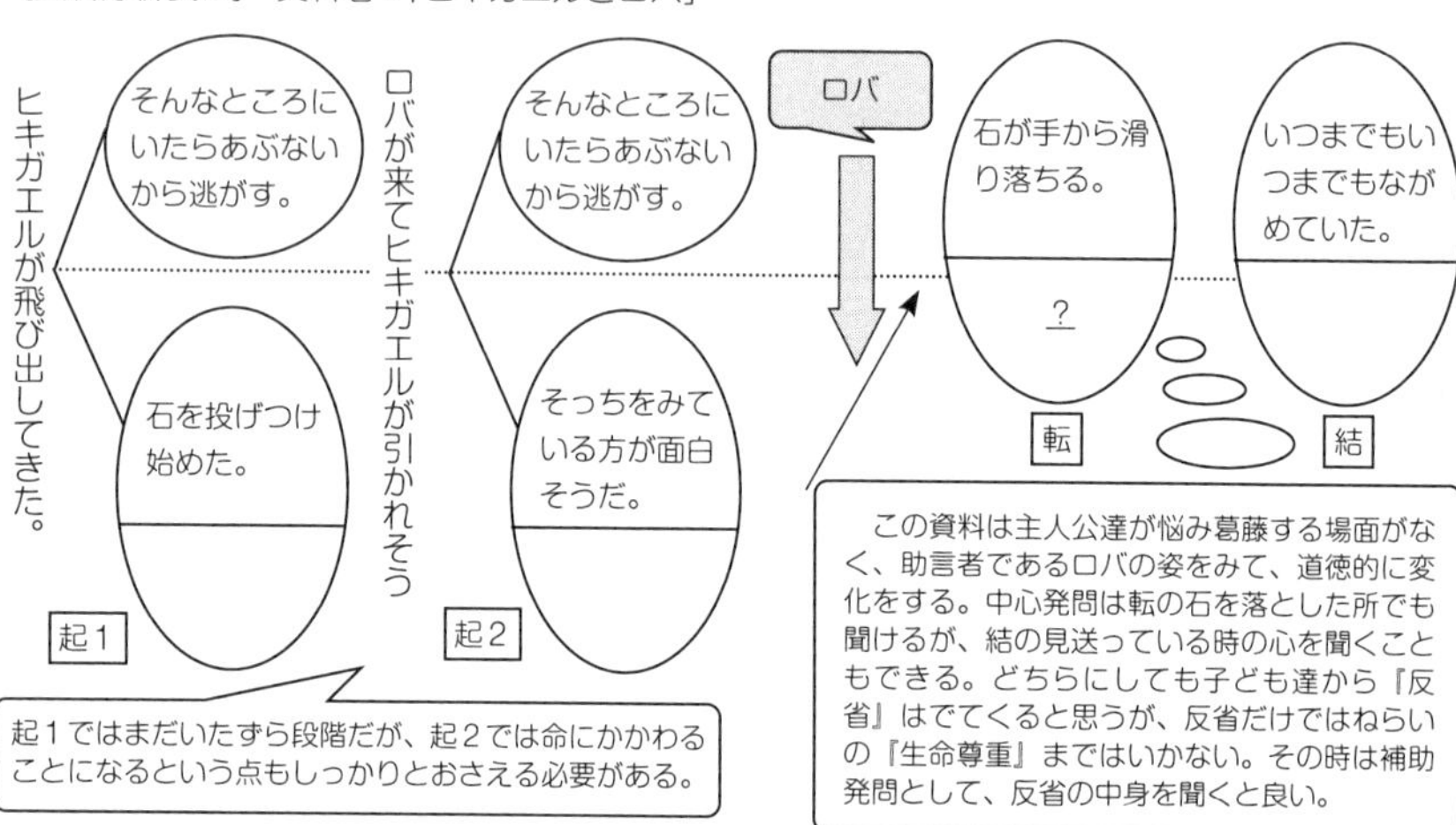

図の出典：河原田剛著　2009『平成21年度　京都府現職教職員長期研修　研修報告書』25頁

に小石を投げつけようとする。ここが「起１」である。ヒキガエルはほうほうのていで、どろんこ道にある車のわだちへ逃げ込めたのもつかの間、そこへ、荷車を引いたロバが向こうの方からやってきた。このままロバの荷車が進めば、わだちのなかのヒキガエルは踏みつぶされてしまう運命にあった。アドルフたちは、ひき殺されるのを見る方が面白そうだと思うのだが、この状態は、はじめの石を投げようとする状況よりも、直接生命にかかわることであり、アドルフたちの道徳的態度は悪い方へ傾き、事態はより深刻になる。そしてこの場面が「起２」となる。傷ついた小さなヒキガエルの存在に気づいた直後、このやさしいロバはそこでどのような態度を取ったのだろうか？　自分も一日の仕事を終えて疲れていたにもかかわらず、すべての力を振り絞ってわだちのなかにはまっていた荷馬車の車輪をずらして、新しいわだちをつけてゆっくりと進みだしたではないか。このロバの行為がまぎれもない「助言者の構図」となっている。その結果、ヒキガエルは引き殺されることなく、無事に荷馬車はヒキガエルのいるくぼみのわずか横を通り過ぎていったのだった。その光景の一部始終を見ていたアドルフの手からは握りしめていた石が滑り落ちていた。そしてアドルフたちは、くぼみのなかのヒキガエルと遠く去っていくロバの姿をいつまでも眺めていたという話で、ここが「結」になる。

この作品では、ロバの登場が明確に「助言者の構図」になっている。ロバが残った力のすべてを出し切って、ヒキガエルの命を助けようとした尊い姿が描かれている場面から、ロバのヒキガエルに対する愛情や温かさについて考えさせ、「生命の大切さ」について気づかせたい読み物資料となっている。ヒキガエルの命を助けようとしたロバの行動によって、アドルフのヒキガエルに対する見方が道徳的に良い方向に変化していった。それゆえ中心発問は「アドルフとピエールは、ロバがヒキガエルを避けようと必死で方向を変えようとした姿を見たとき、どんな気持ちになったでしょうか？」となる。あるいは「アドルフは石とともに何を落としていったでしょうか？」と主人公の道徳的変化を尋ねることで中心発問にすることができる。内容項目は３－（１）の「生命の尊重」で、「生命の尊さを感じ取り、生命あるものを大切にする」ことが主題となる。［資料分析表　２］を参照のこと。[17]

③小学校三年生対象　「まどガラスとさかな」（奈街三郎著）

ここでは、横山利弘著『道徳教育、画餅からの脱却』[18]および横山利弘監修、小林園執筆、第四回「読み物資料を活用した道徳の授業」[19]に従いつつ論を展開してみよう。この資料中で主人公の千一郎が道徳的に変化するのはどこだろうかと問うことが重要である。道徳上の問題は主人公たちが窓ガラスを割ったことと誤解しがちであるが、これはたんなる「過失」であるために、道徳の授業で扱う中心の問題ではない。ましてや「路上でキャッチボールをしたことがいけない」という行動だけを問うようなうわべの発問では本資料に迫ることができないと横山は主張する。ここでは主人公が窓ガラスを割って、「逃げちゃいけない。謝罪しなければ」と心のなかでは思うのだが、実際にはすぐに謝りにいけないまま逃げてしまったことにある。ここが道徳的問題の起こりということで起承転結の「起」となる。

この時点で謝罪しガラス代を弁償しておけば問題はすぐに解決していたのであるが、そうなるとむしろ道徳の読み物資料としては成立しないことになる。過失を犯した後、少年はずっとそのことが気になって葛藤の日々を過ごすことになる。主人公は幾度となく現場が気になって見にいくほど良心の呵責（かしゃく）を感じている。何度も正直に謝罪しなければと思うのだが、なかなか実行に移せないという葛藤に苦しむのであるが、さりとて謝罪する勇気ももてずに、悶々とした日々を過ごすことになる。この主人公の心の動き自体はきわめて道徳的なことである。道徳的葛藤に苦しむこの場面が「承」となる。

そしてついにこうした状況で、「近所のお姉さん」が主人公の眼前に登場することになる。このお姉さんは自分の飼い猫が近隣の家の魚をとった不始末の責任をとって、少年の家にも謝罪にきていた道徳的に立派な人という設定である。「あじの目で見つめられたように思って、はっとしました」という部分は、主人公の千一郎が道徳的に変化した個所に一見感じられるが、まだこの段階では道徳的に行為が変化しておらず、謝ろうという決心がついていない状態なのである。次の行で「つぎの日は、休日でした。朝おきると、まっ先に、千一郎は、よそのうちのガラスをわったことをお母さんに話しました」とあるので、主人公が道徳的に変化したのはこの日の夜、ふとんのなかでずいぶん悩み考えて、そして翌朝の行動を決心したことが明瞭である[20]。

このように主人公が道徳的に変化する「きっかけ」を生みだすような登場人物・事柄を資料中に配することを「助言者の構図」と言い、この直後の場面が、授業で中心となる「山」であり結果的に「中心発問」の箇所となる。そこで中心発問は「千一郎は夜寝る前にどんなことを考えて、正直に話そうと決心したのだろうか?」となり、そこから内容項目の「正直」1－(4)が導かれてくる。「ねらい」は、「主人公がガラスを割って謝ろうとするが謝れず葛藤しているときに、近所のお姉さんが取った行動をみて変化する姿を通して、うそをついたりごまかしたりしないで、素直に伸び伸びと生活する道徳的心情を育てる」となる。［資料分析表3］を参照のこと[21]。

この主人公は、謝罪に来たお姉さんの良心に後押しされる形で、ついに心が変化し、正直に窓ガラスを割ったことを母親に打ち明けることになる。それとの関連で、淀澤勝治によれば、「助言者の構図」をさらに補強するためには「支援者・賞賛者（後方支援）の構図」という視点も見逃せないという。この概念は、たとえば「まどガラスとさかな」の場合、お姉さんの登場によって、その晩から、良心との葛藤を継続して翌朝、主人公がガラスを割ったことを母親

［資料分析表３］　資料名：「まどガラスとさかな」

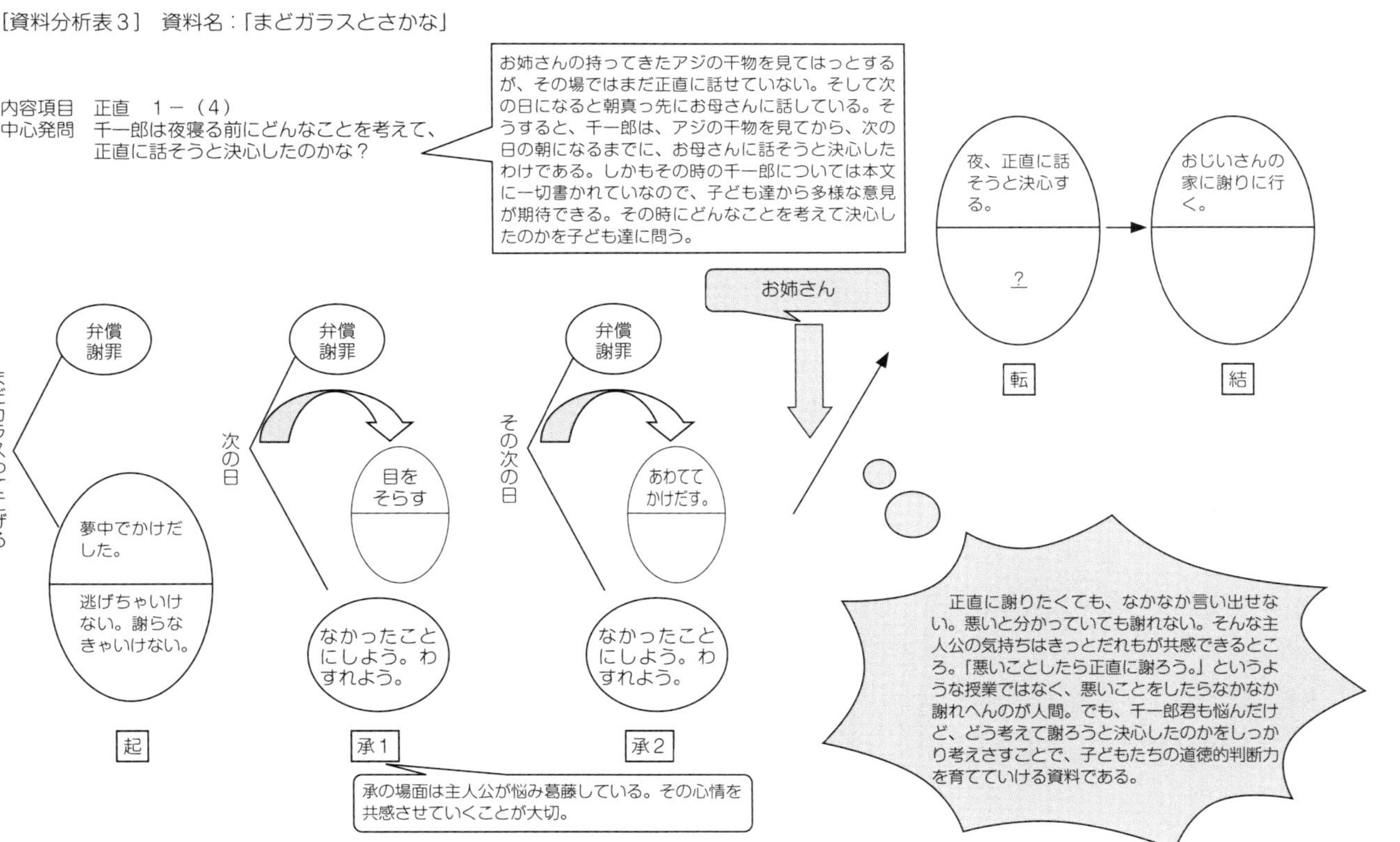

図の出典：河原田剛著　2009『平成21年度　京都府現職教職員長期研修　研修報告書』17頁

に告白することを決心する場面で、ここでお姉さんの登場が「援助者の構図」であるならば、この資料の場合、主人公の悩みを受け止めてくれる母親の存在もまた主人公にとっては必要不可欠であると淀澤は考えている。そしてその後、母親と一緒に窓ガラスを割った家に謝罪にいくことになるのであるから、ここでは母親が、「支援者・賞賛者（後方支援）の構図」となっており、中心発問を補強するための補助発問としても有効になる場合もでてくるだろう。

さらに淀澤勝治に従えば、「正直五十円分」（四年生のどうとく：文渓堂）にも「支援者・賞賛者（後方支援）の構図」が配置されているという。この場合、「助言者」は駄菓子屋のおばさんになるだろう。なぜならば、自分の過ちにたいして子どもたちを疑うことなく「まぁ、悪いことをしたね。ごめんね。はい、五十円」と言いながらすぐにお釣りを渡してくれたからである。これに対して、兄のたけしがお金を返しにいく決断をした後のあつしの言葉に着目してみると「さすが兄ちゃんや」と言っている。本来なら「支援者」は決断する前に登場してくるのが望ましいのだろうが、このような場合も正しい行為に対して支援しているとも考えられる。もっとも弟のあつしはたけしに対して「兄ちゃん、どうする」と返金を促している点から考えても、弟のあつしも「助言者」に相当すると解釈することも可能であろう。たこ焼き屋のおっちゃんや、お客さんもまた「支援者」の立場と言えるだろう。ここで今までの議論を整理してみると、「まどガラスとさかな」の場合、「助言者」であるお姉さんに対して、その行為を称賛するお母さんの構図はまさしく支援者・称賛者と言える。また、「正直五〇円分」では、兄のたけしは弟のあつしの言葉に促されながらもおばちゃんの行為から正しい行為選択をした。そしてその行為を、弟のあつしをはじめさまざまな人々が称賛し、そのことによって兄のたけしは二重三重に自分の行為選択が間違っていなかったことを確認するのである。そうした観点から、「支援者・賞賛者（後方支援）の構図」という「しかけ」もまた「援助者の構図」をさらに意味あるものにするという点で一つのヴァリエーションと考えることが可能となる。その意味でも、「支援者・賞賛者（後方支援）の構図」もまた中心発問等を考えていくうえで見逃せない機能を有しており、「助言者」と「支援者（後方支援）の構図」の関わりという観点もまた今後の研究課題となる。

［資料分析表４］　資料名：「ナシの実」

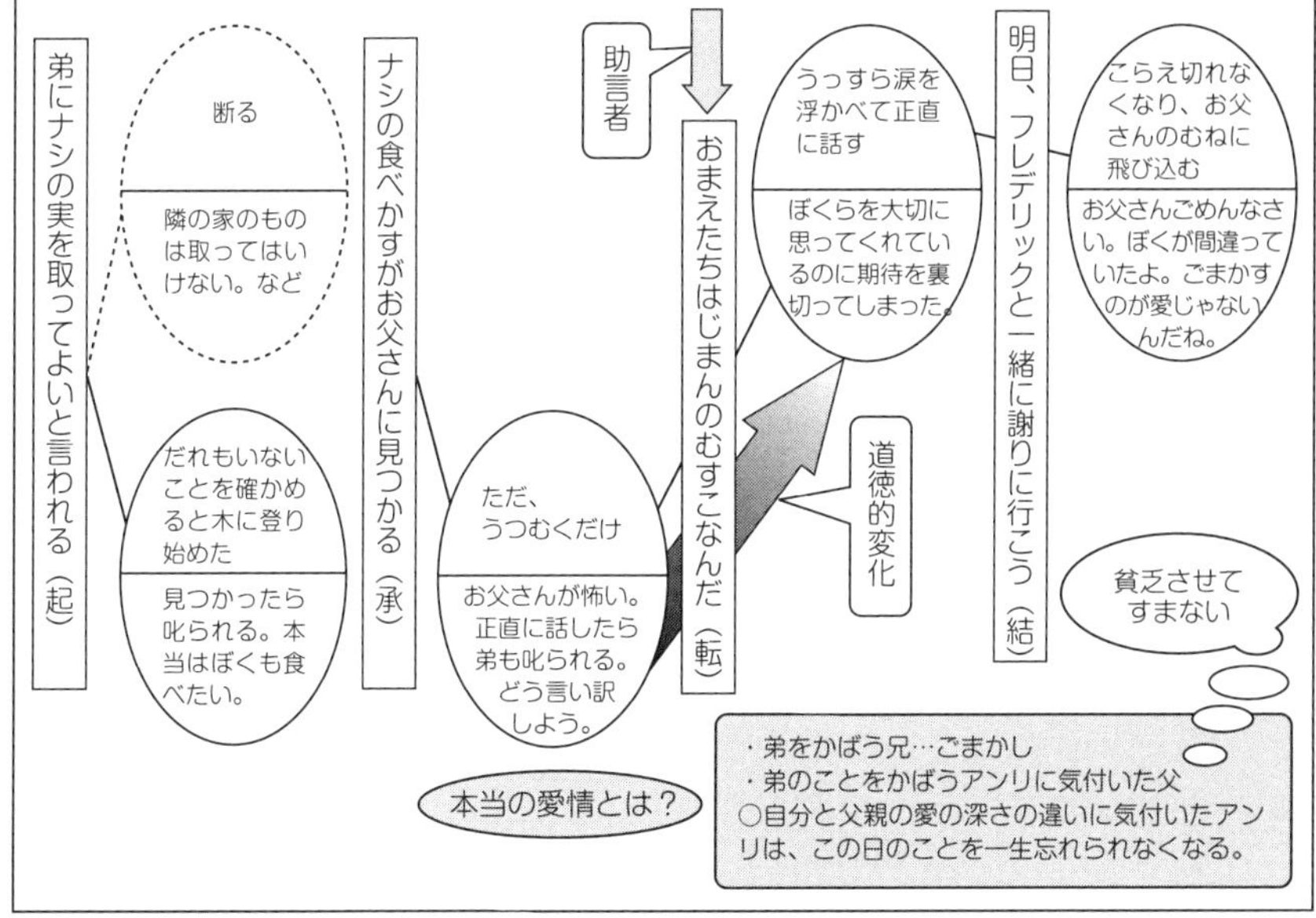

「アンリは、この日のことを一生忘れることができませんでした。」

図の出典：澤村力也著（2009）『平成21年度　高岡市教育委員会派遣　内地留学研修報告書』14頁の資料分析図に、遠藤利恵著（2010）『平成21年度　立山町教育委員会派遣　内地留学研修報告書―新学習指導要領に即応した道徳教育の在り方―』33頁の資料分析の一部を加える作業を広岡が編集した。

腹をすかせた弟を不憫に思う愛
弟をかばった愛
父親の息子たちへの愛
愛の大きさ・次元のちがいの

④小学校三・四年生対象「ナシの実」（浅田俊夫著）

ある日、兄のアンリ（昆虫記で有名なアンリ・ファーブルの少年時代の話）は弟のフレデリックに、隣家の庭になっているナシの実をとってよとせがまれてしまう。ここで弟の依頼を断っておけば道徳的な問題は起きなかったのだが、弟の意見に流されて結局、隣の木のナシの実を盗んで二人で食べてしまい、そこから道徳的問題が生ずることになる。結果として、ナシの食べかすを、お父さんに見つかってしまい、「なぜだまっているのだ」と詰問されても、アンリはただうつむくことしかできなかった。ここでも兄のアンリは、父親に正直に話していたら、弟も叱られると思い、どう言い訳をしようかと戸惑い、ただうつむくことしかできなかったのである。アンリはこの時点では、自分が弟をかばうことが弟への愛情だと思っていた。

しかしここで父親が、「おまえたちはじまんの息子なんだ」という本当の愛情の言葉をアンリに語りかけることによって、アンリはうっすら涙を浮かべて、これまでのいきさつを父親に正直に話しだすことになる。ここでアンリは父親がそれほどまでに自分と弟を大切に思ってくれているのに、それなのに自分たちは親の期待を裏切ってしまったことを痛感し深く反省することになる。ここで、父親が「おまえたちは自慢の息子なんだ」と兄のアンリに語りかける部分がいわゆる「助言者」の構図になっている。しかしこの資料で興味深いのは、ここでの「助言者」の構図は、先のくまさんやロバの登場という単純な形はとらずに、アンリの家族である父親の「次元の深い愛情にあふれた言葉」であるという点が、構図的に子どもの発達段階に即した深い内容になっているのが特徴的である。そしてアンリが道徳的に変化していくのである。父親の深い愛情からでた言葉が、主人公アンリの道徳的な心の悩みや葛藤・問題を、良い方向に改善する「きっかけ」となっている。その結果、翌日にアンリはフレデリックと一緒にとなりの家にナシの実を無断でとってしまったことを謝りにいくことになる。こらえきれなくなったアンリは、父親の胸に飛び込んでいくことになって、自分がまちがっていたこを自覚するのである。

主題名は、「正直な心」1－（4）で、ねらいは、父の「おまえたちは、じまんの息子なんだ」という言葉を聞いて、すべてを打ち明けたアンリの姿を通して、過ちは素直に改め、正直に明るい心で元気よく生活しようとする道徳的心情を高める、となる。したがって中心発問は、「お父さんの言葉を聞いて涙を浮かべた時、アンリはどんなことを考えていたのだろう」と設定することが可能であろう。［資料分析表4］を参照のこと。(22)

第五節　中学校の道徳資料における「助言者の構図」について

それでは次に中学校の読み物資料に移るが、中学生ともなると、小学校の時代よりも心の成長も高まり、当然のことなからストーリーも長くなるばかりか道徳的内容も深く複雑になるために、資料の読み込みがさらに求められるようになる。

①中学校一年生対象「銀色のシャープペンシル」（木下一（きのしたはじめ）作）

ここでも、横山利弘著『道徳教育、画餅からの脱却』に従いつつ、要約してみよう。何気なく拾ったシャープペンシルを使っていたら、実は友人の持ち物であることが判明した。「取ったのか」と指摘されて、行きがかり上、「自分のものだ」とうそをついてしまったことから、事件に発展していく。事の起こりを友人のせいにしながら、持ち主のロッカーにシャープペンシルを突っ込んで事態を収めようとした主人公。これでごまかそうとしていたところへ、シャープペンシルの持ち主から電話がかかってきて、主人公は嘘をつらぬこうと決心していたのだが、むしろ逆にその友人が主人公に謝罪してきた。主人公は慌ててどう返事をしてよいかわからないまま電話を切るのだが、そのあと、主人公は本当のことを言うのか、あるいは黙って真実にふたをしたままやり過ごすのか、まさに自身の内に天使と悪魔の壮絶な戦いがくりひろげられることになる。その直後、「お前はずるいぞ」という主人公自身の良心の声を聞くことができ、主人公は友人にようやく謝罪する決心ができ、そして道徳的に良い方向へと生き方を変えることができるようになる。

横山利弘の言を借りれば「このシーンに、主人公が良心の声に促され決心したことをみいだすことができます。（改行）真に深い反省は、このようにして自分の過去を振り返り、根こそぎにこれまでの生き方を問いつめてくる。自己の内なる良心の声こそが、哲学者カントも言う、『この世の崇高な導き手』なのです。（改行）よってこの資料の中心は、人間の醜さと、それを克服する強さ気高さを、人間ならば誰もがもっていることを知ることにあるということなのです。（改行）これは友人を裏切るとか裏切らないという友情の話ではないのです[23]」とある。

ここで「助言者の構図」に引きつけて論じるならば、主人公が本当のことを言うのか、あるいは黙って真実にふた

[資料分析表５]　資料名：「銀色のシャープペンシル」

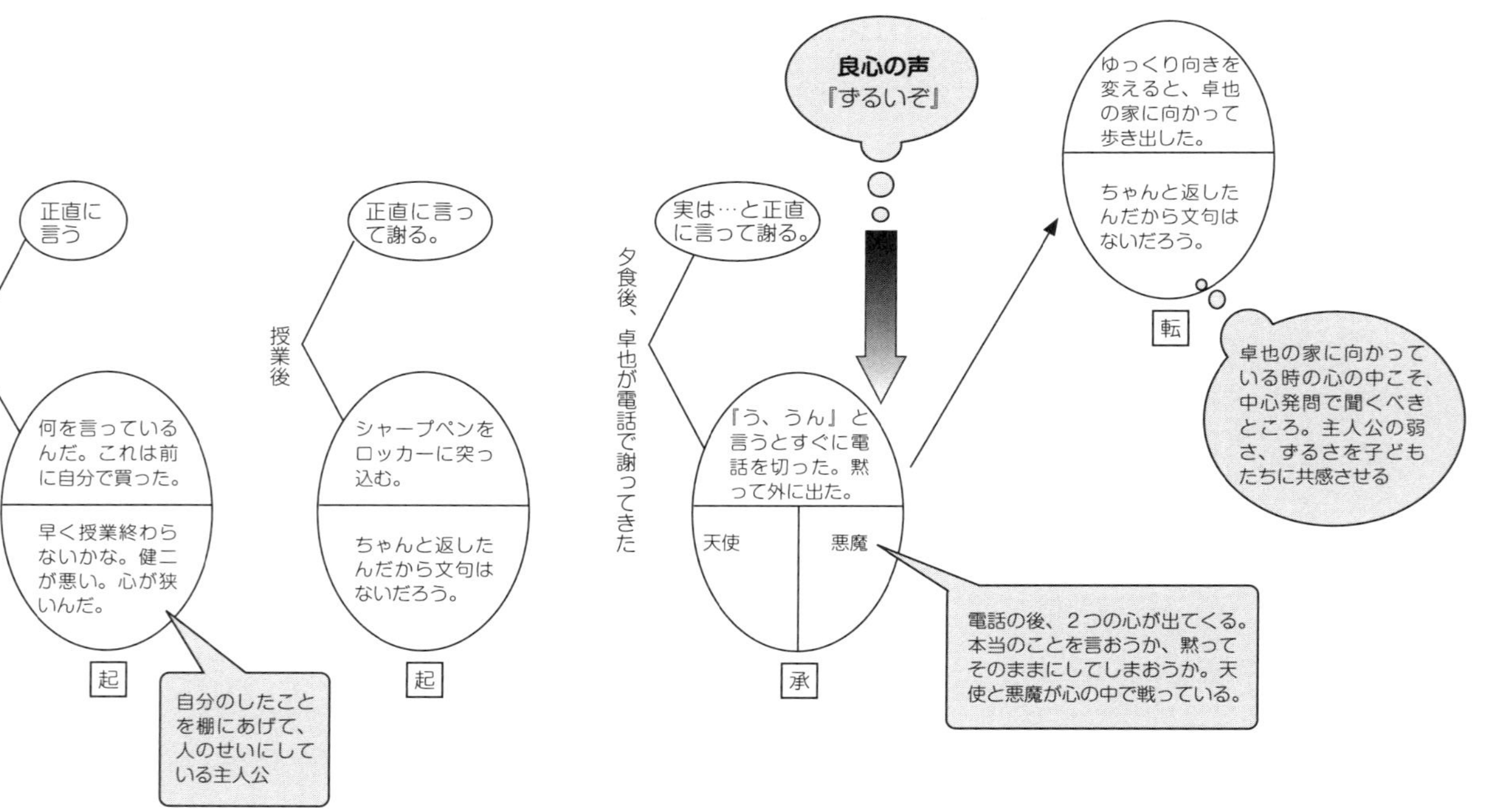

図の出典：河原田剛著　2009『平成21年度　京都府現職教職員長期研修　研修報告書』51頁

をしたままやり過ごすのか、まさに主人公自身の内で壮絶な葛藤が展開された直後、「お前はずるいぞ」という自らの内にある良心の声が聞こえてくることになる。そのことによって、主人公は生き方を変えるのであるから、ここで助言者は「自分自身の内面の良心」ということになり、本来の自分以外の者や事柄が「助言者の構図」となっている点と比較すると、やや変則的・応用的な「助言者の構図」と言えるだろう。

主題名は「良心のめざめ」で、ねらいは「内なる良心の声を自覚し、自分を奮い立たせることで、目指す生き方に近づこうとする心情を育てる」となる。内容項目は3－（3）の「人間には弱さや醜さを克服する強さや気高さがあることを信じて、人間として生きることに喜びを見出すように努める」となる。[24]［資料分析表5］を参照のこと。[25]

②中学校二年生対象「一冊のノート」（北鹿渡文照著）

あらすじは、同居している祖母と、男子二人（主人公は長男）の孫との人間関係を通して展開される「家族愛」である。作者の北鹿渡文照さん自身が経験したことを踏まえた作品であるので、ひときわ感動を覚える内容となっている。主人公の「ぼく」は、祖母の老いが原因でさまざまな不利益を被ることに腹立たしく思いながら日々を過ごしていた。他方、祖母は孫たちの成長を見守ることに生きがいを見出して、せいいっぱい毎日の生活と向き合っていたのであるが、じょじょに両者の気持ちのすれちがいが生じ始める。忙しい両親に代わって、祖母に身の周りの世話をしてもらうことに主人公たちも感謝しつつ暮らしているものの、しかし成長期にさしかかった主人公たちと、老いのなかで認知症が進行しつつある祖母との間にさまざまな軋轢が生じ始める。そんなとき、主人公の長男の「ぼく」がふと祖母の日記である「一冊のノート」を読む機会が与えられて初めて、祖母がどれほど自分たちのことを深い愛情で考えてくれていたのかと気づくことになる。しかし逆に自分たちは祖母に対してひどい態度で接したり、挙句の果ては、ののしったりさえしてしまったことを主人公は深く反省する。

ここでは祖母の日記である一冊のノートが「助言者の構図」に該当する。祖母のノートから感じられる孫への愛情

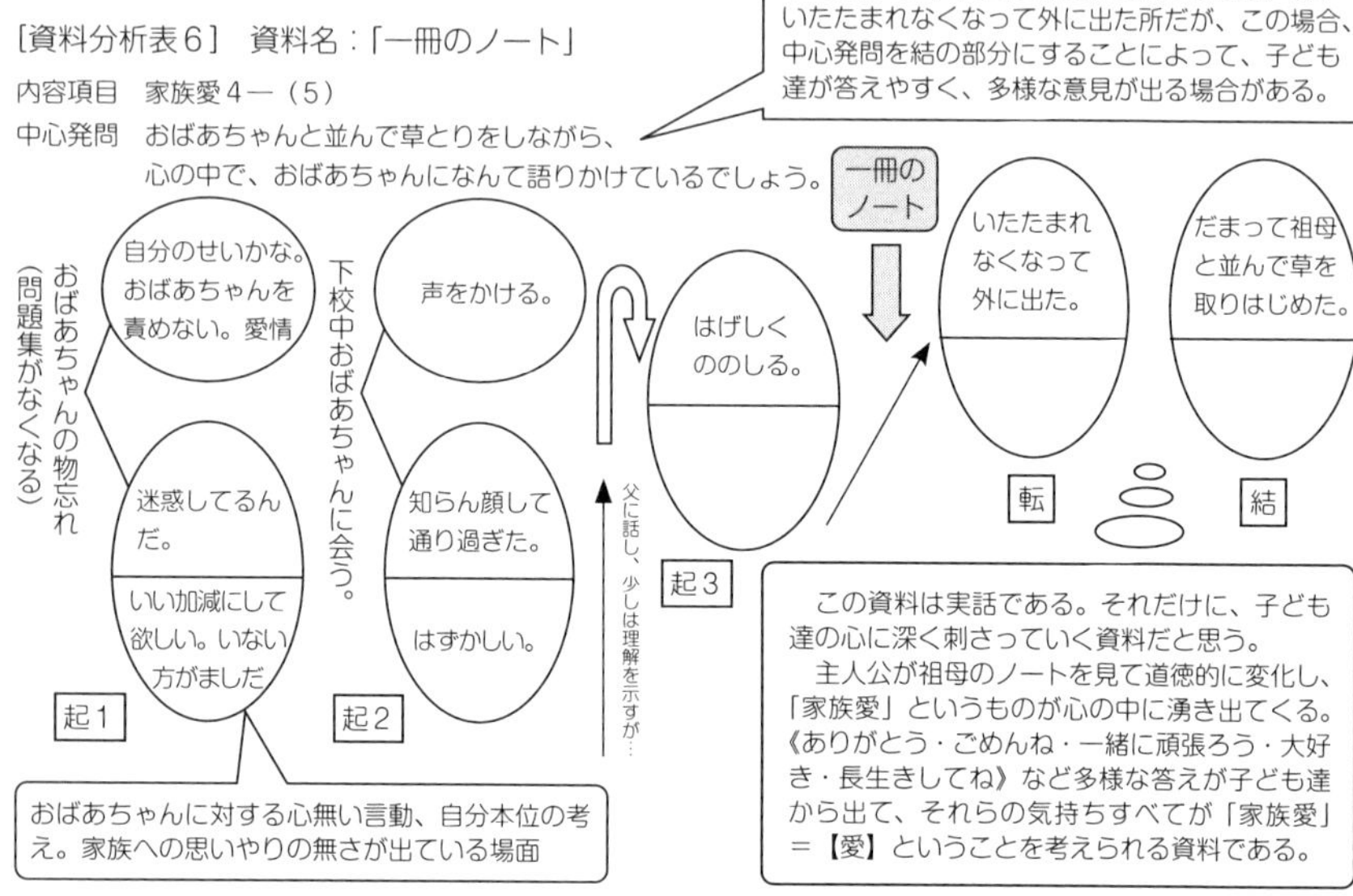

図の出典：河原田剛著　2009『平成21年度　京都府現職教職員長期研修　研修報告書』29頁

の深さを発見したことで、主人公の祖母を見る目がここで一変し深く反省する。ぽつんと滲んだインクの痕を見たときにいたたまれなくなって、祖母への思いが大きく変化する。そして主人公の「ぼく」の道徳的な心の変化が、庭に出て、静かに祖母と並んで草をとる行動へと向かわせる。そのときに、赤ん坊の時から祖母にお世話になっていたこと、ひどい言葉をかけて傷つけたことへの深い反省、祖母を大事にする決意等を心のなかで誓うことになる。それゆえ、一冊のノートが「助言者の構図」であることが把握できた後の中心発問は、「おばあちゃんと並んで一緒にだまって草をとりながら、ぼくは心のなかでおばあちゃんにどのように語りかけていたでしょう？」となる。阿部隆によれば、これがもし「……ぼくは心のなかでおばあちゃんにどのようなことを思っていたでしょう？」では子どもたちは返答のイメージがわきにくいと横山とともに発問の仕方の重要性を強調する。「……どのように語りかけていたでしょう？」のような発問の方が子どもたちに答えやすく、実り豊かな多くの答えが返ってくるというのである[26]。いずれにせよ教師には、原則的に子どものどのような意見もすべて受け入れることが求められる。実体験に裏打ちされた読み物資料の迫力と同時に、これほど劇的な「助言者の構図」が配置されている資料はそれほど多くあるまい。

「一冊のノート」は、それゆえ主題名が「家族への敬愛」となり、「ねらい」は、一冊のノートを読み、祖母の苦悩と自分たちへの愛情の深さに気づき、ぽつんと滲んだインクの痕(あと)を見たときにいたたまれなくなって、祖母への思いが大きく変化した主人公の姿を通して、家族の大切さを知り、敬愛の念を深め、家族の一員として積極的に協力していこうとする道徳的実践意欲を育てる、である。そして内容項目は小学校では4－（5）、中学校では4－（6）の父母、祖父母に敬愛の念を深め、家族の一員としての自覚をもって充実した家庭生活を築くこととなる。(27)［資料分析表6］を参照のこと。(28)

③中学校二年生対象「ロスタイムの続き」（尾崎秀秋著）

この資料は、筆者（主人公）が高校生の時にサッカー部で活動していたときの経験をもとに書かれたものである。背番号一一番を与えられたエースストライカーの当時一七歳の主人公は、高校三年生最後の試合で、しかも後半最後の得点チャンスで監督から交代を告げられてしまい、あっけなく現役生活に幕が下ろされて終了してしまう結果となった。そのことに腹だたしさと自信喪失という複雑な思いが絡みつつ、筆者（主人公）の後の人生においてこれ以上、サッカーを続けられない精神状態になってしまっていた。

それから時は過ぎ去り、次の資料展開として、一九九七年フランスのワールドカップを社会人になった筆者がテレビで観戦している場面に移行する。ここからの登場人物はサッカーのエースストラカーのカズであるが、かつての筆者と同じような不幸な事態がカズの身にもふりかかる。筆者(主人公)と同じ背番号一一を付けたエースストライカーのカズがワールドカップ出場をかけた試合の大事なところで交代させられてしまうのである。それだけでなく、その後ワールドカップの代表メンバーからもはずされてしまうという不運にも見舞われる。こうしたカズの不運を、筆者である主人公は自分の青春時代の挫折と重ねあわせていたのである。しかし二人の決定的な相違点が次のように明確

［資料分析表７］　資料名：「ロスタイムのつづき」

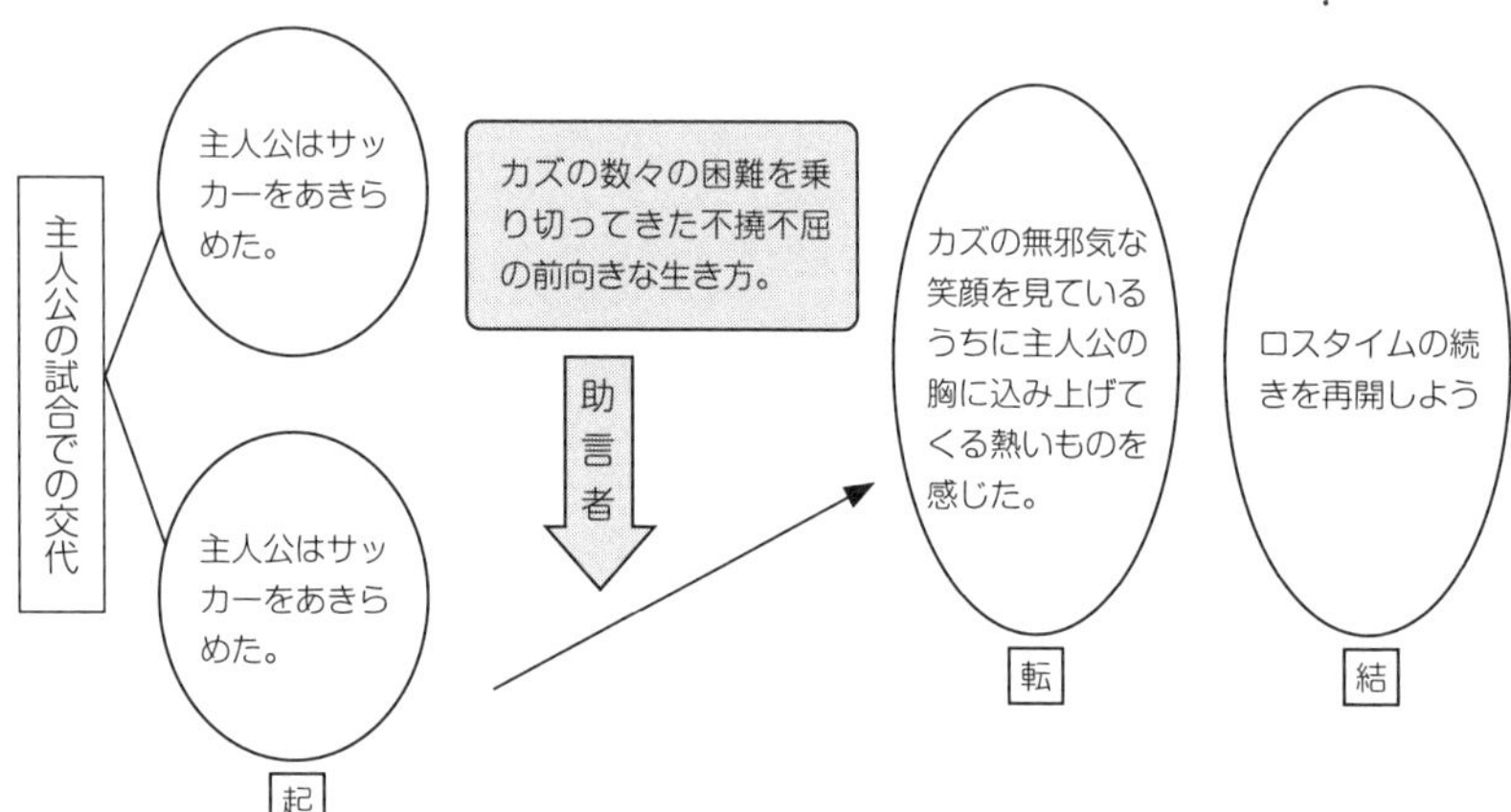

図の出典：横山利弘を囲む勉強会での講演メモより広岡義之が作成した。

になってくる。

カズは幾度のピンチにもめげずにサッカーを継続したのだが、しかし筆者である主人公はそこでサッカーをあきらめてやめてしまったために、カズの生き方に非常に関心を示すことになる。カズはこうした挫折はこれまでも何度も経験しており、本当にサッカーが好きで、自分を信じていればまた代表に選抜されることもあると思っていたのだろう。

「ロスタイムのつづき」の資料の読みのむずかしさは、カズのエピソードが資料の中間の半分以上を占めているために、カズを主人公にして授業を展開しがちになる点である。もちろん、そうした解釈でも間違いではないし道徳の授業もできるのであるが、資料の読み方としては、原則的にカズの存在そのものが長く大きな「援助者の構図」となっており、そのカズの存在から筆者である主人公が「不撓不屈」の精神を学びとることが内容項目であり中心発問のポイントになるであろう。この事例も「援助者の構図」の応用例と言えるだろう。そしてその点を認識できていないと、カズを主人公とした道徳の時間の展開になってしまい、内容項目、中心発問が、あるべきテキスト解釈からはずれていく恐れを孕むことにもなりかねない。

内容項目は、不撓不屈で１－（２）となる。ねらいは、カズの生き方に触れ、道徳的に変化する主人公を通して、より高い目標を立てて、希望と勇気をもってくじけないで努力しようとする道徳的心情を豊かにする、となる。それゆえ、中心発問は「カズの無邪気な笑顔を見つめながら、どんな思いが僕の胸に込み上げてきたのだろう？」がふさわしいだろう。[29]［資料分析表7］を参照のこと。[30]

④中学校二年生対象　「加山さんの願い」（藤永芳純著）

さらに、「加山さんの願い」では、加山さんと中井さんとの関係の全体部分が、「助言者の構図」になっていることを理解しなければならない。最初に中井さんを訪問した時は、加山さんは追い出されてしまい、中井さんの態度に腹をたてることになる。しかしその中でも特に加山さんの父親の話題をきっかけとして、初めて加山さんは胸襟（きょうきん）を開いて中井さんと交わることができるようになる部分がでてくる。その中井さんと加山さんとの関係は、狭い意味での「助言者の構図」のなかに位置づけられることになる。この資料の構成はやや複雑で、それはこの資料では、「助言者の構図」が二重の構造になっているのが特徴的な作品だからである。つまり加山さんと中井さんの関係が道徳的に一気に変化するきっかけになる場面が第二の助言者であり、第一の助言は加山さんと中井さんの関係全体部分であると考えることができるだろう。中学生ぐらいの読み物資料になると複雑な内容構成になっている資料も少なくない。

加山さんは、最初に訪問した中井さんに追い返されてしまう。せっかくボランティアで中井さんを訪ねたのになぜあんなにけんもほろろに冷たくされなければならないのかと立腹してしまう。しかし次の田中さんを訪問したときには、逆に申し訳なさそうにお礼を加山さんにいってくれた。ある雨の日、加山さんは自分の父親の話題をきっかけにして、中井さんと初めて心から打ち解けて話せるようになり、ようやく加山さんは満たされた気持ちになった。「私も楽しみになりましたよ」と中井さんが加山さんに心を開く場面が、狭い意味での「助言者の構図」である。

その後、雨のなかでふと田中さんのことが気になり、どうして田中さんはつらそうにするのだろうかとの思いに到り、これまで自分は上から施しを与えるような強い態度を無意識にとっていたのではないかと、主人公は気づくよう

［資料分析表８］　資料名：「加山さんの願い」

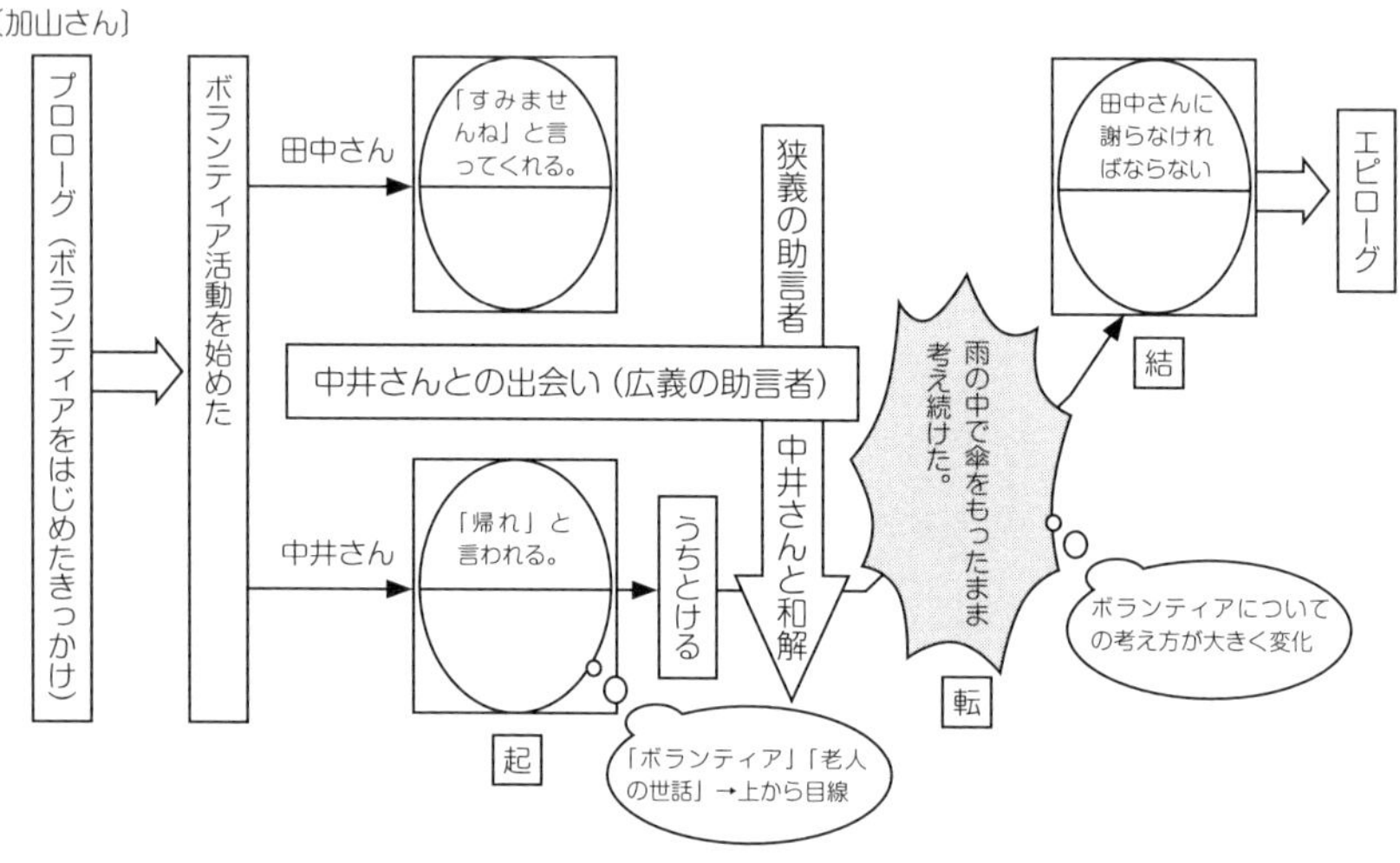

図の出典：遠藤利恵著（2010）『平成 21 年度　立山町教育委員会派遣　内地留学研修報告書　―新学習指導要領に即応した道徳教育の在り方―』45 頁の資料分析図に一部広岡が加筆した。

になる。その傲慢な自分の態度が田中さんに世話をしてあげているという強い態度にでたのではないかと反省する。お世話をしてあげているという上から目線になっていたことを自ら反省した加山さんは、その後、ボランティア活動とは元来、当たり前のことを自然な形で臨むということに気づけた。その後、ようやく晴れ晴れとしたきもちで「ちょっといってくるよ」と、今日も、充実した気持ちでボランティアにでかけることができた、という話である。

　加山さんと中井さんの全体のかかわりが広義の「助言者の構図」としてあり、そのなかで加山さんが胸襟を開いて中井さんと交わることができるようになる部分が教義の「助言者の構図」として位置づけられている、二重構造になっている資料である。このように中学校の資料になると「助言者の構図」もさらに複雑になることが明瞭である。

　内容項目は、勤労で４－（５）となる。ねらいは、勤労は個人のためだけでなく、社会を支えていることを理解し、公共の福祉と社会の発展に尽くす実践意欲を培うとなる。それゆえ、中心発問は「雨の中で傘を持ったまま加山さんが考え続けたことは何だろうか？」がふさわしいだろう。[31]［資料分析表７］を参照のこと。[32]

第六節　まとめと今後の課題

最後にこれまでの箇所のまとめと今後の課題について論じてこの章を終えることにしたい。さて小・中学生対象のいくつかの読み物資料に即して「助言者の構図」を具体的に考察してきたのであるが、明らかに子どもの発達段階によってその位置づけが変化することが理解できたように思える。たとえば、小学校低学年用の資料では、くまやロバの登場によって、主人公であるおおかみやアドルフは、自分の内面に欠けていた、あるいは気づかずにいた道徳的なものが、良い方向へ変化していき結末を迎えることができており、その意味でこれは極めて直截的でわかりやすい「助言者の構図」となっていた。他方で、「まどガラスとさかな」の資料の場合、さかなを持ってきたお姉さんが「助言者の構図」となっていたが、同時に主人公の悩みを受け止めてくれる母親の存在もまた主人公にとっては必要不可欠であると淀澤は考えている。そしてその後、母親と一緒にまどガラスを割った家に謝罪にいくことになるのであるから、ここでは母親が「支援者・賞賛者（後方支援）の構図」となっており、中心発問を補強するための補助発問として有効になる場合もでてくるだろう。その意味でも「支援者・賞賛者（後方支援）の構図」という「しかけ」もまた「援助者の構図」をさらに意味あるものにする点で一つのヴァリエーションになっている。

「一冊のノート」では、思春期の中学生の道徳性に焦点が絞られており、かなり自己の内面の良心の葛藤がクローズアップされた一筋縄では解決しない複雑な内容である。自分たちは祖母に対してひどい態度で接したり、ののしったりさえしてしまったことを主人公は深く反省することになるが、助言者である祖母の「一冊のノート」から感じられる孫への愛情の深さを発見したことで、主人公の祖母を見る目がここで一変し深く道徳的な反省を可能にさせている。

さらに「ロスタイムのつづき」の資料の読みのむずかしさは、カズのエピソードが資料の中間の半分以上を占めているために、カズを主人公にして授業を展開しがちになる点である。原則的にこの資料では、カズの存在そのものが長く大きな「援助者の構図」となっており、そのカズの存在から筆者である主人公が「不撓不屈」の精神を学びとることがポイントであり、この事例も「援助者の構図」の応用例と言えるだろう。また「加山さんの願い」の構成はやや複雑で、それは「助言者の構図」が二重の構造になっているのが特徴的な作品だった。加山さんと中井さんの関係が道徳的に一気に変化するきっかけになる場面が「第二の助言者」であり、「第一の助言」は加山さんと中井さんの関係全体部分であると考えることができるだろう。さらに「銀色のシャープペンシル」において、助言者は「自分自身の内面の良心」であったために、自分以外の者や事柄が「助言者の構図」となっていた従来の資料と比較してみると、やや変則的・応用的な「助言者の構図」と言えるだろう。

ここで興味深いのは二〇〇七年刊行の『道徳教育、画餅からの脱却』において横山利弘は、「助言者の構図」という概念に沿った解説をすでに展開しているものの、「助言者の構図」という言葉そのものは管見の限りどこにも使用されていない。その意味では少なくとも二〇〇七年以降に、横山自身によって道徳教育の領域で「助言者の構図」という概念が使用し始められたと言えるだろう。

さて、今後の読み物資料分析についての課題に触れて本稿を終えることにしたい。今回は、第一分類の資料にのみ適応される分析方法が取り扱われた。第二分類の「登場人物の道徳的変化がない資料（もしくは筆者が道徳的に変化する資料）」には、「月明かりで見送った夜汽車」、「バスと赤ちゃん」「ありガトオヨ」「すてきなおくりもの」等があげられるが、こうした第二分類の資料では、「助言者の構図」とはまた別の分析手法が用いられる必要がある。

本稿の考察対象となった「助言者の構図」概念が問題となるのは、第一の「主人公が道徳的に変化して生き方を改めようとする資料」に限定されることは先に確認したとおりである。第二の「登場人物の道徳的変化がない資料（もしくは筆者が道徳的に変化する資料）」の資料の読み方は、「助言者の構図」とはまた別の接近法が必要とされる。たとえば、「道徳的な温かい〈場〉」等の別の接近法が求められるので、この分野の検討がこの章に続く研究課題になってくると思われる。ちなみに横山は、これを登場人物全員が善人である事例、あるいは登場人物の「場の空気」が道徳的になっている事例、と表現している。こうした「道徳的な温かい〈場〉」概念と「助言者の構図」概念がどのような関連にあるのか等も含めて今後、さらなる考察が求められるだろう。

【註】

（1）定期的に実施される「横山利弘先生を囲む道徳教育研究会」（兵庫・大阪・京都）および「授業づくり支援センミナー：道徳の授業づくり」（神戸）等、他多数の研修会が開催されている。
（2）「はしのうえのおおかみ」（奈街三郎著）『道徳の指導資料一集　第一学年』文部省、現在は『一ねんせいのどうとく』文渓堂、二〇一〇年度版に収録。
（3）「ヒキガエルとロバ」（徳満哲夫著）『道徳教育推進指導資料（指導の手引）3　小学校　読み物資料とその利用―「主として自然や崇高なものとのかかわりに関すること」―平成五年三月文部省』（小学校三年対象）、現在『みんなのどうとく3年』（学研）に収録。
（4）「まどガラスとさかな」（奈良三郎著「小学校読み物資料とその利用3」所収。現在「まどガラスと魚」として内容が一部変更され『小学どうとく生きる力3年生』（日本文教出版）に収録。
（5）「なしの実」（浅田俊夫著）『小学校　読み物資料とその利用―主として自分自身に関すること―平成3年3月文部省』（小学校3・4年対象）、
（6）「ロスタイムのつづき」（尾崎秀秋著）『中学生の道徳2　自分を考える』、廣済堂あかつき。
（7）「加山さんの願い」（藤永芳純著）『中学生の道徳2　自分を考える』、廣済堂あかつき。
（8）「一冊のノート」（北鹿渡文照著）『中学生の道徳2　自分を考える』、廣済堂あかつき。
（9）「銀色のシャープペンシル」（木下一著）「中学校読み物資料とその利用3」所収。現在は『中学生の道徳1　自分を見つめる』（廣済堂あかつき）に収録。
（10）「月明かりで見送った夜汽車」（武藤春枝著）、オリジナルは「生きる」ＰＨＰ研究所所収。現在は『中学生の道徳3　自分をのばす』（廣済堂あかつき）に収録。
（11）「バスと赤ちゃん」（中野茂子著）オリジナルは「心にしみるいい話」全国新聞連合シニアライフ協議会編（講談社）。現在『中学生の道徳1　自分を見つめる』（廣済堂あかつき）に収録。
（12）「ありガトオヨ」（朝日新聞コラム）オリジナルは「街」一番美しい言葉が残った　朝日新聞、一九九一年六月一八日夕刊。現在は『中学生の道徳2　自分を考える』（廣済堂あかつき）に収録。
（13）「すてきなおくりもの」（朝日新聞）オリジナルは朝日新聞、一九九三年五月一四日付「声―山中で難儀の子が得たもの―」より　現在は『ゆたかな心―新しい道徳―』光文院書院　小学校五年生）に収録。

（14）「夜のくだもの屋」（杉みき子著）『中学生の道徳１　自分を見つめる』（廣済堂あかつき）に収録。
（15）「発車、オーライ」（丸山浩路著）『かけがえのないきみだから　2』（学研）
（16）澤　理佳著、道徳学習指導略案「はしのうえのおおかみ」参照。および［資料分析表1］は横山利弘講演メモから広岡義之が作成した。
（17）川原田剛著、（2009）『平成二一年度　京都府現職教育職員長期研修　研修報告書』、二四頁の道徳学習指導案参照、および二五頁の分析図引用。
（18）横山利弘著（2007）『道徳教育、画餅からの脱却』暁教育図書。
（19）横山利弘監修、小林園執筆、第四回「読み物資料を活用した道徳の授業」教育新聞：教育新聞社、2009.11.19）、なおこのシリーズは毎月一回のペースで、第一回目が二〇〇九年九月号から開始され、最終の第一二回目が二〇一〇年八月号で閉じられた。本発表でも、「読み物資料を活用した道徳の授業」シリーズ全体を参照していることは言うまでもない。この内容は最新の横山理論と具体例が収められている。
（20）横山利弘著、『道徳教育、画餅からの脱却』、二二六頁参照。
（21）川原田剛著、前掲書、一六頁の道徳学習指導案（略案）参照。および川原田剛著、前掲書、一七頁の分析図引用。
（22）澤村力也著（2009）『平成二一年度　高岡市教育委員会派遣　内地留学研修報告書』、一四頁の資料分析図に、遠藤利恵著（2010）『平成二一年度立山町教育委員会派遣　内地留学研修報告書─新学習指導要領に即応した道徳教育の在り方─』、三三頁の資料分析の一部を加える作業を広岡が編集した。
（23）横山利弘著、『道徳教育、画餅からの脱却』、二三五頁。
（24）『中学生の道徳１　自分を見つめる』（廣済堂あかつき）、一四二頁参照。
（25）川原田剛著、前掲書、五一頁の分析図引用。
（26）阿部隆著（2007）『平成一九年度　京都府現職教育職員長期派遣研修　研修成果報告書─道徳教育の基礎　道徳の時間の授業改善を中心にして─』、三七頁参照。
（27）『中学生の道徳２　自分を考える』（廣済堂あかつき）、一七八～一八三頁参照。および名和優著、道徳教育学習指導案（略案）参照。
（28）川原田剛著、前掲書、二九頁の分析図引用。
（29）中舎良希著「ロスタイムのつづき」道徳学習指導案、参照。
（30）中舎良希著、前掲書、参照。および［資料分析表6］は横山利弘講演メモから広岡が作成。
（31）『中学生の道徳２　自分を考える』、一六〇～一六五頁参照。
（32）遠藤利恵著（2010）『平成21年度　立山町教育委員会派遣　内地留学研修報告書─新学習指導要領に即応した道徳教育の在り方─』、四五頁の資料分析図に一部広岡が加筆した。

【参考文献】

横山利弘著（2007）『道徳教育とは何だろう』暁教育図書。
村田寿美子著（2006）『平成一八年度京都府現職教育職員長期派遣研修報告書』
名和優著（2007）『平成一九年度　京都府現職教育職員長期派遣研修報告書』
「横山利弘先生を囲む道徳教育研究会」での配布資料・講演内容、当研究会は毎月一回神戸・大阪・京都で開催。二〇〇五年九月以来継続し二〇一〇年九月で六〇回を迎えている。
「授業づくり支援センミナー　道徳の授業づくり」（神戸市総合教育センター）で二〇一〇年に開催された横山利弘および行本美千子解説の研修内容。
川崎雅也著『カリキュラムナビ・相談会』報告記録資料（二〇一〇年九月三〇日現在第二〇集まで刊行中、毎月一回、大阪府教育センターで「カリナビ研修会」として開催）。
中舎良希著（2009）「『正直』五十円分」（文渓堂四年生のどうとく）道徳の時間学習指導案。

［なお、本論文は、日本道徳教育学会第七六回（平成二二年秋季大会　於：大谷大学　平成二二年一一月二一日）で個人口頭発表したものに加筆訂正したものである。］

第十〇章　読み物資料における「道徳的な温かい〈場〉」概念の理論と実践

第一節　問題の所在―二つに大別される道徳の読み物資料の類型―

原則として道徳の読み物資料は二つのパターンにおおきく分類できる、と道徳教育の講演会や研究会等で横山利弘は積極的に主張している。第一類型は「登場人物の行為が道徳的に変化して生き方を改めようとする資料」であり、第二類型は「道徳的な温かい〈場〉」が形成される資料である。第一の「主人公の道徳的変化がある資料」の代表的なものとしては、「はしのうえのおおかみ」（奈街三郎著）、「まどガラスとさかな」（奈良三郎著）、「ナシの実―アンリ・ファーブル―」（浅田俊夫著）、「正直五〇円分」（楠茂宣著）、「わたしもいじめた一人なのに」（川口法子著）、「ロスタイムのつづき」（尾崎秀秋著）、「銀色のシャープペンシル」（木下一（きのしたはじめ）著）、「元さんと二通の手紙」（白木みどり著）、「いつわりのバイオリン」（鴨井雅芳著）、「リクエスト」（暁編集委員会著）、「足袋の季節」（中江良夫著）等があり、ここでは「助言者の構図」概念が問題となった。筆者は二〇一〇年の「日本道徳教育学会第七六回（平成二二年秋季）大会」において、この理論に従いつつ個人発表を試みた。「助言者の構図」のいくつかの典型的な類型を、子どもの発達段階に即した複数の読み物資料を任意に取り上げることによって、そこに見られる固有の特徴を考察した。そのうえで、「助言者の構図」に着目することで、道徳の内容項目を絞り込み、読み物資料での中心発問を、的確に設定することが可能になることを傍証した。さらに横山は、最近の研究で「助言者」の行為や発言の中に、すでに道徳の内容項目が「透かし」のように看てとれることが多いとも指摘している。

さらに近年、横山利弘は、第一分類の枝分かれ（便宜上、仮に「第一ダッシュ分類」と呼ぶこととする）として「主人公の道徳的意識が低い次元から高い次元に変化する資料」というカテゴリーを唱えている。「第一ダッシュ分類」の読み物資料としては、「くりのみ」（大阪書籍）、「ヒキガエルとロバ」（徳満哲夫著）「夜のくだものや」（杉みき子著）、「加山さんの願い」（藤永芳純著）、「一冊のノート」（北鹿渡文照著）、「そろばんづくり」（兵庫県教育委員会道徳副読本より）等があげられる。ここでは、第一分類のように主人公が道徳的な問題に直面して「承」の場面で葛藤する箇所が存在しない。なぜなら、主人公の道徳的な意識が低いため、主人公の「葛藤」が起こらずに「起」から「承」の場面のないまま「転」へとストーリーが展開していくという特徴を有する。つまり「起」の状態からやがて「助言者」との出会いを通して道徳的意識が高い状態つまり「転」に変化していくという構図になっている。主人公の道徳的意識が低い状態が「助言者」と出会うまで継続するので、主人公の道徳的葛藤や悩みが存在しないのである。そのために葛藤場面である「承」がないまま、「起」から「助言者」との出会いを経て「転・結」へ向かうストーリー展開になる。（この領域の資料分析は今後の課題となるため拙論ではこれ以上扱えない）。

さて、この第一類型の「主人公が道徳的に変化する」読み物資料の場合、どうして主人公が変化したのかを問うていけばよいことになる。読み物資料は基本的にこのタイプが中心で、原則的に「起・承・転・結」でストーリーが構成されていることが多い。「起」は主人公の道徳的な問題の発生の場面（心の中で思っただけでは問題にはならない）である。「承」は主人公が悩んだり後ろめたさを感じたり葛藤する場面である。「転」で主人公の道徳的な心情・判断力の変化が起こる。「結」では主人公の道徳的な心情・判断力の変化が行為や行動となって現われるかまたその兆しが起こるというパターンで構成されることになる。

そこで本論は、第二類型である「道徳的な温かい〈場〉」が形成される資料の特徴について考察する。「道徳的な温かい〈場〉」が形成される資料には、「すてきなおくりもの」（朝日新聞）、「ありがとう上手に」（みつはし　ちかこ著）、「発車オーライ」（丸山浩路著）、「授業参観日」（行本美千子著）、「月明かりで見送った夜汽車」（武藤春枝著）、「バスと赤ちゃん」（中野茂子著）、「ありガトオヨ」（朝日新聞コラム）、「二枚の写真」（あかつき編集委員会著）等があげられる。

「助言者の構図」概念が問題となったのは、第一分類の「主人公が道徳的に変化して生き方を改めようとする資料」に限定されていたために、今回の第二分類の読み物資料では、「助言者の構図」概念とはまったく異なる概念で資料分析をすることが求められる。第一分類とは異なる特徴をもつ読み物資料はおおよそ第二分類に入るし、最近の読み物資料はこの類型に属するものが増えているのも事実である。第二分類の「道徳的な温かい〈場〉」が形成される資料は、「登場人物の道徳的変化がない資料」のことで、横山はこれを登場人物全員が善人である事例、また登場人物の「場の空気」が道徳的になっている事例、と表現する場合もある。この第二分類の資料の読み方は、「助言者の構図」とはまた別の概念の「道徳的な温かい〈場〉」等の切り口を必要とする。そこでこの「道徳的な温かい〈場〉」の概念の基盤となる教育人間学的根拠を問うこと、そして小学校から中学校までの発達段階に応じた「道徳的な温かい〈場〉」の具体的な読み物資料の分析を中心に考察するのが本章のねらいとなる。

具体的に、理論編の節では特にボルノーの「気分」論と「教育的雰囲気」論を取り上げつつ考察していく。この領域の先行研究としては宮脇賢治の「道徳の時間における『自覚』と『気分』についての一考察―O・F・ボルノウ著『気分の本質』からの考察―」（日本道徳教育学会第七六回大会：平成二二年度秋季・京都）がある。本論は、宮脇の内容を参照にしつつも、しかしその視点とは違った独自の切り口で論を展開していくことになる。

第二節　理論編：「道徳的な温かい〈場〉」概念の教育人間学的考察

1．ボルノーの気分論および教育的雰囲気論の教育人間学的意義

さてここで個々の読み物資料の分析に入る前に、「道徳的な温かい〈場〉」概念の理論的な教育人間学的考察を試みる。読み物資料を大きく二つの種類に分類する場合でも、哲学的に区分すべき根拠があってのことであり、その学術

的背景をここで要約的に説明しておきたい。この節では特にボルノーの「気分」論と「教育的雰囲気」論を中心に論を進めることにする。

ボルノーは彼の気分論を展開する際に、ハイデッガーの考える「気分」概念と対比させることから出発した。ボルノーはハイデッガーの考える「気分」概念を、完結された結果として理解しておらず、むしろ「新しい生の現象＝気分」という考え方に対して常に開かれた態度で対応し続けた。さらにボルノーは、人間の身体的、精神的な諸活動はそのときどきの気分を基盤にして営まれており、その意味で、気分は主客未分離のまま、主観と客観の両者の根源的統一の層であると言い得るだろう。

これとの関連でボルノー研究者の川森康喜は彼の著『ボルノウ教育学の研究』（ミネルヴァ書房）のなかで、ボルノーの「気分づけられた空間」に関して次のように考えている。「気分」はそれ自身、人間の内部に存在する主観的なものでもなく、また人間の外部にあってその周囲に発見することのできる客観的なものでもなく、周囲の世界と主客未分離のままに人間と関わっている。ボルノーは、精神生活のもっとも低い層に位置するものとして「生の感情」あるいは「気分」を挙げている。本来、「感情」は何かについて喜び、希望し、嫌悪するもので、志向的に特定の対象に関わっているが、これに対して「気分」は特定の対象を持たない雰囲気のようなものである。（川森康喜著：一二八頁参照）

ボルノーはこのような「気分」を次の二つ、すなわち「高揚した気分」（喜ばしい気分）と「ふさいだ気分」（悲しみの気分）に区分したことは周知の事実である。ハイデッガーは気分の中核に「不安」を据えたが、ボルノーは逆に「高揚した気分」を重要視した。ハイデッガーは存在論的実存論的立場から、「不安」が実存的自覚を獲得する方法であると考えたのに対して、ボルノーは哲学的人間学の立場から、「高揚した気分」「肯定的な気分」「開かれた気分」の中にこそ、人間的な生の安らぎや信頼、希望を見出そうとした。人間の生を豊かにし幸福にするのは、「存在の信頼」であり、それを可能にするのが「高揚した気分」であり、「安らいだ気分」であると理解した。人間の形成活動もまた主として高揚した気分によって可能となる。逆にふさいだ気分からは新しい何ものも生み出すような力はでてこない。なぜなら新しいものを生みだす創造的行為は、信頼的態度の中で育っていくものであるとボルノーは考えたからである。川森康喜によれば、こうした「気分論」が基礎となって、ボルノーの実存的教育論や教育的雰囲気論が展開されていく。ボルノーが「高揚した気分」によってより大きな教育的意義を認めるのは、子どもの未来を信頼し、人間の未来に希望を託するからだろうと川森は鋭く指摘している。（川森康喜著：一一九〜一二〇頁参照）

ただし筆者は、川森の上述の「ボルノーの実存的教育論や教育的雰囲気論が展開されていく」という論考とは若干、立ち位置を異にする。哲学的には、気分論が基礎となって、ボルノーの実存的教育論や教育的雰囲気論が同時に展開されているという解釈は受け入れ可能であるとしても、それを実践的な道徳の読み物資料と関連させて論ずるときには、解釈的な齟齬（そご）が生じてくる危険性があるのではないだろうか。どのような齟齬であるかを厳密に言うならば、第一分類の「登場人物の行為が道徳的に変化して生き方を改めようとする資料」においては実存的教育論の範疇である主人公の道徳的危機、覚醒、呼びかけ、出会い、冒険と挫折等の主題が主として展開される。しかし第二分類の「道徳的な温かい〈場〉」の読み物資料においては、原則的に「高揚した気分」「安らいだ気分」が前提となり、実存主義では取り扱えない概念、たとえば感謝・思いやり・信頼・安らぎ等の実存主義を克服する哲学的主題が展開されるという相違点が存在する。つまり、ここで実存主義的主題（第三の可能性）と、実存主義克服の主題（第四の可能性）という道徳の読み物資料の哲学的根拠が異なる事態が発生しているのではないだろうか。そこで以下では、具体的な第二分類の読み物資料を分析することを通して、「道徳的な温かい〈場〉」という捉え方が、いかにボルノーの指摘する「高揚した気分」や「安らいだ気分」、すなわち、第四の可能性である感謝、思いやり、信頼等の情感に包まれる中で展開されているかを傍証していくが、その考察を明確なものとするためにも今少し、第三の可能性である実存的教育論の適応範囲と限界について論ずることにする。

2．第三の可能性としての「訴える教育」（実存的教育論）の適応範囲と限界について

実存的教育論が、読み物資料で哲学的に深く関与しうるのは、むしろ第一類型の「登場人物の行為が道徳的に変化して生き方を改めようとする資料」であり、この点については筆者が兵庫大学論集一六号で論じた（第三部第九章参照）とおりである。そのことを踏まえたうえでさらにボルノーの実存的教育論の考察に進んでいくことにする。

ボルノーは彼の教育学的主著の一つ『実存哲学と教育学』で、旧来の教育学理論を、「技術論的な教育」と「有機体論的な教育」に区分したことは周知の事実である。ヘルバルトに代表される技術論的な教育は「作る教育」で、主体は教育者側にある。これは「第一の教育の可能性」と呼ばれる。他方で、ルソー、ペスタロッチ、フレーベル等に代表される有機体論的な教育は植物の成長と栽培になぞらえて教育的行為を捉えている。有機体論的な教育は「成長させる」教育であり、教育の主体は子どもの側にある。これは「第二の教育の可能性」と呼ばれる。この二つの教育観は水と油ほど人間観や教育観が異なるが、両者とも子どもが連続的に成長するという前提では共通する。

しかしここでボルノーはこの伝統的な二つの教育理論とはまったく別に、「第三の教育の可能性」としての実存的教育論である「訴える」教育を構想した。ボルノーはこれまで教育現場では重要とは理解されつつもなかなか伝統的な従来の教育学理論（「作る教育」と「成長させる」教育）の網では考察の対象となりえない教育的事象としての「出会い・危機・覚醒・訓戒等」という諸現象を、新たな教育学的範疇として理論化しえたところに彼の偉大な功績がある。しかしそれらの諸現象は既存の伝統的な連続的な教育形式では捉えることはできない。なぜならそれらの現象はすべて非連続な実存的教育事象だからである。それゆえボルノーは、出会いにせよ、危機にせよ、実存的に体験するのは子どもたち自身であるから、教育者は実存的な状況が子どもの前に生じたときには「訴える」ことしかできないと考えたのである。（川森著：一三一頁参照）

ボルノーは、このように子ども（人間一般も含めて）の生には伝統的な教育が扱ってきた連続的な面だけでなく、実存的な非連続な面もあることを強調した。出会いにせよ、危機にせよ、実存的な経験をする子どもたちを前にして

は、教師もまた実存的に「訴える」教育をする以外に手立てはなくなる。その意味で、教育の第三の可能性としての「訴える教育」は、非連続的な事象の実存哲学的範疇に区分されることが明確になる。それは現存在の自覚的自己形成という点では極めて意義深いものであるものの、しかし未来志向的な教育にとっては、人間教育という観点からもなお一面的な人間理解に留まることを免れないという限界点をも包含するものなのである。

そこでボルノーは教育の場面における実存的な非連続性を評価しつつも、実存的な「訴える教育」の克服に努めることとなる。具体的には、実存的な「訴える教育」という第三の可能性を超えた第四の可能性として、「気分」あるいは「雰囲気」という概念で包摂される庇護感、被包感、安らぎ、信頼、感謝等の概念の重要性にボルノーは着目したと考えるべきであろう。しかもこれらの概念は、伝統的教育学の範疇の「連続性」とも異なる、いわば「新しい連続的な生」の過程そのものであり、第一の「作る教育」、第二の「成長させる教育」、第三の「訴える教育」のいずれとも区別されなければならない第四の教育的領域であることをボルノーは強調する。「気分」あるいは「雰囲気」という概念で包摂される庇護感、被包感、安らぎ、信頼、感謝等の場においては、教育者と子どもたちの間の教育的行為が一方的でなく、相互的であり、まさに「主客未分化」の間柄において行われるものなのである。（川森著：一三二頁参照）

この点についてボルノーは次のように考えている。この第四の可能性としての「気分」あるいは「雰囲気」を前提とする教育学は、根源的な統一において、まさしく主客（教育者と子ども）を包む全体的包括的な雰囲気のなかで展開していくのである。ボルノーによれば教育が成功するためには、教育者と子どもの間の情感的条件と人間的態度（たとえば徳性等）が不可欠の前提として存在していなければならないという。それゆえボルノーにとって第四の「教育的雰囲気」論の考察は、新しい教育学の理論構成に極めて重要な意義をもっていると考えるべきであろう。

第三節　理論編：第四の可能性としての「気分」「雰囲気」論を基盤とした読み物資料

後期ハイデッガーの哲学思想によれば、人間が存在することは「住む」ことに他ならないが、それとの関連でハイデッガーは、投げ出されてある人間の現存在はまず「住む」ことを学ばなければならないと考えた。ここで「住むこと」という概念は、Geborgenheit（庇護性）を意味する。これは何者かによって「包み守られているという普遍的な気分」のことである。Geborgenheit（庇護性）は、werfen（投げる）の過去分詞である geworfen（投げ出された）とは正反対に位置する。つまり Geborgenheit（庇護性）は、bergen（保護する）の過去分詞である geborgen（庇護された）の領域において可能となる。日本語では庇護性、被護性、安らぎ等の訳語があるが、いずれにせよ実存主義を克服するためにハイデッガーを意識してボルノーが使用した概念である。（川森著：一三五頁参照）

健全な人間的発達にとって庇護性の雰囲気は不可欠の前提である。人間の生活において、自分が包み守られて安らいだ気分に浸る雰囲気を持つこと、そうした雰囲気の空間を経験することは貴重であり稀であるからこそ、現代社会で重要な一つの人間の在り方のモデルとなりつつある。まさにランゲフェルドが数十年前にすでに指摘した「寄る辺なき世界」が、現実のものとしてますます深刻化してきたが、生と世界への信頼に支えられたボルノーの「庇護性」概念は、究極的には、「まったき世界」の中に包まれているという感情、すなわちまったき世界への放下（Gelassenheit）へとつながっていく。（川森著：一三六頁参照）

これまでのところをまとめてみると、「気分」には高揚した気分とふさいだ気分に区分された。ふさいだ気分では、生の全体が陰鬱になり、成長力が抑圧されるが、しかし高揚した気分は、人間を世界に向かって開き、内部の諸力を成長させる。こうした快活さ、朝のような感情等の「高揚した気分」こそが、人間の発達や教育の分野にとって必要不可欠となる。それゆえ「高揚した気分」を子どもの中に育てることは教育における根本的な課題となる。しかしこの「高揚した気分」は、教師と子どもの間の信頼関係に基づく庇護性の深浅に極めて強く影響され、そしてそのあり方が教育的雰囲気に深く関わる。

ボルノーは「感謝」を、子どもにとって最も重要な徳性とみている。なぜなら、感謝の気持ちのない者は、その状態に留まっているかぎり教育することができないと考えるからである。さらに、人間は個々の具体的な助力や贈り物に対する感謝の念から、やがて人間的生の全体を包む、存在一般に対する感謝の気持ちを抱くようになるとも考えている。元来、ボルノーは思想的には実存主義を克服するために「感謝の念」を構想した。ボルノーによれば、実存主義者は自由、決断、参加等の概念の必然性から、いかなる感謝もすることができない。しかし、実際に、人間は、他の人間との相互作用においてのみ、形成が可能となるがゆえに、人間は個々の生に対して感謝できるようになる。これを教育学（道徳教育）に移行して考えるならば、第一と第二の教育可能性で捉えきれなかった人間の非連続的事象を取り扱うために、第三の教育可能性として実存教育論（非連続的形式の訴える教育学）を唱えたが、その限界点として、感謝・安らぎ・思いやり等の道徳的雰囲気を取り扱うことができないという弱点が存在した。そのために、実存主義を克服する「教育的雰囲気論」をボルノーは主張して、そこに感謝・安らぎ・思いやり等を受け止めることのできる第四の教育可能性を設定したのである。そしてこの哲学が「道徳的な温かい〈場〉」概念の教育人間学的考察として結実したと見るべきだろう。

第四節　実践編：「道徳的な温かい〈場〉」の読み物資料分析

横山利弘に従えば、第二分類の「道徳的な温かい〈場〉」の読み物資料の場合には、主人公が道徳的に変化する資料と同じ分析方法（「起・承・転・結」）はまったく通用せず、むしろここで重要なのは、資料を「素直に」読み込むことであり、自分が感動を素直に感じることができるかが最も重要な事柄になる。そこでは教師が子どもと資料を共有することが大切になり、資料の中で最も感動する箇所を中心場面とすることが多い。

「感動」は、登場人物の「粋な計らい」や「人間的魅力＝徳」に触れたときに起こるために、読み物資料の中で感動した箇所が、道徳的価値を含んでいる場面であると判断できる。たとえば第二分類の代表的な作品「月明かりで見送った夜汽車」では、感動する箇所がいくつかある。たとえば、Y先生の「粋な計らい」とその行為に仲間の先生たちが拍手をした箇所である。つまりこの資料で感動の中心は、Y先生のI先生に対する「粋な計らい」「深い思いやり」であり、その感動の正体を考えさせることが資料の「山」となり、それを問う発問すなわち「いったい何に拍手をしたのだろう?」が必然的に中心発問となる。この資料では、「拍手の正体」を考えさせることで山を作ることになるが、いずれにせよ、最近の傾向として、この分野の「道徳的変化のない読み物資料」が増えているのは事実である。（阿部隆著、平成一九年度京都府現職教育職員長期研修　研修成果報告書　『道徳教育の基礎』、八七～九〇頁参照）そこで実践編である本節では、子どもの道徳的発達段階に応じた読み物資料を任意に選択しながら、この「道徳的な温かい〈場〉」について考察を進めていくことにする。まず、小学校の読み物資料から取り上げることにする。

1．小学校道徳資料における「道徳的な温かい〈場〉」について

①「すてきなおくりもの」朝日新聞、平成五年五月一四日付「声―山中で難儀の子が得たもの―」より　光文書院、五年生

ここでまず、京都府船井郡京丹波町立桧山小学校（当時）の中舎良希教諭の指導案を要約的に紹介してみよう。

中舎良希教諭の具体的な指導案より

〈主題名　おたがいさま　2－（2）〉

ねらい：山道で困っていたお兄さんを助けたトラックのおじさんと、お父さんの判断力を考えることを通して、誰に対しても思いやりの心を持ち、相手の立場に立って親切にしようとする道徳的判断力を高める。

資料：「すてきなおくりもの」光文書院五年生

〈あらすじ〉

雨の中の山道で、道に迷ってしまったお兄さんの乗るバイクのガソリンが切れてしまった。ずぶぬれになっているところへ、お父さんとまり子さんの車がやってきた。バイクのお兄さんを車にのせてあげた。というのもこのままだとバイクのお兄さんが風邪をひいてしまいそうだったからである。ガソリンスタンドを探さないといけない状況で、トラックのおじさんの車がそこにちょうどやってきた。お父さんはトラックを止めておじさんと何事か話し始めた。トラックのおじさんが知り合いのガソリンスタンドまで行ってガソリンを買ってきてくれるということになった。二〇分ほどしてトラックが帰ってきて、おじさんはお兄さんのバイクにガソリンを入れると、「困った時はおたがいさま」と言って、すぐにトラックに乗って行ってしまった。

お父さんとまり子さんも結局、お兄さんに名前も告げずに別れることになった。お礼を受け取る代わりに「今度、君が困っている人を見かけたら助けてあげるんだ」とお兄さんに言って別れた。その後、新聞の投書欄に、「すてきなおくりもの」と題して、雨の夜に親切にしてくれたことへのお礼がお兄さんから寄せられたものが紹介されていた。お父さんとまり子さんは、あの雨の日のできごとをいつまでも覚えておきたいと思った。

（イ）本資料の中心発問について

以上の指導案を基に、本資料の中心発問について考えてみたい。この資料の中心発問は、お兄さんが受け取った「すてきなおくりもの」について考えることにある。「すてきなおくりもの」とは何だっただろうかとの問いに対して、予想される生徒の答えは、「助けてもらったこと」、「ガソリン」、「誰にでも親切にする気持ち」、「お互い様の心」等が考えられる。

「お父さん・まり子さん・トラックのおじさん」が一人の困っている若者のために親切にしてあげて、支え合うことは子どもにとって素敵なことだし、お兄さんもこんなに幸せなことはなかっただろうということを感じさせる資料となっている。ここに「お父さん（＝まり子さん）・トラックのおじさん・お兄さん」の相互のおもいやりと感謝の「トライアングル」（三角形）が形成されていることに気づかせることが大切である。まり子さんも子どもなりに、外へ出てドアを開けて、お兄さんを中に入れてあげ、タオルを貸してあげる親切に参加しており、おもいやりと感謝の「トライアングル」の一員であることも子どもたちに気づかせたいところである。いずれにせよ、この資料では、おもいやりと感謝が形成されており、雨の寒い山道という空間が、「道徳的な温かい〈場〉」に変化していくことに気づかせることが主なねらいとなる読み物資料になっている。その意味で、「すてきなおくりもの」という小学校の読み物資料は、登場人物全員が善人である事例、あるいは登場人物の「場の空気」が道徳的になっている事例の一つと言えるだろう。この第二分類の資料の読み方は、「助言者の構図」とはまた別の概念である「道徳的な温かい〈場〉」の切り口を必要とするためにここに任意に提示してみた。

2. 中学校道徳資料における「道徳的な温かい〈場〉」について

①「授業参観日」　行本美千子著　（広島県教科用図書販売株式会社「想いをとどけて」）

本資料では、貝塚市教育委員会学校人権課の川崎雅也および精華町立精華南中学校（当時）の佐々木みゆき教諭の学習指導案を要約的に紹介してみたい。

（ア）貝塚市教育委員会学校人権課の川崎雅也氏および精華町立精華南中学校（当時）の佐々木みゆき教諭の学習指導案より

〈主題名〉「人間愛」２－（２）温かい人間愛の精神を深め、他の人々に対して感謝と思いやりの心を持つ。

〈主題設定の理由〉：成長期の子どもは自我意識が強くなり、自立への意欲が旺盛になってくるが、ややもすると自分にとって都合のよいことを主張することがある。それだけに、日々の生活が人々の支え合いや助け合いで成り立ち、その中で自分が生きていることに気づかせることが大切である。それに応えて、何をすべきかを自覚し、感謝の心を行動に表わすことができるようにするため、この主題を設定した。

ねらい：みんなの拍手を聞くことによって変化した文子の、こころを通して、温かい人間愛の精神を深め、他の人々に対して、感謝と思いやりの心を持つ道徳的心情を育てる。

〈本時のねらい〉：耳が不自由な母への担任教師の配慮への気づき、それを包む温かい周囲の拍手等で変わる文子の姿を通して、温かい人間愛の精神を深め、他の人々に対して思いやりの心を持つ道徳的心情を育てる。

〈あらすじ〉

中学の入学式を無事に終えた学級担任の鈴木先生は、ある重要な事柄を忘れていた自分のうかつさに茫然とする。それは、受け持ち生徒である星野文子の母親の耳が聞こえないという連絡が小学校からあったにもかかわらず、入学式の当日、星野の母に対して十分な配慮と対処ができなかったことである。

やがて授業参観の日がやってきた。小学校では、文子の母親の耳が聞こえないことをほとんどの友人が知っていたが、入学当初の中学校では、母親の状況を知らない人の方が多かったために、文子自身は、母親に授業参観に来てもらうことをためらっていた。

さて、授業参観の日はいつもの自分の教室とちがって、パソコン教室で行われた。文子は母親を探したが姿がみえないので、少し寂しい思いをしていた。その日の授業は道徳だった。鈴木先生は「一冊のノート」という読み物資料をその日のために選んだ。資料の範読が終了すると、鼻をすすり上げる音がかすかにした。「主人公のぼくが、おばあちゃんと並んで草取りを始めた時、ぼくは心の中で、どんなことをおばあちゃんに語りかけていたのだろう？」と鈴木先生が発問した直後、白いスクリーンに、鈴木先生の言葉がそのまま映しだされた。「おーっ！」という声が教室から湧き上がり、廊下に立っていた星野文子の母もまた食い入るようにスクリーンを見ていた。

鈴木先生の気持ちに応えようと、文子は小さな声ではあったが質問に応答したことをきっかけにして、クラスはいつもの活発な道徳の授業の雰囲気を取り戻した。発言は次々とスクリーンに文字となって表れた。最後に保護者にも授業で考えたことをパソコンに書き込んでほしいと鈴木先生は促した。文子の母親は「今日は、耳の聞こえない私も一緒に考えることができて楽しかった」という旨の文章を打ち込み、それがスクリーンに流された。一瞬の沈黙の後、突然拍手が起こり、続いて教室中が拍手に包まれた。

（イ）本資料の中心発問について

中心発問は、「ここでの〈ありがとう〉は何に対してのありがとうですか？」となる。それに対して予想される答えは、

・先生に対しては、配慮、優しさ、思いやり、気配り、工夫、授業の進め方に対して。

・お母さんが皆に認められた事への感謝の念。

・教室中の拍手に対しては、皆がわかってくれた。皆が優しくしてくれた。

・場の空気：クラスの中にある温かい雰囲気に対して。

・文子→先生、母、クラスの皆への思いやり。母→クラスの皆、先生、文子への思いやり。先生→母、文子、クラスの皆への思いやり。

やはりこの資料でも、「鈴木先生・文子・文子の母親・クラスの皆」のそれぞれの思いやりが、「スクエア」（四角）の形で相互に行き来して、クラスの皆の心を打ち、学級という空間が、「道徳的な温かい〈場〉」に変化していくことに気づかせる読み物資料になっている。結果的に、教室中を温かい場に変化させたことに気づかせることが大切である。

さらに付け加えるならば、本資料は、以下の新しい学習指導要領の項目と深く関連している。中学校学習指導要領解説道徳編（平成二〇年）の「2　道徳教育改訂の趣旨[(3)]改善の具体的事項の（キ）」において、「社会における情報化が急速に進展する中、インターネット上の『掲示板』への書き込みによる誹謗中傷やいじめといった情報化の影の部分に対応するため、発達の段階に応じて情報モラルを取り扱う。」（七頁）とある。

上記の情報化社会でのパソコン等の否定的な面ではなく、むしろ積極的な情報機器の活用を例示しつつ、しかも学

級という空間が、「道徳的な温かい〈場〉」に変化していくことに気づかせる読み物資料になっているところに、この読み物資料の際立った特徴があると考えられる。その意味で、それと同時に本資料だけでなく、他の読み物資料も含めて、意欲的に自作資料の作成にあたっている広島県教科用図書販売株式会社「想いをとどけて」の編集委員会の前向きな企画がなされていることも申し添えておきたい。また「授業参観日」の読み物資料の内容が、道徳の時間という設定でしかもそこで扱われている読み物資料が『一冊のノート』であるという点は、極めて独自な発想で、次の道徳の授業を展開する際に幾重にも可能性の広がるみごとな仕掛けのある読み物資料になっているといえるだろう。

②「バスと赤ちゃん」（中野茂子著）中学生の道徳一　暁教育図書

ここでは、門真市立第六中学校（当時）杉江ゆかり教諭の指導案を紹介してみたい。

（ア）門真市立第六中学校（当時）杉江ゆかり教諭の指導案より

〈主題〉：　よりよい社会　4－（2）

〈ねらい〉：登場人物のそれぞれの優しさに触れ、公徳心及び社会連帯の自覚を深め、より良い社会の実現に努める。

〈あらすじ〉：混雑したバスの中で、泣きだした赤ちゃんをめぐる母親、運転手、乗客が織りなす短い時間ながらも心が温まる内容である。一六年の歳月を経ても筆者の心に強く残る思い出が素材になっている。一二月の寒いある日の出来事であった。私（筆者の中野茂子さん）の乗っていたバスはたいへん混雑していておまけに暖房がききすぎて心地良い状態ではなくなっていた。そのとき、赤ちゃんが大声で泣き出した。次のバス停留所に着いたとき、後方から「待って下さい。降ります」と赤ちゃんを抱いた若い母親の声が聞こえる。そこで運転手さんが「目的地はここですか?」と聞いたところ、母親は小さな声で「新宿までなのですが、子どもが泣くので、ここで降ります」と返答した。それを受けて運転手さんは「どうぞ皆さん、少しの時間、赤ちゃんとお母さんを一緒に乗せて行ってください」とマイクで乗客に呼びかけた。ほんの数秒後に、一人の乗客が拍手し、それにつられて、バスの中全体で拍手が起こることになる。母親と乗客への配慮、運転手の母親と赤ちゃんへの思いやり、そして乗客全員の温かい心と思いやりの連鎖が充満した資料となっている。

この読み物資料のすばらしさが読み手に伝わるのは、バスの中の人々の「思いやり」が充満しているからであり、そのことが、気配や雰囲気として授業を受ける子どもたちにも十分に理解できる点にあるだろう。つまり、「お母さん・運転手さん・乗客」のそれぞれの思いやりが双方向で「トライアングル」(三角形) を形成している。ボルノーの言葉を援用すれば、まさにこうした状況を、主客未分の「場の雰囲気」というのだろう。本資料は、「バス」という狭くて居心地の悪い空間が人々の善意の思いやりによって「道徳的な温かい〈場〉」に変化していくことに気づかせる読み物資料になっている。結果的に、バスの中を温かい場に変化させたことに気づかせることが道徳の授業の中で大切になる。

（イ）本資料の中心発問について

本資料の中心発問は「この光景を思い出すと今でも目頭が熱くなりジーンとしてしまうのは、どうしてなのだろう?」となる。あるいは「バスに乗っていた人たちの拍手にはどのような気持ちが込められていたのだろうか?」でもよいだろう。

それに対して予想される生徒の答えとしては

・運転手さんの気配りに対して優しさを感じる。
・乗客のあたたかさに嬉しい気持ちになる。
・お母さんのほっとした顔が忘れられない。
・バス全体が優しい雰囲気に包まれていたから。
・お母さんも、運転手さんも、乗客もお互いが思いやっていたから。
・母親と赤ちゃんが降りなくてよかった。

・お母さんの心遣いと運転手さんのやさしさ。
・皆が相手のことを考える思いやり。
・皆の心が一つになったこと。
・お母さん、一緒に乗っていこう。
・赤ちゃん、皆歓迎しているよ。

等が考えられ、そこに焦点を当てていけば、「思いやり」の心を持ち、相手の立場に立って親切にしようとする道徳的心情を高める授業を展開することが可能となるだろう。

第五節　まとめと今後の課題

第二分類の「道徳的な温かい〈場〉」が形成される読み物資料について、理論編と実践編という側面から考察を進めてきた。第二分類の「道徳的な温かい〈場〉」が形成されている資料は、「登場人物の道徳的変化がない資料」のことで今回、実践編で取り上げた資料はすべてこの条件を満たしているものであった。

理論編では、「道徳的な温かい〈場〉」が、いかにボルノーの指摘する「高揚した気分」や「安らいだ気分」、すなわち、感謝、思いやり、信頼等の情感に包まれる中で展開されているかを傍証してきた。その際には、実存的教育論の適応範囲と限界についても論ずることによって、むしろ、「道徳的な温かい〈場〉」の特徴が明確になったと思われる。

実践編では、まず小学校の読み物資料「すてきなおくりもの」を考察した。そこでは、「バイクのお兄さん・トラックのおじさん・お父さん（＝まり子さん）」の思いやり、信頼と感謝の「トライアングル」（三角形）が形成されており、雨の寒い山道という空間が、「道徳的な温かい〈場〉」に変化していくことに気づかせる読み物資料になっていた。次の中学校の「授業参観日」でも、「鈴木先生・文子・文子の母親・クラスの皆」のそれぞれの心遣いと感謝が「スクエア」

〈四角形〉を形成し、学級という空間が「道徳的な温かい〈場〉」に変化していくことに気づかせる読み物資料になっていた。さらに「バスと赤ちゃん」でも、運転手が「どうぞ皆さん、少しの時間、赤ちゃんとお母さんを一緒に乗せて行ってください」とマイクで乗客に呼びかけたほんの数秒後に、一人の乗客が拍手し、それにつられて、バスの中全体で拍手が起こることになる。母親と乗客への配慮、運転手の母親と赤ちゃんへの思いやり、そして乗客全員の温かい心と思いやりという「トライアングル」（三角形）の連鎖が充満した資料となっていた。この三作品に共通する特徴は、登場人物が良い人ばかりで、登場人物の周囲の「場の空気」が道徳的に良い内容に変化している事例であるということだった。そうした事象を、ボルノーのいう「高揚した気分」や「安らいだ気分」、すなわち感謝、思いやり、信頼等の情感に包まれる中で展開されているかを傍証してきた。

このように「道徳的な温かい〈場〉」をボルノーの気分論・雰囲気論という切り口から考察してきたのだが、今後の課題としては、本来、横山利弘はこれを西田幾多郎の「場の論理」概念を念頭に置いて構想しており、この方面の哲学的考察は不可欠のものと思われる。今後、着手するべき課題の一つであることを指摘して本論を終わることとする。

［なお、本論文は、日本道徳教育学会第七七回（平成二三年　春季大会　於：長崎大学　平成二三年七月三日）で個人口頭発表したものに加筆訂正したものである。］

第十一章　フランクル思想の「良心」論から道徳読み物資料における「良心」を考える

問題の所在

本章で目指すべき目的は、道徳の読み物資料全体の解釈ではなく、読み物資料解釈の中核となる道徳的価値やその考え方の根拠となる部分を、主としてフランクルの思想に関連させせつつ論ずることである。たとえば『中学校道徳読み物資料集』のなかの「仏の銀蔵」[1]という読み物資料解釈において、農民が「お天道様が見てござる」というときの「お天道様」とはどのようなものなのか、という点に絞って哲学的に考察してみるということである。中学生たちの予想される答えとして「神様」とか「良心」という返答がでてくるのだが、それではここで言われる「神様」とか「良心」という概念一つを取り上げてみても、教師が正確にそうした概念を理解し把握しておけば、さらに深い道徳の授業が可能となるだろう。ここではこのような点に着目しつつ、道徳的なキーワードの一つである「良心」についての哲学的根拠をフランクルの思想に学びつつ論じていくことにする。

筆者は長らくフランクルの思想研究に従事してきたが、もう一つの専門領域である道徳教育の「道徳読み物資料」の分析に携わる中で、フランクルの思想と共通する考え方が数多くあることに気づくようになった。近年、文部科学省から刊行された『私たちの道徳　中学校』[2]の「名言集‘saying’」のなかにもフランクル自身の言葉「人間が生きることには、常に、どんな状況でも、意味がある。」[3]が引用紹介されているほどである。

また最近の高校倫理の教科書『改訂版　高等学校　倫理』[4]には、フランクルの主著の一つ『それでも人生にイエスという』の原文が五百字程度も引用されて、フランクルの思想が紹介されている。そこでは、本能だけで生きる動物と違い、人間は生きることの意味を考えたり求めたりする精神的存在であることが記述されている。道徳の教科化に伴い、高等学校では道徳の時間は設定されていないものの、倫理等の科目で高等学校でも道徳教育を展開することがさらに検討されている。そうした教育改革のさなかで、高等学校教科書でのフランクル思想の紹介という動きは、いかにフランクル思想が日本の道徳教育にとって有益かということを証明するものに他ならない。小論の中心主題と深く関わるため、全文を引用してみたい。

「そのときそのときに、どういうやりかたであっても、人生を、瞬間を意味のあるものにするかしないかという二者択一しかありません。ですから、そのときそのとき、どのように答えるか決断するしかありません。けれども、そのたびに、まったく具体的な問題が人生から私たちに出されています。（改行）この事実から、こうしたすべてのことから次のことがわかります。人生はたえず、意味を実現するなんらかの可能性を提供しています。ですから、どんなときでも、生きる意味があるかどうかは、その人の自由選択にゆだねられています。人生は、『最後の息を引き取るときまで』意味のあるものに形づくることができるといっていいでしょう。人間は、息をしているうちは、人生が出す問いに、そのつどそのつど答えていくという責任をになっているのです。それは、人間存在とは意識存在、責任存在にほかならない、という人間存在の重要な根本事実を思いだせば、なんの不思議もないことです[5]。」

このような事例からも、フランクルの哲学思想は日本の道徳教育にとっても、きわめて密接なかかわりにあることが窺われる。フランクルの思想は人生の意味を問い、人生の生き方やあり方を問うことが重要な視点となっており、日本の道徳教育のめざすべき方向と深く関連していることは言うまでもない。本章で取り扱う主たる「道徳読み物資料」は、先の「仏の銀蔵」、「吾一と京造」「銀色のシャープペンシル」である。そして結論部で、上述したフランクルの引用文がここで紹介する読み物資料とも深く関連していることを傍証して結論に代えたい。

第一節　「仏の銀蔵」における良心の道徳的解釈

1.「仏の銀蔵」の中核となる道徳的価値

「中学校道徳　読み物資料集」に収録された資料「仏の銀蔵」の内容の要約を手短にしておこう。高利貸しの銀蔵は厳しい借金の取り立てをするため、村人から「鬼の銀蔵」と恐れられていた。ある日、銀蔵はひょんなことから借金の証文をカラスに取られてしまい、証拠がないことから取り立てができなくなってしまう。村人も銀蔵の手元に証文がなくなったことをいいことに借金を返さなくなり、銀蔵は窮地に陥ることになる。そんなとき、「二〇両用意すれば証文が手元へ戻る」という誘いを受けてその指示に従うものの結局、証文も二〇両も戻らずに高利貸しができなくなり、銀蔵は生活にも事欠くようになってしまう。しかし不思議なことにしばらくすると、村人たちは銀蔵の手元に証文がないことを知っているにもかかわらず、銀蔵になぜか借金を返し始めたのである。「貧しいが盗人にはなりたくねえ。」「お天道様が見てござる。」と村人は語り、銀蔵も、その村人の言葉に「そうか、お天道様か」と気づくことになる。

京都府船井郡京丹波町立瑞穂小学校教頭の中舎良希に従えば、読み物資料「仏の銀蔵」での道徳的学びの中心は、証文がなくとも借金を返済するようになった村人の「良心」であることはまちがいない。この村人の「良心」に触れて自らの内なる規範に気づき道徳的に変化する銀蔵の姿を共に考えることが、道徳の授業の核となる。道徳的に変化する銀蔵の姿を通じて、内なる規範や良心に従って生きようとする人間の道徳的実践意欲を高めることが道徳のねらいとするところである(6)。

銀蔵が証文綴りを失ったために、銀蔵は取り立てができないだろうと高(たか)を括(くく)って借金を返さなかった村人が、やがて借金を返し始めたのである。「お天道様に見られている」との認識は、自分たちがうそをついてごまかしていること、お金を返さないで泥棒と同じことをしていること、銀蔵の苦難を面白がり喜んでいたこと等の行為に対して生まれると、子どもたちは考えるようになることが予想される。さらに一歩踏み込んで子どもたちは、もう少し内面的な意味で「お天道様が見てござる」と言う可能性もある。それは、村人たちは、こうした自分たちの倫理的なあやまちを振り返り、生き方を変えて反省するなかで「内なる規範・良心」の存在に気づきそれに従って行動しようとした、という考えからの発言が予想されるのである。同様に銀蔵もその村人の言葉に呼応する形で「そうか、お天道様か」と気づくことになる。証文を楯にして、これまで厳しい取り立てをしていたこと、村人の生活を考えずに自分のことばかりを考えていたこと、証文さえあれば何をしても良いという自分の一人よがりな考えがあったこと等に思いをはせることができたのである。(7)

それでは、ここでいう「お天道様」とは本質的に何を指し示すのだろうか。またそれとの関連で「内なる規範・良心」とはどういうことなのだろうか。中舎良希によれば、お天道様とは「神様」「良心」であるという答えが子どもたちからでてくると指導案等で指摘している。あるいは、自分の「良心」とは人間に「内在」するものであり、自分のなかに「規範」があることという考え方も成立する。さらに中舎によれば、証文綴りがあれば取り立てられるが、なければ取り立てることはできないと考える銀蔵は、徹底的に証拠主義（適法主義）の立場をとるとも指摘している。ここでいう神様とは、カント（Immanuel Kant,1724-1804）がいうところの「超越」という哲学的解釈に依拠している。またルソー（Jean-Jacques Rousseau,1712-1778）に即して言えば、これは人間に「内在」するものであり、自分のなかに「規範」があるという考え方も成立することになる。(8)あるいは世間の目という観点から言えば、日本的文化である恥の文化としても説明可能であろうが、(9)しかし逆に現代の日本社会ではむしろこうした考え方は薄れてきているのも事実である。いずれにせよ、外からの規範に合わせても、自分が本当に納得したときに真の規範意識が生ずるのである。つまり規範意識は、「外から出てくるもの＝守らせるもの」ではなく、「自分の内から出てくるもの＝守ろうとするもの」でなければならない。

2．フランクルが理解する人間の「良心」と「超越性」

それでは先に述べた道徳上の「良心」の問題について、本節ではフランクルの思想を中心に「仏の銀蔵」の良心理解との関連で論を展開していくことにする。「人間の超越性は責任性のなかに示されている[10]」とフランクルは明確に述べているがそれの意味するところは、人間とは日常生活のなかで現実化する「責任」を持つ存在であるということである。こうした人間の「責任存在」という自覚の根底に「良心」を見出したフランクルは、「良心を、無意識的な心理衝動であるリビドーのなかから生まれてきたとする、力動心理学の考え方を否定している。つまりそれは、精神的意識の深み（中略）から自然にその人の意識のなかに浮かんでくる『汝、何々すべし』という厳しい良心の声である[11]」。と説明している。

フランクルが自ら樹立した「実存分析」（ロゴセラピー）の立場からすれば、この「良心」は直観的かつ絶対的なものであり、さらに無意識的で非合理的なものと言えよう。この意味でも、「良心」とはカント流の命令的な意味での普遍的な道徳法則にとどまらず、むしろ「ある特定の人の具体的な状況に適用される個人的な道徳法則である。しかし、同時にまた、良心は、超越的な一つの契機である[12]」。（傍点筆者）

フランクルに従えば、ロゴセラピーにおいて人間の「実存分析」は次の三つの発達段階に区分されるという。第一段階では、人間が「責任存在」であることが現象学的分析によって発見され、第二段階ではその現象学的分析によって、精神的無意識の内に存する「良心」が見出され、それが人間の「責任存在」の根拠になる。そして第三段階では、宗教的超越が明示されることになるがここではテーマを超え出るためにこの領域は扱うことはできないので別の機会にゆずりたい[13]。

こうしたフランクルの良心についての考え方を先の「仏の銀蔵」に当てはめてみると、以下のように言えるだろう。「貧しいが盗人にはなりたくねえ」「お天道様が見てござる」と村人は語り、銀蔵もその村人の言葉に「そうか、お天道様か」と気づくことになる。「仏の銀蔵」での道徳的学びの中心は、証文がなくとも借金を返済するようになった村人の「良心」であった。この村人の「良心」に触れて自らの内なる規範に気づき道徳的に変化する銀蔵の姿を共に考えることが、授業の核となる。道徳的に変化する銀蔵の姿を通じて、内なる規範や良心に従って生きようとする人間の道徳的実践意欲を高めることがこの資料を使った道徳の時間のねらいとするところである。

それとの関連でフランクルに従えば、人間の責任性は、超越的な良心からやってくるという。なぜならフランクルは「責任存在」という人間の自覚の根底に「良心」を見出しているからである。だからこそ、「お天道様が見てござる」という超越的な良心に関わる表現が道徳の読み物資料においても中心的課題となるのである。フランクルに従えば、人間の自由な存在を解明するには「実存性」で十分対応できるが、もう一段高い人間の責任ある存在を理解するためには、人間が良心を所有するという「超越性」にまでさかのぼらなければならないとフランクルは考えた[14]。

特定の宗教の立場に立たなくとも、われわれ人間は悪いことを避けてよいことをしようと欲する宗教的「良心」を皆が持っているのであるが、なかなかそれが前面に現われにくい。その意味でフランクルの主張に従えば、すべての人間（無神論を主張する者も含めて）が良心、つまり宗教的超越であるところの「無意識の神」とつながっていると も言えるだろう。

第二節 「吾一と京造」における良心の道徳的解釈

1．「吾一と京造」の道徳的価値

「吾一と京造[15]」は周知のごとく、山本有三著『路傍の石』の一節である。吾一たちを含む近所の子どもたちは毎朝、京造の家に集合してから登校することになっていた。ある朝、寝坊をしたために集合場所になかなか来ない秋太郎のせいで、仲間全員が学校に遅刻するかもしれない状況にあった。吾一は遅刻したくないと考えるが他方、京造は友だちである秋太郎を待ってやろうとする。吾一と京造の両者の状況への対処の決定的なちがいから、吾一の心の中に葛藤が生ずることになる。学校に遅刻したくないという決断を下し、やむをえず先に一人で学校へ走り出した吾一の態度はある意味では当然の判断であり、誰にでもある心情でありけっして責められないものではないことを生徒に理解させることは大切なポイントである。

そのうえで吾一とは対照的に、京造のとった行動は、友人を迎えに行くために学校に遅刻し、結果的に校則を破ってしまうこともやむをえない決断という点で全面的に肯定されるものでないものの、しかし友達に対する思いやりある行為という点では高く評価できることを押さえることが重要である。さらに友だちのために遅刻したことを教師に対して全く言い訳をせず、たとえ教師から教室の前に立たされるという罰を与えられようと、自らの信念を曲げようとしない京造の心のあり方も扱われるべきであろう。何も悪いことをしていない吾一が、それでも京造に対してどうして後ろめたさを感じ、彼の心が「草の葉のように揺れる」のだろうか。そうした吾一の心情を深く掘り下げながら、真の友情の意味を考える資料である。

ところで貝塚市立木島小学校の川崎雅也校長（当時）の道徳学習指導略案等[16]に従えば、「吾一の心は、草の葉のように揺れていた」という箇所で、吾一はどんなことを考えていたかを子どもたちに問うことが中心発問となる。吾一は、京造の考え方が自分とは全く違うことを感じているものの、それがどうしてなのかが理解できていなかった。自分は何も悪いことをしていないにもかかわらず、京造の目をまともに見られないのはなぜなのか。京造は登校時刻に遅れて先生に罰として立たされているにもかかわらず、どうして正しいことを選択した自分の方が目を伏せないといけないのか、心が草の葉のように揺れていたのである。

京造は「じろっと、教壇の方をにらんだが、すぐ姿勢を正しくして、きりっと立った。」ここには、遅刻したことへの責任の表現とともに、この遅刻には自分なりの信念があることを示しているとも解釈することができるだろう。また担任教師は事の事情の本質を把握しておらず、ある意味で京造の実存的在り方は教師の存在を越えた道徳性を含みもつとも言えるだろう。しかしいったいどうして京造は秋太郎を迎えにいったのだろうか。秋太郎をほっておけなかったからなのか、自分の友は自分が守るという誇りがそのような態度をとらせたのだろうか。いずれにせよ京造は、人として一切の弁解はしないという決意や、自分のとった行為はまちがっていないという信念を貫きとおしたのである。ここで川﨑は先の指導案の中で、京造の凛とした姿を浮き彫りにしたうえで、吾一の心が草の葉のように揺れている二人のちがいを指摘したうえで、「友情」について考えさせる提案をしている。

2. フランクルの理解する真理論・良心論

上述の読み物資料「吾一と京造」の道徳的主題を考えるヒントがフランクルの思想の中にも散見されうる。フランクルは真理の客観性について論じている箇所で、われわれが出会う具体的な状況はそのつど意味を持つという客観性を信じている。その客観的な真理性と価値性は、それが特定の人と特定の状況に対して相対的であるという意味で、いつでも相対的でしかないと述べている。[17] カール・ヤスパース（Karl Jaspers,1883~1969）[18] はかつてそのことを美しく次のように表現した。ひとつの価値が普遍的に有効であればあるほど、その価値はそれだけいっそう首尾一貫性と拘束力を失う、と。たとえば「十戒」（旧約聖書、出エジプト記二〇章一～一七節。申命記五章一～二一節）は次のように言う。「なんじ盗むなかれ。なんじ偽証するなかれ。なんじ隣人の家をむさぼるなかれ」等々。

ところで十戒のこうした価値は、すべての人間に前もって与えられた一般的な価値であるが、われわれはいまやヤスパースとともに、十戒は時おり拘束力を失うことがあると言わざるをえなくなる。なぜなら、十戒は普遍的で絶対的であり、また絶対的であることを欲するために、それが故に具体的な状況の相対性をなおざりにするからである。フランクルはここでひとつの実例を紹介している。強制収容所で具体的な状況の意味とは、フランクルたちが「調達する」と呼んだもの、すなわち一個の石炭と二個のじゃがいもを盗んだことであった。そのことに成功した者はだれも誇らしく思い、自分が「不道徳」だとはまったく感じなかったという。したがって盗みということも相対的にしか問題にならないということであり、事情によっては、「状況の意味」がわたしに盗むことを要求することもあり得る

ということである。(19)

これを「吾一と京造」の読み物資料に当てはめて考えてみると、先に筆者は、京造のとった行動はあえて遅刻するという校則破りの行為を選択するという点で全面的に肯定されるものでないものの、友達に対する思いやりの深さとしては高く評価できる点を押さえることが重要であると論じたが、この点に深く関連してくるものと思われる。つまり、フランクルは強制収容所の経験で、仲間の生存のためには「盗み」ということも相対的にしか問題にならないということであり、事情によっては、「状況の意味」がわたしに盗むことを要求することもあり得ると述べている。こうした道徳的状況も受け入れられることがありえるならば、京造はあえて遅刻という校則無視をしてでも友人を見捨てないという選択をとったことにより、それが京造にとっての「道徳的状況の意味」であったと解釈することが許されるだろう。

「なんじ偽証するなかれ」に対するもうひとつの実例をフランクルは紹介する。これはフランクルがヒトラーに抵抗して医師としてユダヤ人を安楽死から救うことに成功した事例である。当時、ユダヤ人統合失調症患者を収容しないようにせよとのナチスからの命令がすべての病院長に言い渡されていた。大学精神科病院に運ばれたユダヤ人患者はすべて即座にユダヤ人老人ホームへ移され強制収容所行きとなるシステムになっていた。しかしフランクルと彼の友人オットー・ペッツル教授（当時ウィーン大学附属精神科病院の院長）は、暗黙のうちにフランクルと取り決めをして、できる範囲でナチスに対して抵抗していた。フランクルは統合失調症を脳卒中による言語障害に、またうつ病を熱譫妄（ねっせんもう）と書き換えることで彼自身、医師として危険に身をさらしていたものの、ユダヤ人患者の多くのいのちがそのことによって救われたのである。つまりフランクルは「偽りの診断書」を交付したことになるのだが、もしそうしなかったなら、「道徳」に反していただろうとフランクルは述懐している。(20)

ここでも第一節で語ってきたフランクルの良心論が見事にあてはまるだろう。なぜなら、フランクルの立場からすれば、この「良心」は直観的かつ絶対的なものであり、さらに非合理的なものであるがゆえに、この「良心」はカント流の命令的な意味での普遍的な道徳法則ではなく、むしろある特定の人の具体的な状況に適用される個人的な道徳法則であり、同時にまた、その良心は超越的な一つの契機ともなるからである。[21]

われわれはフランクルが提示するもう一つの事例を紹介してみたい。フランクルとの対談者であるラピーデ（Pinchas Lapide.1922-1997）が提示する以下の事例である。二たす二は四というのはひとつの真理であり、だれもこころ煩わされたり、反論したりしない真理であり、だれも心かき乱されることのない真理である。すでに二〇〇〇年も前にユダヤ教の宗教的指導者であるラビたちの語りを要約すると次のようになる。おまえのいのちも含め、人間のいのちを救うために、ほかのすべての戒律を破ることが許されている、というのではなくて、救うためにおまえは破るべきである。おまえは神の似像（にすがた）として創造されたのだから、と。[22]

それとの関連で、教皇ヨハネス二十三世（Johannes XXⅢ 1881-1963、在位 1958-1963）[23]は、フランクルと同じ行為を為したとラピーデは報告している。かれは、世界大戦中に教皇使節としてトルコにいたときに、バチカンのすべての規則に反してユダヤの権威者たちに何千もの未記入の洗礼証明書を与えたのである。その証明書のおかげで何千ものユダヤ人の子どもたちをブルガリアやルーマニアから救い出すことができたのである。すべての通達や法規や規約に反して、後の教皇ヨハネス二十三世はナチスに抵抗したのである。しかし戦後かれがそのことで非難をうけることも処罰されることもなく、新しい教皇に選出されたのは、かれが犯したこの高貴な「非真理」と無関係ではないかもしれない。「二かける二は四」というのは、算数の真理であって、実存的な真理ではない。[24]

フランクルとの対談の中でラピーデはこの良心、あるいは自己超越に関連した真理、つまり他者のために自己の使命を奉げるという行為に、いっそう照明をあててくれるかもしれない短いラビの寓話をラピーデは紹介している。それは次のような話である。義人のひとりが死後にあの世へ行くと、まずある食堂に案内された。そこでは多くの人たちがテーブルの周りに座っていた。たっぷりの食事がテーブルいっぱいに並べられていたにもかかわらず、かれらはやせ衰え、あばら骨が数えられるほどで、餓死寸前の状態だった。いったいどうしたのだろうか。かれらはそれぞれ三メートルの長さのスプーンを持っていたが、それを使って食べ物を自分の口に入れることができず、向こう側の隣人に食べさせることしかできなかった。かれらはそうするくらいなら、むしろ餓死したほうがましだと考えていた。続いてその義人は部屋三つだけむこうの別の食堂に案内された。そこでもまったく同じテーブルに同じたっぷりの食事が並べられていた。テーブルの周りには同じ長さのスプーンを持って若干の人たちが座っていた。かれらはよく肥えて楽しそうに歓声を上げていた。それぞれがほかの人に食べさせていたのである。天使はその男に言った。これが天国だ、と。先にあなたがいたところが地獄だった、と。[25]

このラビの話を聞いて、フランクルは以下のように応答している。「スプーンは志向性ですね？　なんじは自分自身を志向できず、自分ではない或るものしか志向できません。しかし相互性を通して人間の実存が可能になります。なぜなら、なんじはふたたび他のひとたちによって超越的に志向されるからです。こうわたしは言いたいです[26]。」

筆者は最近、これをもとにした道徳の読み物資料を偶然目にして少なからず驚いた。しかもその読み物資料の作者は、筆者が日頃から共に道徳の勉強会で学んでいる仲間の一人、藤井裕喜教諭だったからである。京都市立大宅中学校の藤井裕喜教諭の自作資料「地獄レストラン[27]」は短いのでそのまま引用する。（すでに著者には転載許可を得ている）先のラビーデの話しと比較していただきたい。

「地獄のレストラン」（藤井裕喜教諭の自作資料）

男は待たされていた。

実はこの男、先ほど死んだばかりで、三途の川を渡り、かの有名な閻魔大王様に面会にうかがっていうところであった。

しかし、今日はどうも、来客が多いらしく、なかなか面会の順番がまわってこない。まあ、そんなに生きている時に悪いことをしたわけでもないから、「地獄行き」ってことはないだろうと思ってはいるが、待たされるのはあまり好きではない。そうのこうのと思っているうちに腹がへってきた。

そんな待合い客のために、ここにはレストランがあるらしい。男は、ものの試しに入ってみようと思った。

店のものに案内されて中に入ったが、どうも、このレストランは二つの部屋があるらしい。しかし、店の外からでは中の様子はどうもわからない。


「地獄の部屋と天国の部屋どちらになさいますか。」

こう聞かれると、二つの部屋の違いが聞きたくなる。地獄ではきっとおそろしい食べ物がでてくるにちがいない。男は、興味半分に店のものに聞いてみた。

「地獄の部屋と天国の部屋とどうちがうんだい。」

「いえ、食材もお出しする料理もまったく一緒です。部屋の大きさも一緒ですし、お値段も一緒です。ただ、少し召し上がって頂くときに、ルールがありますが、これもどちらとも同じです。お好きな部屋にお入り下さい。」

こう言われると男は、なぜか地獄の部屋の方に興味がそそられた。入ってみて、やばくなったらすぐに逃げればよい。それに地獄って所も一度は見てみたい。男は地獄の部屋を指定して入ってみることにした。


部屋の前にくると、中からおそろしい声が聞こえる。どうもたくさん人がいるらしい。それぞれ、相手をののしりあうようなひどい言葉がくりかえされている。まさに地獄の部屋って感じだ。いったいどんなものを食べているのだろう。男はおそるおそる部屋の扉を開けた。

部屋はかなりせまかった。しかし、それ以外はいたって普通に見えた。丸いテーブルがあって、イスがあり、料理が並べられている。ちがうところと言えば、お客が1メートル以上はあるかと思われる長い長いおはしを使っているところだ。しかし、これが困ったことである。このおはしを使って、料理をつまんでも、自分の口に入らないのである。短く持てば、かべに当たって、うまくいかない。となりの客に食べ物をこぼしたりして、おまえが悪い。おまえこそ悪いとののしりあい。せっかくの料理があってもここの部屋の人たちはいっこうに食べることができないようすで、いらいらしているのである。これでは確かに地獄である。男はめだたないようにそそくさとこの部屋を出た。

それでは、天国の部屋はどのようなものであろうか。男はそちらの部屋に近づいた。部屋の中からは今度は楽しいそうな声が聞こえる。確かに天国のようだ。しかし、ルールは同じということだから、きっとあの長いおはしを使うのであろう。男は、そっと部屋に入った。

やはり地獄の部屋と同じつくりである。せまい部屋にまるいテーブル。同じ料理で長いおはしである。しかし、ここのお客はみんな料理を楽しく食べていたのである。

「さあ、さあ、どうぞ、」

「あなたからどうぞ」

なんとここのお客は、自分のおはしで自分の口に入れるのではなく、向かいの人に料理をとって食べさせているのである。うまいこと考えたもんだ。そうすれば、長いおはしでも、壁に当らずに上手に食べられる。料理がこぼれたと言ってけんかすることもない。だからみんな笑っているのだ。

なるほど、地獄の部屋と天国の部屋。まったく事情が一緒だが、確かにちがっている。「長い長いおはしかぁ。」男はおはしを持つしぐさを繰り返しながら、料理も食べずにうんうんとそっとうなずて店を出た。

そして、男は、

「おれも一つやってみるか」

と晴れ晴れしとした顔で歩いて行った。

「教室がシーンとなる〝とっておきの話〟100より、参考」

「料理も食べずにうんうんとうなずいて、どんな思いでそっと男は店を出たのだろうか。」という藤井教諭の作成した中心発問に対して、ある中学生は「相手のことを考えると天国になるんだ。」と発言しているが、これはまさにフランクルが指摘した「志向性」を見事に言い表わした好例と言えるだろう。つまり、自分のことばかりを考えていると結局、長い箸がじゃまになって食事をとれないことになる。結果的に自己中心的エゴイズムの生き方で地獄を象徴しており、そうした心の在り方では自己超越的な良心を育むことはできなくなるのである。続いて、「・相手を思い合うのっていいな。・こういう仲間ってすてきだな。・自分のことばかり考えていてはだめ。・相手のことを考えると天国になるんだ」等の予想される中学生の答えは、まさにフランクルのいう志向性、自己超越的良心の思想を見事に反映しているとも言えるだろう。

第三節　「銀色のシャープペンシル」（木下一作）の良心論

1．「銀色のシャープペンシル」の主人公の道徳的変化について

次に、われわれは横山利弘著『道徳教育、画餅からの脱却』[28]に従いつつ、「銀色のシャープペンシル」[29]の内容を要約してみよう。何気なく拾ったシャープペンシルを使っていたら、実は友人の持ち物であることが判明した。「取ったのか」と指摘されて、行きがかり上、「自分のものだ」とうそをついてしまったことから事件に発展していく。事の起こりを友人のせいにしながら、持ち主のロッカーにシャープペンシルを突っ込んで事態を収めようとした主人公。これでごまかそうとしていたところへ、シャープペンシルの持ち主から電話がかかってきて、主人公は嘘をつらぬこうと決心していたのだが、むしろ逆にその友人が主人公に謝罪してきた。主人公は慌ててどう返事をしてよいかわからないまま電話を切るのだが、そのあと、主人公は本当のことを言うのか、あるいは黙って真実にふたをしたままや

り過ごすのか、まさに自身の内に天使と悪魔の壮絶な戦いがくりひろげられることになる。その直後、「お前はずるいぞ」という主人公自身の「良心」の声を聞き、主人公は友人にようやく謝罪する決心ができ、そして道徳的に良い方向へと生き方を変えることができるようになる。[30]

横山利弘の言を借りれば「このシーンに、主人公が良心の声に促され決心したことをみいだすことができます。（改行）真に深い反省は、このようにして自分の過去を振り返り、根こそぎにこれまでの生き方を問いつめてくる。自己の内なる良心の声こそが、哲学者カントも言う、『この世の崇高な導き手』なのです。（改行）よってこの資料の中心は、人間の醜さと、それを克服する強さ気高さを、人間ならば誰もがもっていることを知ることにあるということなのです。（改行）これは友人を裏切るとか裏切らないという友情の話ではないのです。[31]」とある。

主人公が本当のことを言うのか、あるいは黙って真実にふたをしたままやり過ごすのか、まさに主人公自身の内で壮絶な葛藤が展開された直後、「お前はずるいぞ」という自らの内にある良心の声が聞こえてくることになる。そのことによって、主人公は生き方を変えるのであるから、ここで資料の中核になるのは「自分自身の内面の良心」ということになる。ねらいは、内なる良心の声を自覚し、自分を奮い立たせることで、目指す生き方に近づこうとする心情を育てる、となる。[32]

2．フランクルの道徳的意味論と良心論

フランクルは、「意味」を見つける道具や器官として、人間の「良心」を考えている。すなわち、ユニークな生の状況におけるユニークな意味を見つけさせるものは「良心」以外にはないとフランクルは理解している。ヨーロッパやアメリカ合衆国の多くの人々によって「十戒」がその無条件的効力を喪失してしまった時代に生きているが、「良心」が何千何万のユニークな生の状況における種々の戒律に気づかせてくれる、とフランクルは主張する。今日、教育は、伝統や知識を伝えたりすることだけで満足するだけでなく、自己の「意味」や「良心」に耳を傾ける力を磨くことを、

教育のもっとも重要な任務としまた使命とするべきだと、フランクルは強調している。[33] このような観点は現代の日本の教育現場で、再考するべき極めて重要な教育課題であり、まさに「道徳の時間」で取り扱うのに最適な課題であると思われる。

フランクルは人間と彼の心に内在する「無意識の超越者」との関係を次のように論じている。われわれ人間はたとえ無意識であっても、つねに「超越」を志向しているという。[34] まさにフランクルのこの傍証は、人間は自らの内部に無意識の「天使」つまり、「良心」を秘めているという事実の好例として把握されるべきであろう。「良心」それ自身がこのような「超越」の声である限り、「人間はこの声をただ聴き取るだけのものであって、この声は人間から発せられるものではない」[35] ことが理解できよう。その意味ではフランクルの良心論はカントの良心論を一歩、超越に向かって進んでいるものとも言えるだろう。

このフランクルの「良心」の超越的性格を通して、人間存在、とりわけ人間の「人格」の本質が新たにより深く把捉できないだろうか。というのは、「今や、人間の人格の有する良心を通じて人間の外にある一つの審判者の声が響きわたる（personat）」[36] ことをわれわれは理解するからである。人間が「人格」でありうるのは、超越者からの「呼びかけ」が人間に鳴り響きわたるその限りにおいてであるとフランクルは考えている。そしてその呼びかけが「響きわたる」（personare）場が、すなわち「人格」（Person）としての人間なのである。[37]「響きわたる」（personare）というラテン語の語源が、「人格」（Person）の語源に相当するのは、非常に興味深いフランクルの指摘である。

このフランクルの超越概念としての良心論を「銀色のシャープペンシル」に引き付けて語るならば、主人公は、自己を超えたものからの問いかけに対して、自分の中の天使と悪魔の葛藤を経て、今、友人に謝って本当のことを言わないと、きっと後々まで後悔するという主体的判断をしているのである。どちらを選択するのかとい問いそのものは主人公の内からのものなのか、あるいは主人公の外からつまり人間を超えたところから問いがやってくるのかという問題が存する。フランクルはそれを人間自身の内からではなく、人生あるいは超越者からの問いかけとして把握しているのである。そして主人公は外からの問いかけを主体的に受け止めて、天使が悪魔を退けて、友人におのれの身勝手を謝り、その結果として主人公の人間性が回復するわけで、その意味で、フランクルのいう、人間が「人格」でありうるのは、超越者からの「呼びかけ」が人間に鳴り響きわたるその限りにおいてであるという文言が傍証されることになる。

翻って、われわれ教育者は、はたして真の意味で子どもたちを一人の人間としてみてきただろうか。われわれは彼らを、人間だけに特徴的に見られる、「意味を絶えず探し求める存在」として心底、理解してきただろうか。子どもたちは、探求すべき意味さえ見出すことができるならば、敢えて苦しむことも甘受することもできる存在なのである。そのことが従来の心理学や教育学ではあまり、強調されてこなかったように思える。人は敢えて苦しむことも覚悟の上で、「意味」へ向かおうとするものなのである。(38) このフランクルの考え方はまさに先の「吾一と京造」の中の京造のとった主体的決断とそのままあてはまる事例と言えないだろうか。

フランクルの世界観に従えば、いかなる時、いかなる場合にも、この人生が私たち一人ひとりに問いを発してきている。私たちは本来、「人生から問いかけられている存在」であり、そしてこれこそが「人生の根源的事実」なのである。そうであるならば、時々刻々と発せられてくる「人生からの問い」を正しく聴き取って、正しく答えることに全力を注いでゆくという在り方が、私たちの人生に対する正しい心構えとなる。(39)

結語に代えて

最後の結論として、先の高等学校の倫理の教科書に掲載されたフランクルの文章を、道徳の読み物資料と対比させてどのようにフランクルの思想が読み物資料と共通項を有する道徳性を含み持つかをまとめることによって、結論に代えて論を閉じることとする。

「人間は、（中略）人生が出す問いに、そのつどそのつど答えていくという責任をになっているのです。それは、人間存在とは意識存在、責任存在にほかならない、という人間存在の重要な根本事実を思いだせば、なんの不思議もないことです」とフランクルは述べているが、それとの関連で「仏と銀蔵」を考えると以下のような説明が可能となるだろう。村人たちの立場で考えると、たとえ銀蔵が証文を失くしたからといって、借金をかえさないということは良心に反することになるとし「責任存在」を意識し始めた。こうした自分たちの倫理的な問題を振り返り、責任存在としてのまっとうな生き方をすべきだという反省をするなかで「内なる規範・良心」の存在に気づき、それに従って行動するように人生が出す問いに、そのつどそのつど答えていくという責任をになっている。また銀蔵の立場からも、そうした村人の行動の変化を通して、自分のこれまでのあくどい金貸しを反省し、人生が出す問い（＝村人の態度）にそのつどそのつど答えていき、生き方を正しい方向に変えて、困った人には助けの手を差し伸べるという「責任存在」へと精神的な蘇生を果たしたのである。

さらにフランクルは「そのときそのときに、どういうやりかたであっても、人生を、瞬間を意味のあるものにするかしないかという二者択一しかありません。ですから、そのときそのとき、どのように答えるか決断するしかありません。けれども、そのたびに、まったく具体的な問題が人生から私たちに出されています」と述べている。「吾一と京造」での京造のとった態度は、学校に遅刻し先生から罰を与えられようとも、友を見捨てないという実存的な人生の選択そのものであろう。遅刻せずに学校へいった吾一はある意味ではまっとうな選択をしており、けっして責められるものではない。それなのに、吾一は京造の目をまともに見られなかった。それは、「どういうやりかたであっても、人生を、瞬間を意味のあるもの」にする方を選んだ京造の人間の持つ責任性に圧倒されたからではなかったのか。

また「銀色のシャープペンシル」では、主人公が本当のことを言うのか、あるいは黙って真実にふたをしたままやり過ごすのか、まさに主人公自身の内で壮絶な葛藤が展開された直後、「お前はずるいぞ」という自らの内にある良心の声が聞こえてくることになる。そのことによって、主人公は生き方を変えるのであるから、ここで資料の中核になるのは「自分自身の内面の良心」ということになる。主人公の「ぼく」は友達から電話があって、そのときそのとき、どのように答えるか決断を迫られ結局、「自分がやったのだ」と正直に告白できなかった。その後、「これでいいのか」と良心が葛藤をし始めることになる。この主人公のそのときの状況は、まさにフランクルが言う、そのたびに、まったく具体的な問題が人生から私たちに問いかけられている好例と捉えることができるであろう。この事実から、人生はたえず、意味を実現するなんらかの可能性を提供していると考えられる。どのようなときでも、その人の自由選択にゆだねられており、ここで主人公は、人生が出す問いに、そのつどそのつど答えていくという責任をになって成長することになる。このようにフランクルの思想の核心は、多くの道徳教育の読み物資料と深いところで関連していることが傍証されたものと思われる。

【註】

（1）『中学校道徳読み物資料集』、文部科学省、廣済堂あかつき、二〇一二年。
（2）『私たちの道徳　中学校』、文部科学省、廣済堂あかつき、二〇一四年。
（3）『私たちの道徳　中学校』、名言集'saying'、一〇七頁。
（4）佐藤正英他編著、『改訂版　高等学校　倫理』、数研出版、二〇一一年、八頁。
（5）フランクル著、『それでも人生にイエスと言う』、春秋社、一九九三、一九九八年、四三〜四四頁。
（6）中舎良希著、「仏の銀蔵」道徳指導案略案。および二〇一三年七月一三日、兵庫大学での模擬授業の講義メモ参照。
（7）中舎良希著、前掲書参照。
（8）中舎良希著、前掲書参照。
（9）米国の文化人類学者ルース・ベネディクト（Ruth Fulton Benedict,1887-1948）の主著『菊と刀』によれば、欧米の文化である「罪の文化」に対して日本の文化を「恥の文化」と位置付け、正義よりも名誉を優先させ、個人の道徳心は、他者存在に依存してしまうことを問題として取り上げている。たとえば学校が子どもたちよりも学校の評判を気にする等の傾向は「恥の文化」の一例と言えるだろう。
（10）DonaldF.Tweedie.:Logotherapy and the Christian Faith. An Evaluation of Frankl's Existential Approach to Psychotherapy. Preface by Viktor E.Frankl.Baker Book House, 3Auflagen, Grand Rapids, Michigan 1961-1972.S.61. ドナルド・トウィディ著、武田健訳、『フランクルの心理学』、みくに書店、一九六八年、八七頁。および広岡義之著、『フランクル教育学への招待』、風間書房、二〇〇八年、一三八頁参照。

(11) Donald F.Tweedie,a.a.O.S.62.　邦訳、八八頁。
(12) Donald F.Tweedie,a.a.O.S.62.　邦訳、八八～八九頁。
(13) Vgl.Donald F.Tweedie,a.a.O.S.64.　邦訳、九二頁参照。
(14) 広岡義之著、『フランクル人生論入門』、新教出版、二〇一四年、一一〇頁参照。
(15) 村田昇他監修、貝塚茂樹他編、『かけがえのないきみだから』中学生の道徳一年、平成二一年度、学研教育みらい、一三六～一四〇頁。
(16) 川﨑雅也校長の指導案参照。および平成一一年度岩手県教育研究発表　道徳研究授業　中学校第一学年、平成一二年二月一七日木曜日　花巻市立花巻中学校　第一学年、授業者　岩手県総合教育センター参照。
(17) Vgl.Viktor E. Frankl & Pinchas Lapide.: Gottsuche und Sinnfrage. 2005 by Gütersloher Verlagshaus, Gütersloh in der Verlagsgruppe Random House GmbH, München. S58. フランクル・ラピーデ著、芝田豊彦・広岡義之訳、『人生の意味と神―信仰をめぐる対話』、新教出版、二〇一四年、二一頁参照。
(18) ドイツの哲学者。ハイデッガーと並ぶ実存主義哲学者の代表的存在。「包括者」「限界状況」「暗号解読」等の概念が有名。主著は『哲学』『実存哲学』『真理について』等。
(19) Vgl.Frankl&Lapide. :Gottsuche und Sinnfrage.S.59. 邦訳、二一～二二頁参照。
(20) Vgl..Frankl&Lapide.a.a.O.S.S.59f.　邦訳、二二～二三頁参照。
(21) DonaldF.Tweedie..Logotherapy and the Christian Faith.S.49.　ドナルド・トウィディ著、武田健訳、『フランクルの心理学』、六三頁。および広岡義之著、『フランクル教育学への招待』、一三九頁参照。
(22) Vgl..Frankl&Lapide.a.a.O.S.60f.　邦訳、二四～二五頁参照。
(23) イタリア人教皇で、第二バチカン公会議をめざすものの会期途中で死去。エキュメニカル（教会統一）の精神を持ち、他教会や他宗教との対話を深めた。
(24) Vgl..Frankl&Lapide.a.a.O.S.61.　邦訳、二五～二六頁参照。
(25) Vgl..Frankl&Lapide.a.a.O.S.85.　邦訳、六八頁参照。
(26) Vgl..Frankl&Lapide.a.a.O.S.85.　邦訳、六九頁参照。
(27) 京都市立大宅中学校の藤井裕喜教諭の自作資料「地獄レストラン」『〝教室がシーンとなるとっておきの話〟100』参照。
(28) 横山利弘著『道徳教育、画餅からの脱却』、暁教育図書、二〇〇七年。
(29) 木下一著、「銀色のシャープペンシル」廣済あかつき　横山利弘他編（2009）『新学習指導要領対応　中学生の道徳』（1年生用、一〇四～一〇九頁参照）　および『教師用指導の手引き』（1年生用、一四二～一四六頁参照）廣済堂あかつき。
(30) 横山利弘著『道徳教育、画餅からの脱却』、一三四～一三五頁参照。
(31) 横山利弘著、前掲書、一三五頁。

（32）横山利弘他編、『新学習指導要領対応　中学生の道徳』『教師用指導の手引き』（1年生用）、二〇〇九年、一四二頁参照。
（33）広岡義之著、『フランクル人生論入門』、七五〜七六頁参照。
（34）諸富祥彦著、『フランクル心理学入門』、コスモス・ライブラリー、一九九七年、一八六頁参照。
（35）E.V.Frakl.Der unbewußte Gott. Psychotherapie und Religion. 2.ergänzte Auflagen.1949.AMANDUS Verlag.S.74. フランクル著、佐野利勝・木村敏訳、『識られざる神』（著作集⑦）みすず書房、一九七五年、六三〜六四頁。
（36）Frankl.a.a.O.S.74.　邦訳、六四頁。
（37）諸富祥彦著、『フランクル心理学入門』、一八七頁参照。
（38）広岡義之著、『フランクル人生論入門』、一九九頁参照。
（39）広岡義之著、前掲書、八四頁参照。

第十二章　「特別の教科　道徳」における内容項目「国際理解」

――読み物教材「海と空～樫野の人々～」(エルトゥールル号遭難事件)を具体例としつつ――

はじめに

本章の目的は、『中学校道徳　読み物資料集』の中に掲載されている「海と空―樫野の人々―」(①七六頁～八一頁)を取り上げつつ、「特別の教科　道徳」において内容項目「国際理解」をどのように取り扱うべきかについて考察していくことにある。一般的に「国際理解」という内容項目の場合、ともすれば、近隣の外国との交流、もしくは国際情勢に関する客観的で知的な内容に終始しがちであるが、特に道徳において「国際理解」を取り扱う場合には、もう一歩掘り下げた骨太でヒューマニズム的な学びが必要になることをここでは浮き彫りにしたい。

ちなみに「海と空―樫野の人々―」のねらいとしては、「世界の中の日本人としての自覚をもち、国際的視野に立って同じ人間として尊重し合おうとする道徳的心情を育む。」となっている。教材の特質として、国際理解の理想の実現のために重要な視点は、どこの国の人々も同じ人間として尊重し合い、公正公平に接せることである。本教材では、トルコ航空機に救出された主人公が、エルトゥールル号事件号遭難の際に、和歌山にある樫野の人々が示した献身的な行為を知ることによって、国際的規模の相互扶助を実感することになる。樫野の人々の思いとトルコ航空機の邦人救出に通底する精神の象徴としての「海と空」が一つになった水平線に焦点を当てた道徳の授業を目指す。つまりこのタイトルの「海と空」の意味するものは、樫野の人々の思いを「海」に託し、トルコ航空機の邦人救出を「空」として表現したものである。(②九九頁参照)

なお、「特別の教科　道徳」が二〇一八(平成三〇)年より教科として小学校［翌年から中学校］で実施されることに鑑みて、以降では原則として「読み物教材」あるいは「教材」という用語を使用し、必要に応じて「読み物資料」あるいは「資料」という用語も使用する。

第一節　横山利弘による「海と空―樫野の人々―」の解釈

●国際的に生命の危険が及び始めた主人公の「私」

一九八五（昭和六〇）年のイラン・イラク戦争の時に生じたテヘランからの日本人救出の出来事が本道徳の読物教材の内容である。きっかけは、テヘランのフセイン大統領が戦争を理由に出国禁止の措置をとることが原因で、国際的に生命の危険が主人公の「私」にも及び始め、国と国の政治に巻き込まれることになっていく。このような政治的状況のもとで、日本政府は自衛隊の飛行機も民間の飛行機も危険なテヘランに向けて派遣して救援することが不可能な状況に陥っていた。しかしながら複雑な法律的制約がある中で、なぜかトルコ政府の飛行機だけが日本人を救出してくれて、主人公の「私」はあやうく一命をとりとめることになるのである。主人公の「私」が道徳的に変化していく教材となっている。

●樫野の人々が惜しみない救助をしたという事実を知ることになる主人公の「私」

こうした体験を不思議に思い、主人公の「私」がトルコと日本の過去の関係を調べていくうちに、ある興味深い歴史的事実が明るみに出てきた。それは明治時代にまで遡る話で、かつて和歌山の大島で沈没したトルコのエルトゥールル号に関する出来事であった。悪天候のために和歌山の大島で沈没したエルトゥールル号の乗組員に対して、和歌山にある樫野の人々が惜しみない救助をしたという事実を、主人公の「私」が知ることになる。トルコの軍艦が明治天皇の答礼として日本へやってきたのであるが、その帰りの航路で、悪天候のために海難事故に巻き込まれてしまったのである。

エルトゥールル号が沈没した際に、必死の介護で延命措置を行い、樫野の人々は六九名のトルコ兵の命を救うことができた。その後、彼らは明治天皇の命により無事にトルコに送り返された。トルコでは、現在でも小学校の教科書にこの日本とトルコの友情の逸話が掲載されており、トルコ人であればだれでもこの話を知っているという状況であった。そういう歴史的背景があり、一〇〇年後にトルコが日本に恩を返すために、一九八五（昭和六〇）年のイラン・イラク戦争の時に生じたテヘランからの二一五人の日本人救出が実現できたのである。実際に、本国のトルコ人でさえ全員脱出できない状況の中で、トルコ政府は飛行機を調達して優先的に日本人を救出してくれたのである。

●「C」の視点はそれ単独の価値、つまり「国際理解」だけでは成立しない

この読み物教材は「国際理解」［4―（10）、新学習指導要領ではC―（18）と変更されている」（③）が道徳の内容項目であるが、一人ひとりの「思いやり」がその出来事の中に織り込まれていることを忘れてはならないだろう。「C」の視点はそれ単独の価値、つまり「国際理解」だけでは成立しないということである。つまり、「国際理解」といえども、たんなる国と国との表面的な交流にとどまるのではなく、一人ひとりの「思いやり」という「まごころ」で結ばれたときに真の「国際理解」が成立し、奇跡が起こるということである。

●「まごころ」の存在しない「国際理解」という道徳の内容項目はありえない

串本沖でエルトゥールル号が沈没したとき、政府や役人等の他人に頼らず、自分で可能なかぎりの救援活動をするという、「自主の気持ち」が重要な働きとなる。まず自分が動くということの大切さ、さらには衣食をすべて奉げるという気高い自主の精神がこの読み物教材から読み取れる。お互いの「まごころ」を裸でぶつけ合えたからこそ、現在のトルコと日本の間の信頼関係が構築できたのだろう。「骨太のヒューマニズム」こそが本当のヒューマニズムであり、人と人の「まごころ」のつながりの存在しない「国際理解」という道徳の内容項目はありえないということである。すなわち、「中東和平」という「国際理解」の内容項目で、「自我関与」のない道徳の授業を展開させることはあまり意味が見出せなのである。

●「国際理解」もまた、一人ひとりの個別の人間同士によって支えられている

「国とはそもそも何か?」と問うた場合、主権と領土と国民であると理論的・公式的な解答は出せるものの、特に道徳教育においては、結局のところ一人ひとりの人間とそれに対するかかわり方が主体的に問われることになる。すなわち、一人ひとりの人間の働きとしての国際理解が進められなければならないのである。道徳教育における真の「国際理解」とは、一人ひとりが外国の方々と「まごころ」を通い合わせることができるような児童生徒を育てていくことに他ならない。「国際理解」を道徳教育で考える場合には、「国際理解」もまた一人ひとりの個別の人間同士によって支えられているという視点を児童生徒に理解させておく必要があるだろう。主人公の「私」が、これからの自分の命も含めて日本という国だけで存在するのではなく、トルコという遠い異国の温かい援助によってもまぎれもなく存在していることを意識して生きていくのだという「自我関与的な理解」が求められるのである。

第二節　竜門冬二の「エルトゥールル号遭難事件」に関する解説

●東日本大震災の際、約三週間、福島の被災地に踏みとどまってくれたトルコ

それではここからは主として童門冬二の解説に従いつつ、エルトゥールル号事件の内容について詳細に検討していこう。二〇一一（平成二三）年の三月一一日に発生した東日本大震災では、福島第一原発の事故の深刻さが明らかになった後、多くの国々の救援隊が隊員の安全のために撤収を余儀なくされた。しかしその中でも、三月一九日から四

月八日までの約三週間、福島の被災地に踏みとどまってくれた国があった。それがトルコである。このように、トルコと日本の間の強い信頼関係が構築された背景には、長い歴史の積み重ねがあったのである。一九九九年、トルコ北西部で起こった大地震では、日本は他国に先駆けて国際緊急援助隊を派遣して、緊急物資を提供し無償の援助をおこなった。また東日本大震災後の二〇一一年一〇月にはトルコ東部のワン県で発生した大地震のときにも、日本政府のみならず、日本のNGOもまた現地で懸命の救援活動を展開したのである。（④一五頁参照）

●イラン・イラク戦争の際のテヘランからの日本人救出の出来事

このような両国の歴史的な長期にわたる友情を考えた場合、日本人がけっして忘れてはならない事件がある。それは一九八五（昭和六〇）年のイラン・イラク戦争のときにおきたテヘランからの日本人救出の出来事である。イラクのフセイン大統領は一九八五年三月一七日に「四八時間以降、イラン上空の航空機を、民間機であろうと無差別攻撃する」と宣言したのである。各国は緊急に自国民救出のために救援機を飛ばしたのだが、日本は、自衛隊の海外派遣不可の原則のために、自衛隊機を送ることができなかった。さらに民間での救済の可能性を探るものの、日本航空では労働組合の反対もあり、「航行安全の保証がない限り臨時便は出せない」という方針が堅持されていた。現地の日本人も可能な限りの手を尽くして他国に依頼するものの、どの航空会社も自国民を優先するために、日本人が乗れる飛行機は回してもらえなかった。（④一五頁参照）

●すべての在留トルコ人が自国の飛行機に乗り込めないことが判明したときにとった行動

作家の秋月達郎によれば、一九八五（昭和六〇）年三月一九日に、航行安全の保証がない状況で、トルコ政府からテヘラン空港に二機の飛行機が派遣された。そのうちの一機は日本人救済のためのものであることがわかった時点で、すべての在留トルコ人が自国の飛行機に乗り込めないことが判明した。そのときにトルコ人たちは、「誇りをもって日本人に乗ってもらおう」という声がわきあがったという。なぜなら彼らは、親や教師たちから幾度となく、エルトゥールル号の話を聴かされていたからであった。「航空機に乗れないトルコ人はどうすればいいのだ」という質問に、「大地の続く限り、辿り着けない所はない。歩こう。トルコまで」と大合唱が始まったという。彼らの多くは、トラックや車を飛ばして陸路で実際に帰国したのである。（⑤四九〜五〇頁参照）

●救出劇から九五年前に起きた「エルトゥールル号遭難事件」

上述したように、だれも救援に来てくれずイラク国内に取り残された日本人たちが途方にくれていたときに、驚くべきことにトルコ航空機が危険をおかして、二一五名の日本人を救出するために航空機を回してくれたのだった。当時テヘランには六〇〇名を超えるトルコ人がまだ脱出できずにいたにもかかわらず、それでも日本人の救出を優先してくれたのである。これは異例中の異例事態であった。直接のきっかけは、日本大使や民間大手商社の有力人物がトルコのオザル首相に救援を依頼したことによるものであった。しかしそれでもなお、どうして日本を優先的に救出してくれたのかとの疑問は残るわけである。その背景にはこの救出劇から九五年前に起きたある事件で、日本とトルコが深く結ばれた事実があったことを抜きには考えられないのである。トルコの人々はその事件をけっして忘れなかったからこそ、日本人を助けに来てくれたのである。その事件こそ「エルトゥールル号遭難事件」だったのである。（④一六頁参照）

●オスマン帝国（オスマン・トルコ）の軍艦エルトゥールル号の遭難

「エルトゥールル号遭難事件」の説明のために時代は大きく遡る。童門冬二によれば、一八九〇（明治二三）年九月一六日夜半、暴風雨のため和歌山県串本沖で、オスマン帝国（オスマン・トルコ）の軍艦エルトゥールル号が遭難した。六〇〇名余の乗組員のうち、五〇〇名以上が死亡あるいは行方不明という大惨事であった。一八八七（明治二〇）年に日本の小松宮彰仁（こまつのみやあきひと）親王がトルコのイスタンブールを訪問したことへの答礼使節として軍艦エルトゥールル号は日本へやってきたのである。東京で明治天皇に拝謁し、オスマン帝国の最高勲章を奉呈した後に、トルコへの帰路でこの暴風雨に見舞われてしまった。この事故を聞き知った地元の串本・紀伊大島の人々は、トルコの軍艦エルトゥールル号の遭難者の救助に懸命に取り組むことになる。危険な作業を通じて六九名のトルコ人の乗組員たちを救出し手厚い介護をしたのは、小さな六〇戸程度の集落の樫野地区の、けっして裕福ではない村人たちであった。普段は正月にしか食べない白米を炊き出し、時を知らせる鶏もつぶして体力を回復させるためにエルトゥールル号の遭難者たちに振る舞ったという。明治天皇も地元の串本・紀伊大島の人々の懸命の奉仕活動の知らせを聞いて、政府全体でも救援体制をとり、トルコの生存者たちは、日本海軍の軍艦に乗り込み翌年の一月二日にイスタンブールに無事に帰還することができた。日本からも現在の価値でおおよそ一億円にものぼる義援金が当時のトルコへ送金された。こうした日本人の真摯な態度がトルコ国内にも伝わり、そこからトルコ国内で親日感情が深まり、これが後のイラン・イラク戦争での一連の日本人救出活動という出来事として結実したのである。（④一六頁参照）

●日本とトルコが時代を超えて育んできた強い友情

童門冬二によれば、日本とトルコが時代を超えて、強い友情を育んできた歴史はきわめて貴重なものであるという。遭難現場が紀伊大島であったこともこの友情が成立した強い要因の一つであると考えている。本州最南端という地理的条件もあり、土地柄からも地元の人々も世界への視野が自ずから培われていたことだろう。また遭難現場の付近の崖の上にある樫野崎灯台（かしのざきとうだい）は、幕末に日本に来航した諸外国の要求によって、イギリス人の設計で、一八七〇年に完成したものである。さらに串本等の紀伊南部の多くの人々が、明治以降にハワイやオーストラリア等に渡航して、漁業や潜水業に携わる実績があり、海外との交流がすでに根付いていた土地柄であったこと等も、軍艦エルトゥールル号の遭難者の救助に懸命に取り組んだ遠因と考えられている。（④一七頁参照）

●軍艦エルトゥールル号の遭難者の救助とテヘランの邦人救出の共通点

そのうえで筆者は一番大切な要素だと考えるのが次の点である。童門冬二も指摘しているように「他人に頼らず、まず自分たちがやる」という自主の精神を、紀伊大島の人々が持っていたという事実である。これは遭難事故後の義援金募集を日本人が自主的に実践したことと関連している。しかもトルコの人々が、そうした他者への恩義を重んじ、そのときの感動を忘れずに、子孫に代々伝えていたという事実も重要な点であろう。お互いに困ったときには助け合うという道徳心は、日本人とトルコ人に共通するものではないかと童門冬二も指摘している。このトルコの軍艦エルトゥールル号の遭難者の救助とテヘランの邦人救出も「自分達が助ける」という強烈な自主の精神に基づく「骨太なヒューマニズム」から成立した歴史的事実であるとも言えるだろう。政治的な枠組みを超えた真心の絆がこうした友情を実現させたものと言える。現在、紀伊大島の樫野崎を訪問すると、「トルコ軍艦遭難慰霊碑」を見ることができるが、一九三七（昭和一二）年にトルコ大統領が国費を投じて友情の印として建立されたものである。現在でも大島の人々は清掃して、大切に追悼しており、「真心の記念塔」として存在し続けているのである。（④一八～一九頁参照）

（なお、本節全体の解釈の多くについては、横山利弘先生が開催されている道徳の勉強会から学び得たものであり、この場を借りて感謝申し上げます。）

第三節　実践者による道徳の授業展開例

●田丸陛子による授業展開例

北九州市教育委員会指導部の田丸陛子に従えば、「エルトゥールル号遭難事件」の読み物教材は、日本人のために救援機を提供したトルコ人と、遭難したトルコ人を助けた日本人の姿を通して、どの国の人々も同じ人間として尊重し合い、助け合うことの大切さに気づかせる良質の教材であるという。

田丸陞子は、本教材を二つの歴史的出来事に区分して生徒たちに授業するように考えている。第一は、イラン・イラク戦争の際に、イラク軍による攻撃開始の一時間前に、トルコの救援機によって二一五名の日本人が土壇場でテヘランから脱出することができた出来事を取り上げている。第二は、今から一二五年前の話に遡り、エルトゥール号事件のことを生徒たちに問いかけている。国の違いにかかわらず、困っている人々を助けようとする、人々の優しさや勇気ある行動に触れることをとおして、どの国の人々も同じ人間として尊重し合い、助け合うことの大切さに気づかせようとしている。(⑥七八頁参照)

田丸陞子によれば、展開前半で、ねらいとする価値へ迫らせるために、トルコの人々が、イランから脱出できずに滞在していた日本人を救助してくれたことを知ってどのように思うかを問うている。展開後半では、さらに道徳的価値へと迫らせるために、大島村の人々や、治療費を受け取らなかった医師、義援金を集めてトルコに渡った山田寅次郎氏らはどのような思いからこうした行動をとったのかを問うことになる。田丸はそれらの発問に対して、子どもたちの対応をおおきく二つに大別している。一つは「他国のためにできることを考えた感想」である。日本人だけでなく外国の人々でも困った人がいたら助けようという優しい心が必要だという意見である。もう一つは、「相手の国や人の文化・伝統を理解して、身近な人と同じようにしたい、という意見」である。(⑥七八頁参照)

●小山昌二による授業展開例

さらに国際理解を道徳科で進める場合、そこには人の深い関わりがあるという視点で、さらに鮮明にそこに焦点づけて指導案を作成している忠岡町立忠岡小学校教頭(当時)の小山昌二の事例を紹介してみたい。(⑦参照)以下は、小山昌二による樫野の人々の、遭難したトルコの人々への行為を確認するための基本発問である。「遭難したエルトゥールル号の乗組員をそこまでして救助した樫野の人々の「思い」はどのようなものだったのだろう?」

それに対して、生徒たちの答えは以下のとおりであった。
・困っている人々を助けるのはあたりまえ、お互い様だ。
・人として、遭難した乗組員を見捨てるわけにはいかない。
・今は自分たち（樫野の人々）しか助けることができないのでそうすべきだ。
・トルコの人々をここで死なせたくはないし、故郷に帰してあげたい。
・命に国のちがいは関係ないし、同じ人間なんだ。
・自分たちも貧しいが、トルコの人々はここで助けないと生きることができない。

「私」は樫野のトルコ記念館を訪問することで、こうした樫野の人々の思いを感じることができて疑問が解けた。そこで中心発問として、次の問いが用意されることになる。「〈海と空〉が水平線で一つになっているのを見ながら、〈私〉は、どのようなことを考えていたのだろう。」生徒たちの答えとして以下の反応があった。
・空で助けても、海で助けても繋がっている状態を目の当たりにして、国が違っても一つなんだ。
・トルコの人々は、樫野の人々の善意を一〇〇年間忘れていない。
・一〇〇年の時を隔てて、トルコと日本が助け合った事実はすばらしい。
・人の命は国々の違いとは無関係に尊重されるものなんだ。
・エルトゥールル号事件での救助と、「私」が助かった事実は、実は深いところでつながっていたんだ。
・「私」が樫野に来て、トルコと日本が深くつながっていた事実がよく理解できた。
補助質問として「どんなつながりですか？」と聞くと「国の違いに関係なく、相手を助ける気持ちをもっているというつながり」という返答があった。

さらに中心発問を補うために次の質問が子どもたちになされた。「〈海と空〉をつなぐ水平線と同じように、二つの救援活動をつなぐものって何だろう?」それに対して

・国同士の助け合いの気持ち
・国が違っても同じ人間として認める気持ち
・助けられたことを忘れない気持ち

という返答を子どもたちはしている。

●川﨑雅也による授業展開例

さらに貝塚市立木島小学校校長（当時）の川﨑雅也の道徳指導略案（⑧参照）にしたがえば、中心発問は「筆者（主人公）は樫野の海を見ながら、どのようなことを考えていましたか?」となる。その際、生徒の反応がおおきく三つに整理されている。第一は「樫野の人々」についてである。「日本の誇りだ」「こんな生き方を見習わないといけないな」「神様みたいな人々だな。輝いている」等の答えが返ってきた。第二は「繋がり」についてである。「こんな昔のことを今でも感謝しているのだな」「トルコの人々の思いがやっとわかった」「恩を感じたからではなく、困っている日本人をトルコの人々は助けたかったのだな。樫野の人々の思いと一緒だ」と子どもたちは答えている。第三は「生き方」である。「自分も樫野の人々みたいな人のために世のために貢献できる人になりたい」「さまざまなことが繋がっているんだな」等の答えが活発に出されている。

この中心発問を終えた後、続けて「エルトゥールル号遭難事件とテヘラン事件の二つの事件の中に主人公（筆者）は何を見ましたか?」とさらに問いを続けていく。生徒たちの答えは「人の優しさ・すばらしさ・素敵さ」「苦しいときはお互いさま」「助け合う素晴らしさ」「相互扶助と国際協力」「平和と愛」等が返答されている。

本時の評価として「世界の中の日本人としての自覚をもち、国際的視野に立って世界の平和と人類の幸福に貢献す

る心を育む」ことがみごとに実践されている。

本節では三人の実践者による道徳の授業について具体的に考察してきたが、すべてに共通する点は以下のとおりである。すなわち、中東問題という「国際理解」について考える場合、国と国の表面的な交流にとどまることなく、自己自身の問題として捉え、一人ひとりの「思いやり」にも触れつつ、自我関与的な問いかけが十分に展開されていたことを私たちは容易に把握できた。

第四節　「特別の教科　道徳」で展開されるべき授業の具体的提言

●柴原弘志による「特別の教科　道徳」の授業についての提言

柴原弘志は、来たるべき「特別の教科　道徳」の授業実施に向けて次のような説明を展開している。今回の新学習指導要領では、道徳の時間が「特別の教科　道徳」（以下では「道徳科」とする）と改正されるに際して、特に道徳科において「自己の問題」として捉え、「主体的」に考えること、という視点が付け加えられたことを重要視している。ここでは特に、道徳を「自己の問題」として捉え、「主体的」に考えるという点に焦点を絞ってさらに考察してみたい。（⑨一八頁参照）特に今回のような「国際理解」という道徳の内容項目であっても、あくまでも「国際理解」という道徳的価値をめぐって、「自我関与」が求められるのである。一人ひとりの児童生徒は、いわゆる「着ぐるみを着て」主人公になりきって「国際理解」という道徳的問題を追体験する必要性がでてくるということである。

今回の中央教育審議会教育課程企画特別部会等での協議を踏まえつつ、柴原弘志は、道徳授業で以下のことが求められていると強調する。つまり、道徳的価値の介在する諸課題に関して、「主体的な学び」となるように自問・内省（自己内対話）によるメタ認知の内容が言語化されることが重要になる。そのうえで、物事の正しさや良さに関して吟味するという学習活動（対話的な学び）を展開することを通じて道徳的なより「深い学び」が求められているのである。

（⑨一九頁参照）

ここで道徳教育における「主体的な学び」とは具体的にどういうことだろうか？　私見であるが、それは読み物資料を他人事として考え意見を述べることではなく、主人公になりきったつもりで主人公の「着ぐるみ」をきて、意見を自由に述べることである。また「メタ認知の内容を言語化する」とは、高い次元の認知、つまり相手の立場になって相手を思いやる配慮のできる道徳的な力をつけることである。

●横山利弘による「特別の教科　道徳」の授業についての提言

横山利弘は「人間が道徳的になる時」というテーマで、以下のような説明を二〇一六年頃から自らの道徳勉強会で展開している。

昨日のままで生きることができるならば、昨日のままで生きるのが人間という存在である。つまり、何も自らの身に起こらないときには、人はなかなか道徳的にはならないということを強調している。何かがその人の人生の中に起きて、そのことによって深く揺さぶられたとき、あるいは危機的な状況に立たされたときに初めて人は誠実に、真剣に自らの生き方を考え、改めるようになるという。そして自分に生じた、ある「事柄」を通して、人は何かに気づき自覚・覚醒し始め、よりよく生き始めようとするのである。

これこそが、人間が道徳的になる時の基本形であるから、道徳科の中でも上述のことが一人の児童生徒の中で起こる必要性がでてくる。

そのためには

一．道徳科の教材がこうした構図で作られていなければならない。その場合には、児童生徒が主人公と自分を完全に重ね合わせれば（児童生徒が主人公になりきれば）よいことになる。いわゆる「着ぐるみを着た授業」のことを意味している。

二．主として主人公の生き方についての考えを読む。主人公の生き方を深めるところが一般的に、中心発問の箇所となる。

三．「道徳科」は、評論家や批判者（冷ややかな第三者的な立場）としての力を育てる場ではない。心の変化のあった人物に自分が成りきってじっくり考えることが重要なこととなる。比喩的に言えば主人公の「着ぐるみ」を着たつもりで考えることが求められる。この点は今回の改訂では「自我関与」という表現で強調されている。

●川﨑雅也による「海と空～樫野の人々～」の具体例

以上の点に着目して、読み物教材「海と空～樫野の人々～」の授業展開を川﨑雅也校長の最新の研究事例に沿いつつ紹介してみたい。⑩参照）なぜなら、筆者が知る限りで、「海と空～樫野の人々～」の教材を横山利弘理論にしたがいつつ熱心に研究している実践者の一人が川﨑雅也だからである。この教材を小論で紹介することによって、多くの道徳担当者の先生方が「国際理解」をテーマとした道徳の授業を実践するときにおおいに参考になると思われる（図12－1）。

(1) 資料の読みとしては、

(2) 生き方についての考えを深めるのは、トルコの邦人を救助した理由を聞いた時。

(3) 生き方についての考えを深めるきっかけは、主人公がトルコ記念館を訪れ、樫野の人々がトルコ人の救助・帰国を献身的に支えた事実を聞き取ること。

川﨑は、中心発問として、「どうして樫野の人々はここまでやったのですか？」と聞くと、子どもたちは以下の返答をした。

・互いに人間は助け合わなければいけないと思うから。

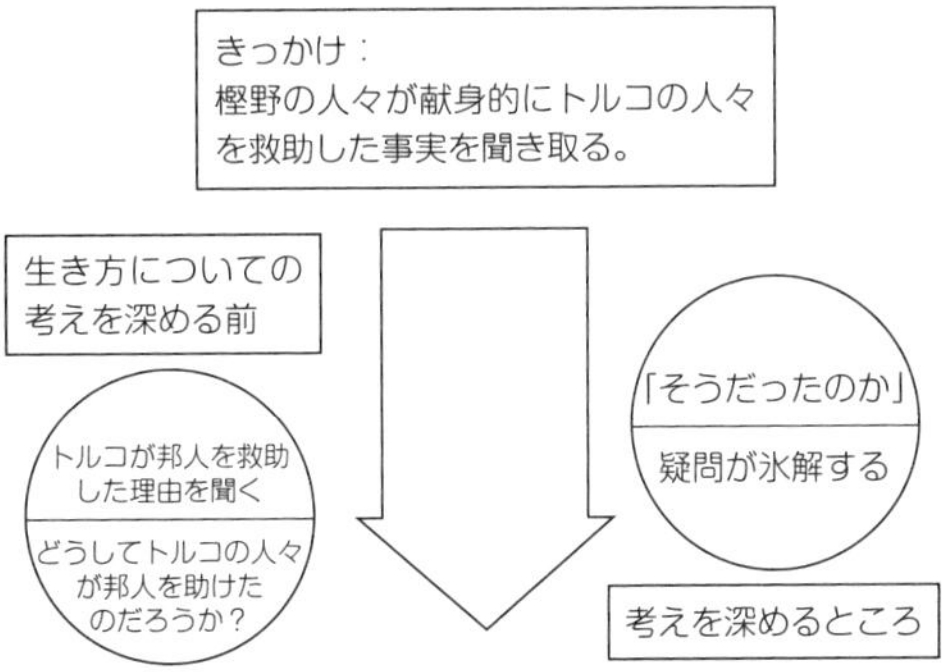

図 12-1

さらに川﨑は「どうして人間は助け合わなければいけないか？」と問い返す。
・困っている人を助けるのは当たり前のことだから。
さらに川﨑は「どうして当たり前なのか？」と問い返す。
・自分たちがやらないとトルコ人は助からないから。
さらに川﨑は「どうしてそんな危険を冒す必要があるのか？」と問い返す
・今やらないと後悔すると思うから。正しいことはしっかり貫きたいと思うから。
さらに川﨑は「どうして後悔すると思うのか？」と問い返す。
・海で遭難した者を救うのは自分らの役目と思うから。
等々の対話形式の授業が進められていく。

また補助発問として、「樫野の人とトルコの人の間にはどんな思いが共通していますか？」と聞いている。子どもたちは、
・困っている人は助けることが当たり前という思い。
・何かできることがあれば自分の手でするという思い。
・人間には優しさがあり共に助け合うことが大切だという思い、よりよく生きようという思い。
等の答えがあった。

終わりに

「特別の教科　道徳」において重要なのは、結局のところ一人ひとりの人間とそれに対するかかわり方が主体的に

問われるという点にある。すなわち、一人ひとりの人間の働きとしての「国際理解」が進められなければならないのである。道徳教育における真の「国際理解」とは、一人ひとりが外国の方々と「まごころ」を通い合わせることができるような児童生徒を育てていくことに他ならない。「国際理解」を道徳教育で考える場合には、「国際理解」もまた一人ひとりの個別の人間同士によって支えられているという視点を児童生徒に理解させておく必要があるだろう。「海と空─樫野の人々─」において、主人公の「私」が、これからの自分の命も含めて日本という国だけで存在するのではなく、トルコという遠い異国の温かい援助によっても、まぎれもなく存在していることを意識して生きていくのだという「自我関与的な理解」が求められるだろう。

この読み物資料は「国際理解」〔4─(10)、新学習指導要領ではC─(18)と変更されている〕が道徳の内容項目であるが、一人ひとりの「思いやり」がその出来事の中に織り込まれていることを忘れてはならない。「C」の視点はそれ単独の価値、つまり「国際理解」だけでは成立しないということである。つまり、中等和平という「国際理解」を考える場合、たんなる国と国との表面的な交流にとどまるのではなく、一人ひとりの「思いやり」という「まごころ」で結ばれたときに真の「国際理解」が成立し、奇跡が起こるということである。ここではそうした視点から読み物教材「海と空─樫野の人々─」の理論と実践を考察することを通して、上述の事実が積極的に展開できていることを少なからず傍証することができたように思える。

【註】

本論文で引用・援用する文献の表記については、本文中に、（　）で①②等で示すこととする。その際、ページ表記が必要な場合については「＊頁」と表記する。また本文中の〔　〕は筆者による補足説明である。

①『中学校道徳　読み物資料集』「海と空─樫野の人々─」、二〇一二（平成二四）年三月、文部科学省。

②『中学校道徳　読み物資料集』「海と空─樫野の人々─」、第二章　読み物資料の活用例。

③『一部改正学習指導要領』　第三章特別の教科道徳の第2に示す内容の学年段階・学校段階の一覧、二〇一五（平成二七）年三月、文部科学省。

④竜門冬二著、「恩は忘れない……〈真心〉で結ばれた時、奇跡は必ず起きる」、『歴史街道』、二〇一三年三月号、PHP、一四～一九頁所収。
⑤秋月達郎著、前掲書、「諦めるな、一人でも多く助けろ……遭難者救命に奮闘した串本の人々」歴史街道』、二〇一三年三月号、PHP、二六～三一頁所収。
⑥田丸陸子著、連載第五回「生徒が興味をもつ歴史的な事実を題材にする―エルトゥール号事件　善の連鎖―」、『道徳教育』、明治図書、二〇一五年八月号、七八～七九頁所収。
⑦小山昌二著、二〇一三（平成二五）年一一月九日土曜日、堺市民館集会室での勉強会資料。
⑧川﨑雅也著、「海と空―樫野の人々―」の道徳指導略案、二〇一三（平成二五）年一一月九日土曜日、堺市民館集会室での勉強会資料。
⑨柴原弘志著、「道徳授業の質的転換による実質化と充実を目指して」、『中等教育資料』六月号　No.九六一　―特集「特別の教科　道徳」全面実施に向けて―、二〇一六年、文部科学省。
⑩川﨑雅也著、本文献は、二〇一七年二月、ミネルヴァ書房の『楽しく豊かな道徳科の授業をつくる』の原稿の一部である。

第四部

日本の教育家の思想と実践

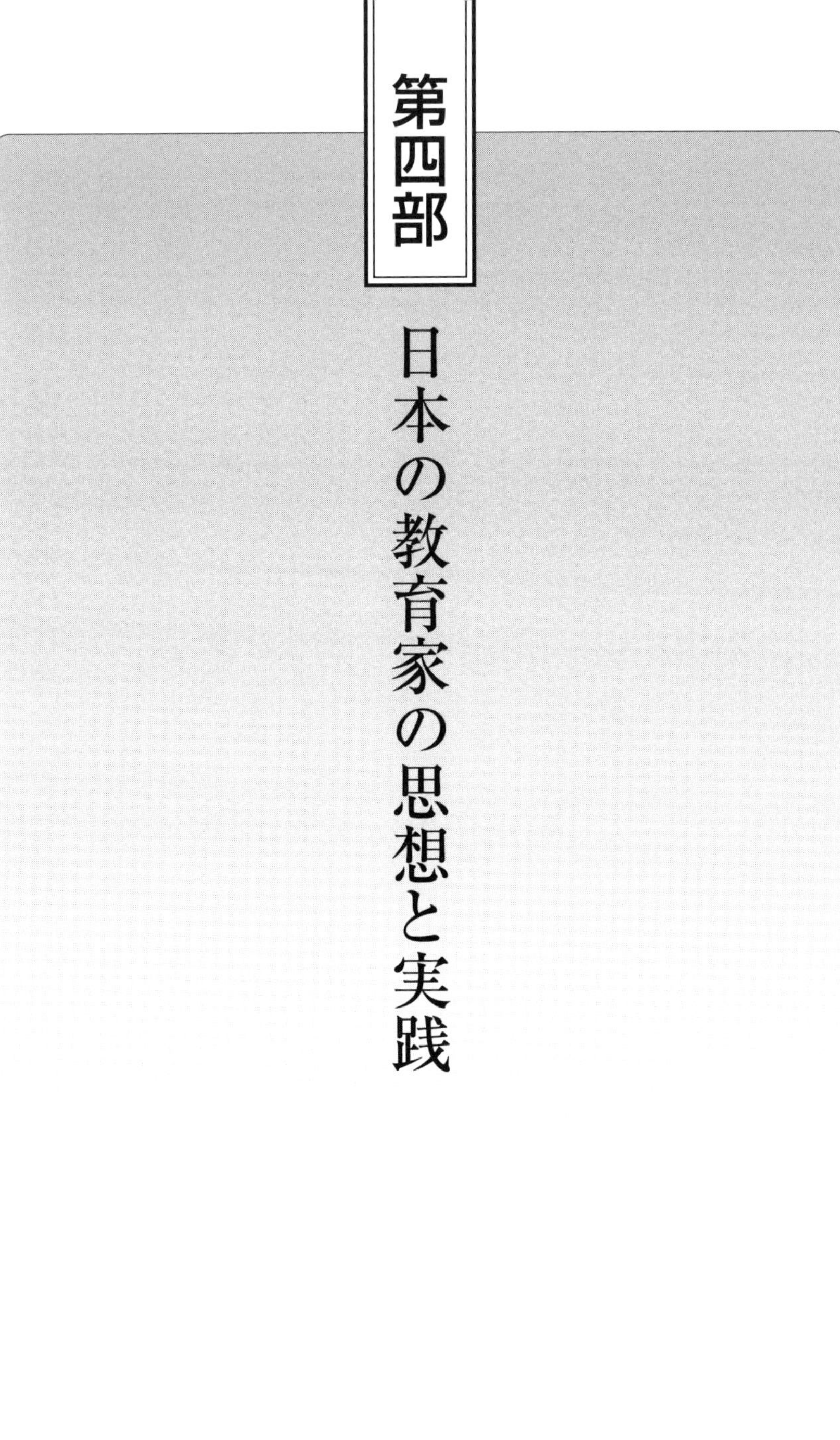

第十二章　東井義雄の教育思想と教育実践（一）

問題の所在

東井義雄は、兵庫県否日本を代表する教師・教育実践者の一人であると言っても、おそらく否定する者はだれもいないであろう。単著や共著等を含めても百余冊（公刊されているものに限ると著書四七冊、共著を含む）、さらには論文や実践記録等掲載雑誌を含めると九百余冊（公刊されているものに限ると論文・実践記録、二一四編）を残しているという点[1]で極めて優れた思想家であり著述家であった。しかし東井義雄の真骨頂はなんといっても、それらの膨大な出版物や執筆活動をさらに凌ぐすばらしい数々の教育実践がわれわれを魅了する点に存するように思われる。そこで、教育の混迷した現代社会の中で再度、どのような方向に力点を置いてわれわれ教育関係者は教育実践を進めればよいのかを考えるヒントの一助として、本章で東井義雄の教育思想と教育実践を掘り下げて学んでみたいと思うのである。

それゆえこの章の構成は以下のようになる。第一に東井義雄の生涯を年譜の形で一瞥する。その際、他にない特徴として彼の主要著作が出版された年については原則としてもれなく著書を年譜に反映することにした。なぜなら東井義雄ほど、ある意味で波乱万丈の人生を歩んだ者はいないという点、さらには彼の教育思想ひいては著作がその波乱万丈の人生の歩みと多くの点で呼応して熟成され展開されているために、可能なかぎり時系列で彼の著書を提示しつつ教育思想や教育実践を考察することが東井義雄の思想を理解するうえで望ましいと筆者は考えたからである。それが本章の冒頭に東井義雄の詳細な年譜を掲げる理由である。そしてその次にここでは東井義雄自身の教育人生において生じた考え方あるいは教育現実や教育実践を、原則として時系列で紹介することを試みる。その作業を経ることで、東井義雄の思想形成の源泉およびその変遷をいっそう明瞭に考察することができると筆者は考えたからである。

第一節　東井義雄の生涯と系譜

ここでは、『東井義雄の生涯』（東井義雄遺徳顕彰会）[2]、山田邦男他編著、「東井義雄年譜」『ことばの花束』[3]、および菅原稔編集・解説、「付録：東井義雄略年譜・主要著作目録」、『現代国語教育論集成・東井義雄』[4]を主として参照しながら、東井義雄の教育的略歴を一瞥することにより、東井義雄の教育活動の足跡全体をはじめに把捉しておきたい。なぜなら、そうすることによって東井義雄のそれぞれの時代の教育思想が、どのようにして形成されたかが明瞭に理解でき、さらに時系列的に彼の思想がいかに深まっていくことがわれわれに把握できるからである。

東井義雄の生涯と年譜（年齢については、正確に誕生月の前後で変わるため、あくまでも「めやす」として記述している）

一九一二（明治四五）年：（〇歳）　東井義雄は、明治四五年四月九日兵庫県出石郡合橋村（但東町）佐々木に建つ「浄土真宗本願寺派東光寺」の長男として生まれた。父は、義證、母は、はつ。三歳までは当時、父親が大谷本廟務めであったために京都で過ごすことになる。

一九一八（大正七）年：（六歳）　相田尋常小学校へ入学するが、その年に母はつと死別することになる。東井は仏教に背くような思想を追及した時期もあったが結局、母の愛情のゆえに仏教から離れることがなかったと述懐している。さらに二七歳で父親が亡くなるまでの二〇年間に六つの葬式を出さなければならないほど、苦悩の人生を生きることになる。

一九二三（大正一二）年：（一一歳）　東井は小学校五年生で旧制中学校の入学資格試験に合格するものの、父の反対で断念せざるをえなかった。うどん箱を机として勉学に励んだが貧しさのために中学入学を結局あきらめた。財産としての山や田畑はあったものの、次々と人手に渡っていき、貧しさから抜け出せず、東井が小学校五年生のとき、父親が親類の借金の保証人となり、その責任で差し押さえという つらい経験している。こうした苦しい経験を経た東井はなんとか勉強して、人生の負のスパイラルから抜け出そうとがんばった。

一九二七（昭和二）年：（一五歳）　学費が一番安く入学できるという理由で、姫路師範学校に進学を決定する。当時は師範学校という教員養成学校の授業料が一番安く、奨学金を獲得して教師になることができた。学生時代、勉学には秀でていたものの運動が大の苦手でさまざまなクラブを転々として最後にマラソン部に入部する。そこでの苦い体験から後年、有名な東井の言葉「亀は兎にはなれない。しかし、努力次第では日本一の亀にはなれる」「一番より尊いビリだってある」が生まれた。

一九二八（昭和三）年：（一六歳）　東井は漢文の宿題で、「独来独去（どくらいどっこ）、無一随者（むいちずいしゃ）」（独り来り、独り去る、一人として随（したが）う者無し）の言葉と巡り合う。母を早くに亡くし、父もやがては亡くなってしまい、自分もいつかは一人になってしまうことのさびしさを感じ、この頃から心の遍歴が始まる。

一九三二（昭和七）年：（二〇歳）　兵庫県姫路師範学校を卒業し、四月、豊岡市豊岡尋常高等小学校に教諭として勤務し、それ以来一〇年間在職した。彼の前半生は先輩の影響もあり、「生活綴方教育」に情熱を注ぐようになる。しかし当時の日本は景気が極度に悪く、プロレタリア文学にも興味を持つようになる。そうした思想と関連して、仏教に対しても「貧民の立場に立っていない」と疑問を持つようになる。

一九三五（昭和一〇）年：（二三歳）　「但馬国語人」に「綴方生活指導略図」を、また「綴方精神」に「現実からの発足」等の論文を発表し、綴方教育界で注目されるようになる。

一九三七（昭和一二）年：（二五歳）　理科学習の時間、教え子が「のどひこ」（口垂蓋）はどのような働きをするのかと質問されるが即座に返答できなかった。東井が家で調べたところ、その働きの重要性に衝撃を受け、生命の神秘さを実感し、われわれは生きているのではなく「生かされている」こと気づくことになる。［筆者註：正確には、気管に蓋（ふた）をするのは喉頭蓋（こうとうがい）である。］

一九三八（昭和一三）年：（二六歳）　四月一〇日、加藤登美代と結婚する。同年、敬愛する父（義証六二歳）が死去する。

一九四一（昭和一六）年：（二九歳）　父の死別と前後して、長女の迪代（みち）の大病を親として経験して、「いのち」のただごとでなさに気づく。その経験を通して、さらに担任の子ども六十人の「いのち」のただごとでなさを認識する。さらに「生きている」ことのただごとでない深さ、尊さ、すばらしさにめざめ、「いのちの教育の探究者」へと東井の教育思想はさらに深化していくことになる。

一九四一（昭和一六）年：（二九歳）　「僕等の二千六百年史」を発表した。雑誌「日本の子供」（文昭社発行）に四回の連載で「国史に対する子どもたちの綴方」を発表したが、これまで社会に対して批判的であった東井の思想がおおきく変化し、生活綴方のメンバーたちを驚かした。

一九四二（昭和一七）年：（三〇歳）　亡くなった父の寺院を継承するために、故郷の「合橋村立合橋国民学校に四月に転勤する。

一九四三（昭和一八）年：（三一歳）　「文芸春秋」五月号で「国史の礼拝」が、一〇月号で「学童の臣民感覚」が掲載される。

一九四四（昭和一九）年：（三二歳）　合橋村立唐川国民学校に転勤する。「僕等の二千六百年史」と「学童の臣民感覚」を合わせて、八月『学童の臣民感覚』としてまとめて、日本放送出版協会より刊行する。しかし戦時中の国家主義思想教育として戦後、厳しく批判された。

一九四五（昭和二〇）：（三三歳）　八月一五日太平洋戦争での敗戦を迎え、東井の苦悩の日々が始まる。

一九四七（昭和二二）年：（三五歳）　東井自身の小学校時代の母校である相田小学校に勤務するようになり、そこで一四年間教師として務める。十年間、戦争責任の決意として、執筆活動を停止する。それと同時に生徒の親とともに農民の生き方を問い直す実践を始める。

一九五六（昭和三一）年：（四四歳）　七月『子どもはおかあさんに何を求めているか』（学習文庫）を出版する。

一九五七（昭和三二）年：（四五歳）　五月『村を育てる学力』（明治図書）を出版する。本書は、戦争責任として執筆を停止して一〇年が経ち、再び筆を持った戦後の主要作であり、不朽の名著と呼ばれた。農民の生き方を問い直す実践の記録である。

一九五八（昭和三三）年：（四六歳）　九月『学習のつまずきと学力』（明治図書）を出版する。

一九五九（昭和三四）年：（四七歳）　広島大学の「ペスタロッチー賞」を授賞する。受賞理由は、へき地で綴方教育を深く実践するとともに、『村を育てる学力』と『学習のつまずきと学力』に対して、優れた実践と理論を融合したことの功績による。また同年一二月に病気休職中の校長の後を継いで、相田小学校の校長に推薦される。

一九六〇（昭和三五）年：（四八歳）　四月『子どもを伸ばす条件』（明治図書）を出版する。特に本書に対して日本作文の会より「第八回小砂丘忠義賞」を授賞する。

一九六一（昭和三六）年：（四九歳）　但東町立高橋中学校校長となる。五月『授業の研究』（明治図書）を出版する。

一九六二（昭和三七）年：（五〇歳）　地域の教育文化に貢献したという功績に対して、神戸新聞社より、「平和文化賞」が与えられる。九月『国語授業の探究』（明治図書）を出版する。

一九六四（昭和三九）年：（五二歳）　八鹿町立八鹿小学校校長になる。この頃から東井の教育実践が注目され始め、全国から学校参観者が訪問するようになる。八鹿小学校での八年間が、もっとも教育者として充実した時期となる。後年、出版される東井義雄著作集別巻の『培其根』は、この時代に校長として、教職員を指導した記録集である。四月『中学生を持つ親へ』（明治図書）を出版する。

一九六六（昭和四一）年：（五四歳）　教員への指導をガリ版刷りで記録した『培其根』創刊～四号の発行が始まる。五月『主体性を育てる教育』（明治図書）を出版する。

一九六七（昭和四二）年：（五五歳）　二月『通信簿の改造―教育正常化の実践的展開』（明治図書）を出版する。この頃の教育信条に「一番より尊いビリだってある」「どの子も子どもは星」がある。「一番より尊いビリだってある」は、東井が師範学校時代、自らの体験から得た教育信条である。「どの子も子どもは星」は東井が五五年間の教育生涯の中で最も大切にした信条で、同名の詩（『東井義雄詩集』所収）も有名である。同年、兵庫県知事から「教育功労賞」、学習研究社より「学研教育賞」を受賞する。『培其根』五号～一五号を発行。

一九六八（昭和四三）年：（五六歳）　ＮＨＫラジオ「人生読本」に出演する。一二月二三日「いのちといのちとのであい」、二四日「左手と右手」、二五日「空のてんじょう」。三日間の放送で大きな反響があった。

一九七〇（昭和四五）年：（五七歳）　『子どものつぶやき』（柏樹社）を出版する。

一九七一（昭和四六）年：（五九歳）　文部省から「教育功労賞」が授与される。『培其根』四三号～五〇号の発行が始まる。

一九七二（昭和四七）年：（六〇歳）　三月に四〇年間の教職生活を終了し、定年退職を迎える。同年三月、これまでの著作、論文、実践記録をまとめあげ、全十巻のうち『東井義雄著作集　一～六』（明治図書）を出版する。一二月『子どもを活かす力』（柏樹社）を出版する。『培其根』五一号を発行し、すべて完成する。

一九七三（昭和四八）年：（六一歳）　退職後一年間は、八鹿町社会教育指導員となる。その後、姫路女子短期大学講師、続いて兵庫教育大学大学院非常勤講師などを歴任する。本格的な講演活動（多い年は年間三〇〇回を超えた）を開始し日本中を訪問した。『東井義雄著作集　七』（明治図書）を出版する。

一九七六（昭和五一）年：（六四歳）　『東井義雄著作集・別巻一～三』（明治図書）を出版する。一二月『授業技術入門』を出版する。一二月『根を養えば樹は自ら育つ』（柏樹社）を出版する。

一九七七（昭和五二）年：（六五歳）　八月『いのちとのであい』（難波別院）を出版する。一二月復刻版『培其根』全六巻（実践の家）を出版する。「培其根」が昭和五二年に復刻されたのは、現場教師の熱い要望があってのことである。そもそもこの内容は、八鹿小学校時代に東井校長が教員に対する指導の記録としてガリバン刷りしたものを、そのままの形で復刻されたものである。ここに実践家としての東井義雄の面目躍如がみられる。まさに「教育の金字塔」と呼ばれる程に、高く評価される内容のものである。

一九七九（昭和五四）年：（六七歳）　四月『仏さまの願いとお母さん』（難波別院）を出版する。四月『子どもの何を知っているか』（明治図書）を出版する。六月『いのちの芽を育てる』（柏樹社）を出版する。

一九八一（昭和五六）年：（六九歳）　但東町から「教育特別功労賞」を受賞する。

一九八二（昭和五七）年：（七〇歳）　内閣総理大臣より、叙勲「勲五等双光旭日賞」を受賞する。

一九八三（昭和五八）年：（七一歳）　二月『どの子も必ず救われる』（明治図書）を出版する。四月『子どもこそおとなの父』（法蔵館）を出版する。

一九八四（昭和五九）年：（七二歳）　五月『家にこころの灯を』（探究社）を出版する。一〇月『若い教師への手紙一　教師の仕事・仕事の心』（明治図書）を出版する。

一九八六（昭和六一）年：（七四歳）　兵庫教育大学大学院の非常勤講師となる。二月『拝まない者も　おがまれている』（光雲社、発売は星雲社）を出版する。三月『若い教師への手紙二　子どもを見る目・活かす知恵』（明治図書）を出版する。七月『若い教師への手紙三　いま、教師が問われていること』（明治図書）を出版する。一〇月『いのちの根を育てる学力』（国土社）を出版する。月不明『母のいのち子のいのち』（探究社）を出版する。

一九八七（昭和六二）年：（七五歳）　姫路学院女子短期大学、兵庫教育大学大学院の両講師を辞し、すべての教職生活を終える。この頃から身体の体調を崩すことが多くなる。検査入院で胃がんと診断され、豊岡病院で手術を受け、胃部のほとんどを切除する。一〇月『ひかりといのち』（探究社）を出版する。

一九八八（昭和六三）年：（七六歳）　全国青少年教化協議会より、正力松太郎賞を受賞する。一二月『輝くいのち輝く子ども』（探究社）を出版する。

一九八九（平成元）年：（七七歳）　一〇月『東井義雄詩集』（探究社）を出版する。一〇月『大いなる願いの中の私』

（宣協社）を出版する。

一九九〇（平成二）年：（七八歳）　二月『老いよ、ありがとう』（樹心社）を出版する。三月、小学校教諭として勤務していた長男の義臣が授業中に倒れ、意識不明となる。四月『喜びの種をまこう』（柏樹社）を出版する。一二月九日放映のＮＨＫ総合テレビ「心の時代」に出演する。「仏の声を聞く」と題して全国放送。この時の放送内容が、平成三年『仏の声を聞く』として出版され、これが遺著となる。

一九九一（平成三）年：（七九歳）　四月一四日朝、自転車で手紙を投函しに行く途中で、自動車と接触し、意識不明のまま豊岡病院に入院。一八日午前零時四分逝去。死因は急性硬膜下血腫。七九年の生涯を閉じる。内閣総理大臣より叙勲、従五位に叙せられる。六月『仏の声を聞く』（柏樹社）を出版する。

一九九二（平成四）年：　四月『東井義雄「いのち」の教え』（佼成出版社）を出版する。

一九九四（平成六）年：　六月『おかげさまのどまんなか』（佼成出版社）を出版する。兵庫県出石郡但東町に「東井義雄記念館」が開館する。

第二節　東井義雄の教育思想の形成とその変遷

1. 東井義雄の生涯と教育思想

ここではじめに主として朝日新聞社編「現代人物事典」に即しつつ、東井義雄の主たる生涯と教育思想を一瞥（いちべつ）してみよう。東井は、一九一二年（明治四五）年四月九日、兵庫県出石郡但東町の浄土真宗の寺に生まれた。一九三二（昭和七）年に姫路師範を卒業し兵庫県下の小学校教師となり、野村芳兵衛、小砂丘忠義らに知られて戦前の「綴方運動」に加わる。マルクス主義の思想にふれて、子どもたちの生活の貧困が社会階級的矛盾としてとらえなければならないことを認識しながらも、そこからの救済を真宗の他力本願的「いのちの思想」への沈潜に求めた。戦時下の一九四四（昭和一九）年には『学童の臣民感覚』と題する著作を刊行し、理論や思想以前の日常感覚に「民族のいのち」を認めようとした[5]。

太平洋戦争後、東井は教師として戦中の執筆活動の戦争責任を考えて、教職引退を思いめぐらすものの、結果的に一〇年間、僻村の小学校で教育の仕事に集中し、これまで積極的に展開していた社会的発言等を封印した。一九五七（昭和三二）年、戦後初の本格的著作『村を育てる学力』を発表。この著作は、戦後教育の転換点でもあり、教育界に強烈な衝撃を与えた。東井はここで公教育が成り立たせている「教科の論理」に対して、子どもが実生活の身につけているものの感じ方、考え方、行動の仕方を「生活の論理」とよび、後者に立脚した教育実践の展開を志向した。そうした立場から一九五〇年代の後半期に『学力をのばす論理』（一九五七年）、『学習のつまずきと学力』（一九五八年）、『授業の探求』（一九六一年）などの著作を矢継ぎ早に世に問うていった[6]。

しかし一九六〇年代における高度経済成長は東井が育てたいと願った「村」を崩壊へと導き、したがって東井の教育は「村」の教育に対する鎮魂の営為ともなった。東井義雄の授業実践の追求に関しては、きわめて質の高いものを創造していった。一九七二（昭和四七）年、兵庫県養父郡八鹿小学校長を最後の職として第一線からしりぞくものの、生家である寺を村の文化センターとして社会教育活動を拡大した。また全国からの講演会依頼を受けて全国を巡回したり、旺盛な執筆活動を晩年まで継続した[7]。

次に菅原稔の見解に従いつつ、東井義雄の教育実践家としての側面から思想的内容の特徴をまとめてみよう。菅原稔は、東井義雄の教育実践家としての特徴を以下の三点にまとめている。第一に東井は「生きていることのただごとでなさ」「いのち」の自覚に基づき、その存在そのものである「いのち」の現われである児童生徒の存在を重視した。つまり東井は彼らを代替不可能なものとして捉えようとしている。第二に東井は「書く」ことを中心とし、その機能を十分に生かしながら、学習内容を児童生徒の生活上の問題と関連させ、自分の問題として捉える、児童生徒の内面活動を重視した。第三に東井は、学習主体の確立と集団の中での解放が図られたうえで展開され、その意味でも学習の結果だけではなく、学習過程をも重視した(8)。

2．東井義雄の思想的基盤についての特徴

次に古家佳美の研究(9)にしたがって、東井義雄の思想的基盤についての特徴を簡単に振り返っておきたい。東井義雄は、一九一二（明治四五）年四月九日、兵庫県出石郡合橋村（但東町）佐々木（現在　豊岡市但東町佐々木）に建つ「浄土真宗本願寺派東光寺」の長男として生まれた。姫路師範を卒業した後、豊岡尋常高等小学校、但東町内の小・中学校で教師として勤務し、八鹿小学校で定年を迎えた。その後、姫路学院女子短期大学、兵庫教育大学大学院の非常勤講師を務め、一九九一（平成三）年に七九歳で逝去。東井義雄は生前に一〇〇冊以上の著作、多数の論文を執筆しただけでなく、晩年には全国で何百回という講演に招かれた。教育実践家としては、地域と一体となった学校運営や綴り方指導が顕著な業績と言えるだろう(10)。

古家佳美の研究にしたがえば、東井義雄の生涯は三つに区分できるという。第一期は、誕生から学生時代までである。経済的に困窮の極みにあり、教育の重要性を実感しながら、自分の進路を決定せざるをえなかった時期である。第二期は教職についてから退職までの時期で、ここで東井義雄はさまざまな教育実践を展開していき、社会から高い評価を受けていく時期である。第三期は、教職を退いてから亡くなるまでの時期で、大学で非常勤講師を務めながら、全国で講演活動を活発に行った時期である。

第一期：誕生から学生時代まで

東井義雄の家が貧しかったために、進路にかなりの制約がかかり、自分の将来を真剣に考えていた時期である。人間としての生き方をいやがうえにも問われざるを得ず、母への思いも重なり、仏教信仰と直面していくことになる(11)。

第二期：前期（教師出発の時期）・中期（戦争協力に対する批判に耐える時期）・後期（戦後、教育実践が高く評価される時期）

前期は、教師となって現実の厳しさと直面して一時期、無神論の精神状態となり宗教から距離をとることとなる。しかし絶対的存在であった母への思いが東井義雄の精神の危機的状況を救うことになる。また教え子から「生の神秘さ」を気づかされ、「生きていること」から「生かされていること」への変貌がみられる。父との死別、子どもの大病に直面するなかで「いのちのただごとでなさ」に覚醒する。中期は、戦争に協力した教育活動をしたと批判され、終戦後、転向教師と非難されても沈黙を貫き、一〇年間筆をとらなかった。人間として、教師としてじっくりと現場で教育実践を深めることとなる。後期は、教育の原点に戻り、教育実践をより深めるなかで臼田校長との出会いが起き、東井義雄のその後の人生を決定づけることになる。この時期は、戦前の自らの戦争協力の反省を踏まえて、学校通信の編集と発行、地域と連携した学校教育の推進、授業論、学力論、後進の指導等、こうした教育実践が日本の教育界に認められていく時期と言えるだろう。

第三期：教師生活の終了から晩年の講演・執筆活動時代

四〇年の教師生活を終了し、そこから一五年間の講演活動、執筆活動に邁進していく。晩年は仏教への信仰を前面に出す形で、講演や著作を展開して一貫した人間観・世界観・教育観を構築していく。[12]

第三節　東井義雄の教育思想と教育実践

1.『大無量寿経』の「独来独去無一隋者」と出会った東井義雄

「独来独去無一隋者」は東井義雄の根源的思想の特徴の一つである。北島信子によれば、東井は一九二八（昭和三）年一六歳のときに漢文の宿題で、「独来独去無一隋者」の言葉と巡り合う。母を早くに亡くし、父もやがては亡くなってしまい、自分もいつかは一人になってしまうことのさびしさを痛烈に感じていたために東井義雄にとってこの『大無量寿経（だいむりょうじゅきょう）』の「独来独去無一隋者」という文言はひとしお衝撃が強かった。[13] 書き下し文は、

「独り来り独り去り、ひとりも随（したが）ふものなけん[14]」である。これは「独り生まれ来て独り世を去るのであって、何も持って行くことはできない[15]」。この点について東井義雄は次のように述べている。

「母もたった一人で行ってしまった。臨終の枕辺にむせび泣く者はあったが、一人もついては行かなかった。父もやがてひとりぼっちで行ってしまうのだろう。私もいつかひとりで行かなければならない。世界にはたくさんの人間がひしめきあっているようだが、いざとなったらみんなひとりぼっちなのだ。それを思うとたまらない気がした。みんなみんなが、何の憂いも不安も感じないかのように働き談笑しているのが不思議であった。朝、目がさめると、ああ自分は生きていたと思った。父も祖父も祖母も妹もみんな生きていることを確かめると、ああよかったと思った。が、このしあわせがいつまで続くかと思うとまた不安であった[16]。」

一九一八（大正七）年にわずか六歳で母と死別することになり、東井義雄は「独来独去無一隋者」という言葉に「大鉄槌のような重さ」で打ちのめされたという。東井は、「独り生まれ来て独りで死ぬ」「誰も付いていく者はいない」という意味を、上述のような母との別れと重ねて実存的に受け止めていたのだろう。母だけでなく、家族もやがてみんな一人で世を去っていくものだと納得するようになる。

北島によれば、後に父の葬式を出すまでに「六つの葬式を出した」という壮絶な経験を持った若き東井義雄は、世界には大勢の人々が暮らすのに、また家族とともに過ごしているのに、いつかはみんなたった一人ぼっちで死んでいかなければならないことの意味を考えるようになる。すると「いざとなったらみんな一人ぼっち」であり、「そう思うとたまらない気がした」という。まさに東井にとって「きびしい掟」として脳裏に焼き付くこととなる[17]。

北島信子はこうした省察を東井義雄の以下の文章を的確に引用している。「親や教師がどこどこまでも、ついていってやることができるのなら、それもよかろうが、無常の風は、いつか必ず訪れるのである。それを思うとき、親も教師も、一日も早くこの『独来独去』のきびしい掟に目ざめて、いつどこからでも、子どもが、自分の足で歩いて行けるように、その覚悟で『教育』を考えるべきでなければならないかもしれないのだから……[18]。」

教師や親が子どもにずっと寄り添っていけるならば、常に導いてやることができる。しかし「独来独去」と同様、親も教師も子どもたちも一人で生まれ一人でこの世から去っていかなければならない。だからこそ、東井義雄は真剣に「子どもが自分の足で歩いて行けるように」教育を考えるのである。

東井義雄は『大無量寿経』の「独来独去無一随者」と出会うことによって、一つの変革的段階を経ることになる。「独来独去」の意味するところは、究極的には、子どもであっても一人で生まれ、一人で死んでいかなければならない存在であることをわれわれ大人や教師が自覚する必要があるということである。さらに「無一随者」とは、親も教師も「ずっとついていてやれない」ことを認識しなければならず、それゆえに子どもは自分の足で歩いていけるように教育する必要があると東井は自覚したのである[19]。

2. 亀は亀として

北島信子によれば、学生時代の東井は運動が苦手でいつもマラソンはビリになっていたため、「亀は亀として」の価値を見出していく。兎にも亀にもともに価値があり、優劣ではなく、それぞれの子どもの存在に価値を見出すことが教育であると実感していく。仏教思想で「青色青光（しょうしきしょこう）黄色黄光（おうしきおうこう）赤色赤光（しゃくしきしゃっこう）白色白光（びゃくしきびゃっこう）」の世界があるという。これは存在のすべてが、それぞれの光を放つという意味であり、この価値観こそ、教育の目指すべき子ども観ではないのかと東井義雄は確信するようになる[20]。

北島信子は、東井の師範学校時代の教育実践の特長を以下のように紹介している。それは「したら、しただけのことはある」という「人生のおきて」を獲得したことである。東井義雄はビリで走るマラソン体験から、一番かビリかではなく「走る存在」そのものに価値があるということを実感したのである。貧しさのゆえに十分な食事をすることができず、東井は体力に自信がなかった。そうした状況で師範学校時代のマラソンではたいてい一番ビリで走った経験を、北島は鋭く指摘し、次の東井の文章を紹介している。

「そういう時、ビリをこちらが引き受けてやるおかげで、仲間はビリの悲哀を味わわないですむのだと思うと、何か『ビリの役割り』とでもいったようなものが感じられて度胸がすわりはじめた。私はこのビリで走るマラソンのおかげで、人生マラソンについて考えさせられるようになった。根気を要するような仕事をしている時、『したら、しただけのことはある』とつぶやくと元気がでるし、たいていの人なら劣等感に耐えられなくなるような状況におかれた時にも『ビリの役割り』と思い出すと度胸がわいてくる。私は『兎と亀』の話は、ただ努力の勝利を教えたものではないのではないかと思う。不断の努力は尊いものではあるが、亀がいくら努力しても兎にはなれない。兎になろうとすることよりも、亀は亀としてりっぱな亀になること、そこには栄光があるのだということを、『兎と亀』の話は、教えてくれているのではないであろうか。仏の世界は、『青色青光、黄色黄光、赤色赤光、白色白光』の世界で、存在のすべてが、それぞれの光を放つ世界だということであるが、この世界こそ、教育の目ざす世界でもあるのではないだろうか。自分はいつでも自分である。他人ではない。世界でただ一人の自分である。ほんものの自分になるよりほかに道のない自分である。[21]」

北島によれば、この文章を通して東井義雄はビリであることを悲しみ、劣等感を抱いているのではない。ビリで走ることに変わりはないが、一足でも走っただけ、帰着点に近づいていると考えて、「したら、しただけのことはある」という人生のおきてをかみしめているのである。自分がビリを引き受けることによって、仲間がビリの悲哀を味わわないで済むと東井義雄は考えたのである。亀は努力しても兎にはなれない、という東井の考えは、けっして優劣や諦観を述べたものではない。兎の方が優れて亀は劣っているという価値観ではなく、兎にも亀にも、ともに同じ価値があるということであり、さまざまな子どもの中にそれぞれの価値を見出していくのが教育の仕事であるという東井義雄の信念でもある。それはまた仏教思想の「青色青光、黄色黄光、赤色赤光、白色白光」の世界で、存在のすべてが、それぞれの光を放つ世界と重なるのである。[22]

3．生かされている自分への覚醒—「口蓋垂」（のどびこ）事件

これもまた極めて有名な東井義雄二五歳の時のエピソードである。当時、東井は高等小学校の教師で学級担任をしているときにその事件が起きたというのである。三学期の授業が終わって、何か質問はないかと東井が子どもたちに問いかけたときに、決定的な出来事が起きたのである。※※という子どもが手を挙げて「あーと口を開けると、喉の奥に、ベロッとさがった、ぶさいくなものが見えていますが、あれ、なにするもんですか？」と東井に問うたというのである。東井は即答ができなかったために、率直に「※※君、すまんけど先生知らんわい。今日、帰って調べて来るからな、明日まで待ってくれや」と率直に返事をしてその晩、「のどびこ」の働きを調べることとなった。そこで次の事実がようやくわかり、東井はある種の感動を味わうことになる。[23]

鼻から吸った息が肺にいく気管の道と、口から入った食べ物が胃袋へいく食道の道とに喉のところで、道が二つに分岐している。食物がまちがえて気管の方へいくと最悪、窒息して死んでしまう。そういうことが起こらないように、「のどびこ」（口蓋垂・こうがいすい）がぴったりと気管の入口に蓋をしてくれるおかげで、まちがいなく食物が胃袋に入るということがわかった時に、東井は「殴りつけられたような気がした」と記している。[24]〔筆者註：正確には、気管に蓋をするのは喉頭蓋（こうとうがい）である。舌根の後方にあり、食物を飲み込むとき、喉頭を閉じて、気管に入ることを防ぐ働きをする。その結果として食物が食道へ流れ込むようにする。東井は、「のどびこ」（口蓋垂・こうがいすい）」と喉頭蓋（こうとうがい）を勘違いしたと思われる。〕

正式名は「口蓋垂」（こうがいすい）というのだが、この「のどびこ」は、生まれたときから働きづめに働いてくれているのに、東井自身も「ご苦労さんやなあ」と思ったことは一度もなかったと自身の傲慢さに気づいたという。東井は、同様のことは、他の諸器官についても言えることを認識したである。眼でいえば、眼のおかげで外界のものが見え、耳のおかげで外界の音が聞こえるのである。息が出たり入ったりしているが、これが止まったら人間の生存は

終わりを迎える。夜も昼も日曜でさえも、一生懸命に、諸器官は私のために働いてくれていることを深く理解した東井は、この事件以降、「どうか、生きるということを、粗末にするな、しっかり生きてくれよ」と子どもたちに、生命尊重の視点を意識的に働きかけるようになる。(25)

北島によれば、東井義雄は戦時中、一時期であるが無神論的立場をとるようになった。貧しい農村の現状のなかで、自分の家の状況（浄土真宗の寺として、貧しい村人からお供えをさせる）に対して反感を持っていたのであるが、この「のどびこ」（口蓋垂）事件を契機に再び、いのちの本質的な意味に目ざめ、人間とは自分も学級の子どもも含めてすべての人間が「生かされている」存在であることを再発見していくのである。北島は中村薫の『正信偈（しょうしんげ）六二講』を援用しつつ、「凡」も「聖」も「逆」も「謗」も斉しくだきとらずにはおかないという考え方は、「正信偈」の「凡聖逆謗斉廻人」（ぼんじょうぎゃくほうさいえにゅう）の箇所であり、「五逆の罪人」も「南無阿弥陀仏」と念仏を称えるだけで、等しく救われることを意味する、と鋭く指摘している。(26)

4．長女の迪代（みち）が三歳で難病にかかる体験をした東井義雄

東井義雄はさらには愛娘の迪代（みち）大病、父の死の体験によって、浄土真宗の「生かされている」自覚をより深くしていくのであるが、本節では、長女が三歳で難病にかかった時の東井義雄二九歳の父親としての辛い経験を特に紹介してみたい。今井伸和によれば、「口蓋垂』の体験の後、東井の長女が三歳で難病にかかり、医者からは「百人の中九十九人は助からない」「もう今夜一晩むずかしいでしょう」と宣告されるほどの切羽詰った状況で、東井が娘の迪代（みち）を看病したときに綴った詩を紹介している。一九四一（昭和一六）年九月五日の夜半零時に作られた詩である。(27)

「前略

迪代（みち）／わたしはお前のとうちゃんでおりたい。／身のほどしらずの／ねがいであろうか。

◯

前略

みち／お前は　生かされている。／ああ／もう一時間で／夜が明ける。

◯

ああ／きょうも／親子でおらせてもらった。

◯

みちよ／お前は「私」の子ではなかった。／お前のいのちは／とうちゃんなんぞの力で／どうにかなるようなものではなかった。／みちよ／それだのに　とうちゃんは／お前を「私」の子だなんて思いすごしていた。／みちよ、／とうちゃんは／今こそお前の「いのち」を拝む。／そして教室の六十人のいのちを拝む。(28)」

今井伸和の指摘によれば、一命を取り留めた長女の命に対して、東井は、子どもがそこにいることのあたりまえの有難さを深く自覚したという。死ぬかもしれない「いのち」がそこに存在することへの感謝の念である。そしてこの自覚が教室の六十人の「いのち」の自覚へとつながっていったのである。こうした経験を踏まえて東井は言う。「こうして、私は、受持ちの子らへの愛によってでなく、私の子どもへの愛によって、生きているということのただごとでなさを、否応なしに痛感させられた。そして、このことを通じ、受持ちの子らのいのちのただごとでなさに気づかされた。(29)」

今井に従えば、自己の「いのち」のただごとでなさの自覚と、他者の「いのち」のただごとでなさの自覚とは、自覚の深化の度合いに応じて区別して論じられるべきであるという。「みちよ／お前は「私」の子ではなかった。／お前のいのちは／」の詩の一節から理解できることは、「わたしの子」から「お前は『私』の子ではなかった」と東井によって受け取りなおされている。カギ括弧付きの「私」が意味することは、たとえ親子の関係にあっても、子どものいのちを思い通りにすること、私物化することはできないという厳粛な事実である。東井にとって、長女の大病の経験を通じて、「いのち」の差配不可能性が自覚されたということである。換言すれば、各人が生きているという事実を一般的に「いのち」と呼ぶが、その背後に私たちの個別の「いのち」を支え生かしている存在もまた「いのち」と東井は名づけたのである。東井は言う。「『私』というものの背後、『私』というものの根底にあって、『私』というものをあらしめている大いなるもののはたらき[30]」と述べている。今井は、大いなるいのちのおかげで個々の私たちのいのちが生かされていると捉え、前者を「いのち」の超越的側面、後者を「いのち」の内在的側面と定義づけている[31]。

さらに山田邦男によれば、東井義雄は娘さんの大病を通して、「生きていることのただごとでなさ」を知らされ、その辛い自らの経験を通じて一人ひとりの子どもの背後に親の深い愛情が存在し、子どもはその親によって「祈られている」であることを深く身をもって知るに至ったのである。これが東井の「教室六十人の命を拝む」原点となるのである[32]。

【註】

（1）顕彰会事務局、福田静剛、西垣勉編集、東井義雄遺徳顕彰会、『東井義雄の生涯』、一九九四年、二九頁参照。および菅原稔編集・解説、『現代国語教育論集成・東井義雄』、明治図書、一九九一年、四二三頁参照。
（2）顕彰会事務局、福田静剛、西垣勉編集、『東井義雄の生涯』、四〜二九頁参照。
（3）「東井義雄年譜」（制作協力＝宇治田透玄・東井義雄記念館長）、山田邦男他編著、『ことばの花束』、佼成出版会、二〇〇二年。
（4）菅原稔編集・解説、「付録：東井義雄略年譜・主要著作目録」『現代国語教育論集成・東井義雄』、明治図書、一九九一年、四二三〜四三三頁参照。
（5）朝日新聞社編、「現代人物事典」（一九七七年版）中野光著、「東井義雄」、八八九頁参照。
（6）朝日新聞社編、前掲書、八八九頁参照。
（7）朝日新聞社編、前掲書、八八九頁参照。
（8）菅原稔著、「一章　人と業績」、菅原稔編集・解説、『現代国語教育論集成・東井義雄』、一〇頁参照。

（9）古家佳美著、「東井義雄の教育実践の思想的基盤についての考察―宗教思想との関連を中心として―」、滋賀大学大学院教育学研究科研究論文集、第一三号、二〇一〇年。
（10）古家佳美著、前掲書、一二二頁参照。
（11）古家佳美著、前掲書、一二二頁参照。
（12）古家佳美著、前掲書、一二三頁参照。
（13）北島信子著「東井義雄の教育思想における浄土真宗の教え」、真宗高田派正泉寺、北島義信編、『浄土真宗と社会・政治』リーラー「遊」Vol.4、図書出版文理閣、二〇〇六年、一〇四～一〇五頁参照。
（14）浄土真宗本願寺派、『浄土真宗聖典』、本願寺出版社、一九八八年、八二一頁。in: 北島信子著、前掲書、一〇四頁参照。
（15）浄土真宗聖典編集委員会、『浄土真宗聖典　浄土三部経―現代語訳―』、本願寺出版社、一九九六年、一一七頁。in: 北島信子著、前掲書、一〇四頁参照。
（16）東井義雄著、「わが心の自叙伝」『東井義雄著作集七』、明治図書、一九七三年、三四一頁。（初出『のじぎく文庫』神戸新聞社、一九五七年）in: 北島信子著、前掲書、一〇五頁参照。
（17）北島信子著、前掲書、一〇五頁参照。
（18）東井義雄著、「わが心の自叙伝」、三四一頁。in: 北島信子著、前掲書、一〇五頁参照。
（19）北島信子著、前掲書、一〇四～一〇五頁参照。および古家佳美著、前掲書、三三〇頁参照。
（20）北島信子著、前掲書、一〇七頁参照。
（21）東井義雄著、「わが心の自叙伝」『東井義雄著作集七』、三三八頁。in: 北島信子著、前掲書、一〇七頁参照。
（22）北島信子著、前掲書、一〇七～一〇八頁参照。
（23）東井義雄著、『ばかにはなるまい』、（同朋叢書六）、真宗大谷派岡崎教区出版委員会、二〇一〇年、六九頁参照。
（24）東井義雄著、前掲書、六九～七〇頁参照。
（25）東井義雄著、前掲書、七〇頁参照。
（26）中村薫著、『正信偈六二講』、法蔵館、一九九九年、九〇頁参照。in: 北島信子著、前掲書、一一〇頁参照。
（27）今井伸和著、「子どものいのちにふれる―東井義雄の教育論―」、日本道徳教育学会編、『道徳と教育』、五〇巻、二〇〇六年。一二三頁参照。長女の大病およびそのときの東井義雄の心情を綴った詩に関する指摘は今井の他にも、菅原稔著、「一章　人と業績」、前掲書、一一頁でも触れられている。
（28）東井義雄著、『いのちの芽を育てる』、柏樹社、一九七九年、六八～七〇頁。in: 今井伸和著、前掲書、一二三頁参照。
（29）東井義雄著、『東井義雄著作集一』、一二四頁。in: 今井伸和著、前掲書、一二三頁参照。
（30）東井義雄著、『根を養えば樹は自ら育つ』、柏樹社、一九七六年、五七頁。in: 今井伸和著、前掲書、一二四頁参照。

(31) 今井伸和著、前掲書、二五頁参照。
(32) 山田邦男著、「東井義雄のこころ」、山田邦男他編著、『ことばの花束』、二六頁参照。

第十四章　東井義雄の教育思想と教育実践（二）

第一節　主著『村を育てる学力』の東井義雄の教育実践の思想

1. 当時の閉鎖的農村社会への挑戦としての『村を育てる学力』の主張

太平洋戦争中の自らの教育活動の戦争責任をとって一〇年の間、東井義雄は執筆活動を自粛していた。そして戦後、彼の教育思想の執筆の第一弾が、一九五七年に出版された本格的教育思想の書『村を育てる学力』[1]という題名でまとめあげられた。北島信子は、東井義雄の戦後教育実践の代表作として『村を育てる学力』を取り上げて次のように指摘してみせた。元来、東井は、教師・学校と家庭・親が連携しつつ「子どものしあわせ」を実現していくことを教育実践の目標としていた。なぜなら当時の家庭の中ではまだまだ封建的な家族関係が支配していたからである。それゆえ太平洋戦争後の教師や学校側の願いは、戦後民主主義教育の出発とともに、仲間と協力しつつ学力をつけていくことであった。しかし特に、当時の農村地帯の家庭や親の願いは、そうした教師や学校の願いとは逆に、労働力の担い手として子どもたちに家の手伝いや作業をさせることであり、そこに価値が見出されていた。子どもが学校に行って勉強すると農作業がはかどらず、学力がつくと都会に出て行ってしまうのではないかという不安を、家庭や親たちは持っていた。その結果、農村では生活を重視し、学力をつける必要はないと考える家庭や保護者が圧倒的であり、これが当時の農村社会での教育の実相であった[2]。

北島信子の指摘によれば、上述のように戦後すぐに日本の学校では、子どもたちに民主主義教育が施されたのだが、それぞれの家庭では封建的な家族関係が根強く残っていたため、学校が提案し始めた民主主義的な児童観や学力向上という思いは簡単には受け入れられず、民主主義的な児童観が浸透するにはかなりの時間がかかった。東井義雄はこれとの関連で以下の苦い経験を私たちに伝えている。進級して不要になった教科書を、母に同意を得てその子どもが、教科書を持っていない友達に貸してあげようとしたときに、その子どもの祖父が「うちのぜにで買うた本、人にかさいでもええ」と言ったために友達に貸すことができなかった。また別の事例として東井は、家族で話し合っていると き、子どもが意見を言おうとすると、「子どもはだまっとれ」と言われることがほとんどであったと、戦後教育の難しさを紹介している。戦後の学校が新たに主張したところの「子どもの民主主義的参加の状況」は、特に閉鎖的な農村地域の社会や家庭では非現実的なものに思われた。東井義雄はこうした農村の保護者の態度を嘆き、封建的な家族関係では「うちの子ども」しか見えておらず、村の子ども、村全体で共に育ちあうという姿勢が存在していないと鋭く批判したのである。(3)

2. 民主主義教育の精神を軸に学力形成を目指した東井義雄

東井義雄は『村を育てる学力』において、こうした農村の子どもたちの願いを実現するために、親たちと手を取り合い、民主主義教育の精神を軸に学力を形成することを目指そうとした。その際には、どのような学力をつければいいのかという、学力の中身にまで言及した。東井は、都会に出ていくためにつける「村を捨てる学力」ではなく、「村を育てる学力」でなければならないと考えた。もちろん、厳しい農作業への従事という現実は存在することにちがいない。しかしそれが大変だから、都会へ出て仕事を求めるということでいいのかと問い、なぜこれほど働いても貧しいのかということを明確にし、いかにすればこうした困窮から脱出できるのかということを考えることが東井義雄の主張する民主主義教育の精神であった。(4)

東井義雄はそのことについて以下のように論じている。北川信子の指摘を参考に引用してみよう。「私は、子どもたちを、全部村にひきとめておくべきだなどと考えているのではない。研究所の研究報告がいっているように、『過半数が都市にでる宿命にある』なら、それもいいと思う。ただ、私は、なんとかして、学習の基盤に、この国土や社会に対する『愛』を据えつけておきたいと思うのだ。『村を捨てる学力』ではなく『村を育てる学力』が育てたいのだ。」[5]

3．村全体のことを考え得る学校と親の連携を模索していた東井義雄

先にも述べたが、東井義雄は民主的な子どもを育てるために、村全体の事を考えることのできる学校と親の連携を模索していた。なぜなら学校では先進的な民主主義を学び得ても、まだ家庭では封建的なものの考え方に縛られる事例が多かったからである。村の人々は生活のため農作業に追われ、日中、村全体で討議することもままならない状態であった。そこで、それぞれの時間帯に合わせて読むことのできる文集を作成することによって、親・子ども・学校教師の三者の作品を掲載するという方法を考案したのである。

東井義雄は、後年「いのちの教育の探求者」として広く知られることになるが、若い教師時代から「生活綴方」の実践家としての側面も私たちは把握しておく必要があるだろう。北島信子によれば「生活綴方とは、子どもが自身の生活において感じたこと、考えたことを文章で書き、学級内でその作品を読み合い、討議し、共有化していくものであり、『物の見方・考え方・感じ方』を正しくゆたかにすることを目的としたものである」[6]。

とりわけ『村を育てる学力』では、生活綴方の実践について論じられている。東井を一躍有名にした本書では、戦後まもない封建的な家族関係の残る当時の貧しい農村地域で民主主義教育を受けた子どもたちが、貧困から抜け出るために村から都会へ出ていくような学力ではなく、子どもたちが主体的に考えて、村で生活していくことによって村を育てる学力形成について実践的に論じられているところに際立った特徴がある。そうした学力を、生活綴方の実践と通じて展開していくのみならず、そこでは教科学習との密接な連携、さらには親・教師・子どもとも連携をも視野に入れているところにユニークさが光るのである。[7]

第二節　「いのち」の自覚に基づいた教育思想家東井義雄

1．児童詩「ぼくのした動け」から理解できる東井義雄の教育思想

東井義雄は彼の教育実践と教育思想の中で、子どもの「いのち」というものとどのように対峙してきたのだろうか。東井は、ある生徒の質問で「口蓋垂」の不思議さを体験した。その後の東井の考えについて、今井伸和は次のように紹介している。「気がついてみたら『口蓋垂』だけではありません。『目』があって見ることができることも、『耳』があって聞くことができることも、『呼吸』や『心臓』が昼夜無休ではたらき続けていることも、（中略）みんなみんな、ただごとではない、不思議きわまることであったのです。『生きている』とばかり思っていた私が、『生かされていた』のです(8)」。

今井伸和によれば、「私」がたしかに生きているのだが、その根底に「私」を超えた力が働いており、そのおかげで「私」は**生かされている**というのである。これとの関連で今井は、東井がよく援用する五歳の幼児の次の言葉を紹介している。

「ぼくのした動け」
というたときは
もう動いたあとや
ぼくより先に
ぼくのした動かすのは何や？(9)」

を今井伸和は紹介しつつ、この「何や？」の問いは、たとえ科学がどれほど発達しようとも、答えられない不思議

としか言いようがないと指摘している。もちろん、舌は脳の指示によって動いているのだが、それではその脳を動かしているもとのものは何かと順に問うていくと、なぜこの「私」が今ここに存在するのかという存在論にまでたどりつき、結局、子どもの問いに答えることはそうたやすいことでないことに気づかざるをえなくなる。東井義雄はまさにこの不可思議な働きとしての「いのち」そのものに目を向けていくのである。[10]

2. 井上和昌先生とM君との出会い

今井伸和は、東井義雄の『子どもの何を知っているか』を援用しつつ、いのちといのちと出会いについて以下の興味深い論考を展開している。

東井義雄が八鹿小学校の校長をしているとき、M君というかなりやんちゃな子どもがおり、「すえおそろしい」子どもと言われていた。掃除当番でも一切責任を放棄し、授業参観の日で保護者がたくさんいるような状況でも平気で教室や廊下を歩き回り、クラスの仲間の頭を叩いて回るような子どもだった。そんなM君が小学校三年生のとき、井上和昌という教員がM君の担任教師となったときの話を東井義雄は以下のように紹介している。はじめてクラスに入ったときも、M君はあいかわらず、自分の席を離れて、仲間の頭を叩いて回っていた。ところが、興味深いことに井上先生は、すぐに「ぼくの子どもの頃とよく似ているな！」「うちの三年生の息子とよく似ているな！」と感じたという。[11]

東井によれば、井上先生はM君を「困った子」としてではなく、「なつかしい子」として理解したのである。こうした教師との劇的出会いからM君の態度は急激に良い方向に変化し始めたのである。やんちゃばかりしていたエネルギーが、まじめに掃除をする態度に転換され始め、さらに自分の席に座って授業を真剣に受け始めるように完全に変化していったのである。今井伸和はその事実を次のような東井の言葉で紹介している。「子どものいのちの袋の中には、いろんな宝物が入っています。その宝物は子ども自身さえ知らずにいるのです。教師がそれを見つけてやらなければ。[12]」というものである。この例示は、いかに教師の子どもへの愛情や信頼が必要であり、また極めて大切なものかということがわかる指摘である。

第三節　東井義雄の「綴方教育」―詩を通して育まれた教育思想―

1．児童詩「かつお（かつおぶし）」を通してみた東井義雄の教育思想

古家佳美の研究にしたがえば、東井義雄の教育実践の柱の一つとして先に触れた「綴方教育」が挙げられよう。古家佳美は、東井の教育実践記録には「凡聖逆謗斎廻入（ぼんじょうぎゃくほうさいえにゅう）」［どのような人でも等しく阿弥陀仏の誓願に救われて心が入れ替わること］という彼の宗教性が色濃く反映されていると指摘している。たとえば、子どもたちがどのようなことを言おうと、その背後には子どもなりの理屈があり、教師はそれを受け止めなければならないという。このことがみごとに浮き彫りにされている事例として、「綴方教育」における一人の子どもの詩「かつおの詩」を紹介してみよう。[13]

かつお（かつおぶし）

けさ　学校に来がけに
ちょっとしたことから母と言いあいをした
ぼくはどうにでもなれと思って
母をぼろくそに言い負かしてやった
母が困っていた
そしたら　学校で　昼になって

母の入れてくれた弁当の蓋をあけたら
ぼくのすきなかつおぶしが
パラパラと　ふってあった
おいしそうに　におっていた
それを見たら　ぼくは
けさのことが思い出されて　後悔した
母は　いまごろ　さびしい心で
昼ごはんたべているだろうかと思うと
すまない心が
ぐいぐい　こみあげてきた

また今井伸和によれば、「すまない心」がこの子の中から「ぐいぐいこみあげてきた」。なぜなら、この子どもの最内奥の素直な気持ちがこみあげている状態にあるからだという。これとの関連で東井義雄は、「作者［詩を作った小学生］はかつおのかおりの中に、ほんもののかおりをかいで、ハッとしたのだ。ほんものの母親にであったのだ。(14)」今井伸和によれば私たちが自分の心の醜さに気づくのは、心が本当にきれいな人に出会った場合であり、換言すれば偽りの自分に気づくのは、本物の人間に出会った場合であると見事に指摘している。

さらに古家佳美によれば、母親を口で言い負かしたと得意げになっていた自分が、母親の作ってくれた心こもったお弁当に気づくことで後悔する心がこみあげてくる。そのことによって、「母のまごころ」に出会えたのである。古家佳美は続けて言う。「『綴り方教育、作文教育』の理念の下には、（中略）『凡聖逆謗斎廻入』の仏教思想があるのではないかと考える。そして子どもの思い、考えを受け止めることが、子どもの心の成長に大きな影響があると考えられる。[15]」

2．東井義雄の詩「どの子もこどもは星」―子どものいのちに触れる教育―

山田邦男によれば、現代は内外二重の意味で「いのち疎外」の時代であるという。外面的には環境の汚染と破壊が、そして内面的には心の荒廃と空虚化が進んでいる。生きとし生けるもののすべてが、息も絶え絶えになって苦しんでいるという。仏者にして教育者であった東井義雄の思想を「子どものいのちに触れる教育」という観点から考察している山田邦男は、多くの東井の詩の中から一つを選ぶとすると「どの子もこどもは星」以外を挙げることはできないと指摘している。なぜなら、この詩ほど教育の本質をみごとに表現したものもないからである。以下にその詩を掲載してみよう。[16]

「どの子もこどもは星」
どの子も
子どもは　星
みんなそれぞれが
それぞれの光をもってまたたいている
光を見てくださいと
パチパチ目ばちしながらまたたいている
光を見てやろう
目ばちにこたえてやろう
見てもらえないと

子どもの星は
光を消す
目ばちをやめる
光を消しそうにしている星はないか
目ばちをやめかけている星はないか
光を見てやろう
目ばちにこたえてやろう
そして
天いっぱいに
子どもの星を輝かせよう。

＊目ばち＝まばたき

山田邦男に従えば、東井義雄自身のこの詩の最初の四行「どの子も／子どもは　星／みんなそれぞれが／それぞれの光をもってまたたいている」は、子どもの絶対のかけがえのなさという本質をみごとに表現している。しかもこのかけがえのなさは、子どもだけでなく、すべての存在を含むと考えられる。古今東西を通じて、自分と同じ人間は二人といないからこそ、それぞれの個性を十分に発揮するべきなのである。(17)

次の二行「光を見てくださいと／パチパチ目ばちしながらまたたいている」は、子どもの願いとは何かが示されている。(18)

山田は、すべての子どもは「光を見てくださいと／パチパチ目ばちしながらまたたいている」、の箇所を取り上げて、これは問題行動を起こす子どもだけでなく、どの子どもにも通底する願いであると鋭く指摘している。子どもがそのままの存在で肯定され、抱きとめてくれる他の存在を待ち受けているというのである。未知なものに取り囲まれている子どもにとって、この世界は不安に満ちているだけに、子どもたちのこうした願いは強い。こうした子どもの願いは、子ども存在を無条件にまるごと抱きとめてほしいという願いとして教師は受け止めるべきだろう[19]。

さらに次の二行「光を見てやろう／目ばちにこたえてやろう／見てもらえないと／子どもの星は／光を消す／目ばちをやめる／光を消しそうにしている星はないか／目ばちをやめかけている星はないか／光を見てやろう／目ばちにこたえてやろう」は、さきの二つの内容を受けて「教育者の務めとは何か」つまり教育の本質を私たち教師に提示していると言えるだろう。

次に東井義雄は「光を見てやろう」と表現しているのであるが、ここで「光を見る」とは、一人ひとりの子どもの願いをしっかりと聴き取り受け止めることであり、さらに言えば教師はしっかりと、子どものいのちに触れることを意味している。これこそが教育者の根本的な務めであると山田は指摘するのである。「子どもたちのいのちにふれていくことができなければ、私たちには何もできない」「いのちにふれ得ないような教師は、子どもに、何もしてやることはできない。子どもに、何もしてやることのできないような教師は、もはや教師ではない」という東井の教師論の核心部分を山田は援用しつつ、子どものいのちに触れているかどうかが、真の教師であるか否かの分岐点であると、山田はみごとに指摘してみせた[20]。

東井義雄が「子どものいのちにふれる」ようになるためには、東井自身の骨身にしみる実存的体験が必要であったとして、山田は東井自身の以下のような辛い人生経験を紹介している。結婚後間もなく生まれた東井のお嬢さんが大病にかかり、医師から命の保障のないことを宣告されたとき、東井は次のように記している。「生きていることのただごとでなさ」の詩という中で、「こうして、私は、受持ちの子らへの愛によってでなく、私の子どもへの愛によって、生きているということのただごとでなさを、否応なしに痛感させられた。そして、このことを通じ、受持ちの子らのいのちのただごとでなさに気づかされた[21]」。

自分の娘さんの大病を通して「生きていることのただごとでなさ」を知らされ、そのことを通じて「ひとりひとりの子どもの背後に『親』があるということ、子どもは『祈られている存在』であるということ」を東井は切実に知らされることになり、そして「教室の六十人のいのちを拝む」という心境に達していくのである。山田はここに東井の教師としての原点をみている。[22]（なおこの自分の娘さんの大病を通して「生きていることのただごとでなさ」を知らされたことを綴った東井の詩の紹介と解釈は前章に掲載しているので参照のこと。）

さいごの三行、「そして／天いっぱいに／子どもの星を輝かせよう。」は、教育の理想を示しながらも、教育とは「祈り」であることの東井の教育的信条が暗示されている。[23]

祈りは人間の願いではない。神仏に自分の願いを叶えてもらうように祈るのは本当の祈りではなく、たんなるお願いにすぎないと東井は明快に述べている。東井は、先の娘さんの大病のときも、「病気をなおしてやってください」とお願いしたことは一度もないと述べている。「そのわけは、わたしは、わたしの信じている仏さまは、おねがいしなかったら言うことをきいてくださらないようなケチな仏さまでないことを、深く信じているからです。[24]」と彼の信仰を告白している。

山田によれば、この信は、自分が祈る以前に、すでに自分は大きないのちから「願われ祈られている」という信であり、自己のすべてをお任せすることであるという解釈なのである。娘さんの大病のときの詩は「こどもを教育するなどと／おおきなことをいうな。　一つでも、人間輩に　自力でなし得ることがあるか。　馬鹿。　私」と結ばれている。こうした詩の内容は、親や教師ができることは、子どものいのちに触れ、子どもと一つになることだけなのだという東井の確信的表現として受け止めるべきだろう。[25]

山田は「拝まない者も　おがまれている　拝まないときも　おがまれている」という詩を援用して、親や教師のいのち（無心）が子どものいのち（無心）とぶつかりあい、二つのいのち（無心）が一つになるとき、そこにおのずから、本当の自分、本当の子どもが現われ出る、その人にしかないその人の光、その人のいのちが輝き出ると結論づけている。私たちはここに、東井の教育的求道のたゆまざる実践をみるのである。[26]

まとめに代えて―いのちの教育の探求者としての東井義雄―

以上、二章にわたって東井義雄の教育思想を論じてきたが、彼の主張に一貫して流れている思想は、生かされている子どもの命の重さを教師が気づくことの大切さということではないだろうか。東井義雄の教育思想には浄土真宗の教えが至る所で反映されていることが浮き彫りになった。東井義雄は円熟期に入って「いのちの教育の探求者」と呼ばれ始めたが、それは生活綴り方の実践家として子どもたちと接した結果、形成された教育者「東井義雄」の必然的な特質かもしれない。特に晩年は、教育実践家としてだけでなく、教育研究者としても顕著な実績を残している。特に「生かされている」自分への自覚は、たんに仏教思想のみならず、他の宗教教育にも通底するものであり、今後のさらなる研究課題となっていくだろう。キリスト教教育との比較も興味深いところであり、有意義なものとなるだろう。

いずれにせよ東井義雄にあって、「生かされている」自分への自覚は、仏から与えられたものであり、その自覚と子どもへの温かいまなざしが、より子どもたちの主体的な愛を持った子どもを育てる原動力となったものと思われる。[27]

現代においても、大人たちは「子ども存在」のいのちそのものの価値を見出さず、即効的な技術のみを求めがちである。「子どもが理解できなくなったら」と嘆くのではなく、「子どもたちに気づかされ」、子どもたちの行動や言葉を見出すような関わりを、教師は試み続けるべきではないだろうか。[28]

【註】

（1）東井義雄著、「村を育てる学力」、『東井義雄著作集一』、明治図書、一九七二年、（初出、『村を育てる学力』、一九五七年）。

（2）北島信子著、「東井義雄の教育思想における浄土真宗の教え」、真宗高田派正泉寺、北島義信編、『浄土真宗と社会・政治』、リーラー「遊」Vol.4、

図書出版文理閣、二〇〇六年、一一〇～一一一頁参照。
(3) 北島信子著、前掲書、一一一頁参照、および東井義雄著、「村を育てる学力」、『東井義雄著作集一』、一三～一五頁参照。
(4) 北島信子著、前掲書、一一一～一一二頁参照。
(5) 北島信子著、前掲書、一一二頁、および東井義雄著、「村を育てる学力」、『東井義雄著作集一』、一三～一五頁。
(6) 北島信子著、前掲書、一一〇頁。
(7) 北島信子著、前掲書、一〇一頁参照。
(8) 今井伸和著、「子どものいのちにふれる―東井義雄の教育論―」、日本道徳教育学会編、『道徳と教育』、五〇巻、二〇〇六年、二一頁。および東井義雄著、『仏の声を聞く』、柏樹社、一九九一年、四一～四二頁。
(9) 今井伸和著、前掲書、二一頁。および東井義雄著、『根を養えば樹は自ら育つ』、柏樹社、一九七六年、五六～五七頁。
(10) 今井伸和著、前掲書、二三頁参照。
(11) 今井伸和著、前掲書、二六頁参照。および東井義雄著、『子どもの何を知っているか』明治図書、一九七九年、二二～一六頁参照。
(12) 今井伸和著、前掲書、二六頁。および東井義雄著、『東井義雄「こころ」の教え』、校成出版社、二〇〇一年、二二〇頁。
(13) 古家佳美著、「東井義雄の教育実践の思想的基盤についての考察―宗教思想との関連を中心として―」、滋賀大学大学院教育学研究科研究論文集、第一三号、二〇一〇年、二九頁参照。および東井義雄著、『母のいのち　子のいのち』、探求社、一九七九年、二五一～二五二頁参照。
(14) 今井伸和著、「子どものいのちにふれる―東井義雄の教育論―」、二九頁。および東井義雄著、「村を育てる学力」、『東井義雄著作集一』、明治図書、六八頁。
(15) 古家佳美著、前掲書、二九頁。
(16) 山田邦男著、「東井義雄のこころ」、山田邦男他編著、『ことばの花束』、二〇〇二年、九～一〇頁参照。
(17) 山田邦男著、前掲書、一一頁参照。
(18) 山田邦男著、前掲書、一〇頁参照。
(19) 山田邦男著、前掲書、一七頁参照。
(20) 山田邦男著、前掲書、二一頁参照。
(21) 山田邦男著、前掲書、二六頁。
(22) 山田邦男著、前掲書、二五～二六頁参照。
(23) 山田邦男著、前掲書、一〇頁参照。
(24) 山田邦男著、前掲書、三〇～三一頁参照。
(25) 山田邦男著、前掲書、三〇～三一頁参照。

(26) 山田邦男著、前掲書、三二頁参照。
(27) 北島信子著、「東井義雄の教育思想における浄土真宗の教え」、真宗高田派正泉寺、北島義信編、『浄土真宗と社会・政治』リーラー「遊」Vol.4、一一七頁参照。
(28) 北島信子著、前掲書、一一八頁参照。

第十五章　林竹二の教育思想と実践

第一節　林竹二略伝

1．東北大学教育学部教授から宮城教育大学学長就任へ

一九〇六（明治三九）年一二月二一日に、栃木県矢板市に生まれた林竹二（はやしたけじ）は、東北学院に学んだ後、一九三四年に、東北帝国大学法文学部哲学科（旧制）を卒業。専攻はギリシア哲学で、後に日本の思想史、教育史へと研究の幅を広げる。戦後まもなくして、復員軍学徒のために私塾を開き、八年間、ソクラテス、プラトン、論語、資本論等の講義を継続する。一九五三（昭和二八）年から、東北大学教育学部教授。同大学学部長を歴任。教育学部と教職課程を分離し、宮城教育大学として独立させる計画が浮上したが、林はこの動きに終始一貫して反対し続けた。一九六九（昭和四四）年六月、全国的な大学紛争が起きる最中に、宮城教育大学の第二代学長に就任。その半年後、研究棟がバリケード封鎖されると、林自ら学生との対話を求めてバリケード内に入った。対話の間、バリケード内で二時間余ぐっすりと睡眠した、といういかにも林の豪快な人間性が伝わるこうした一連の行動は、彼の教育観・人間観に裏打ちされたものと思われる。結果的に、全国でもめずらしく機動隊導入によらない自主解決の大学となった。一九七二（昭和四七）年には学長に再選され、一九七五（昭和五〇）年に六月に退官した。（①四～五頁および②二二八～二四六頁参照）

2．斎藤喜博の小学校教育実践の影響を受け、全国各地の学校を巡回開始

林は、Ａ・Ｅ・テイラーの『ソクラテス』の注釈つき翻訳を出版している。主要論文としては、「ソクラテスにおける人間形成の問題」、「森有礼研究」（ともに『東北大学研究年報』）が挙げられよう。またソクラテスの問答法に依拠した人間形成論を構想し、自らも実践した。晩年は、足尾鉱山事件の田中正造の研究を深め、評伝を執筆。また、斎藤喜博の小学校での教育実践の影響を受け、全国各地の学校を巡回して、自らソクラテス的な対話重視の授業実践を試みた。

こうした林の授業実践記録は、『授業・人間について』という単行本として刊行された。他に「グループ現代」により映像化され、さらに写真集も出版されている。小学生を対象に行った授業で野生児アマラとカマラの絵を教材として提示し、「人間とは何か?」という主題で、授業の本質論を深めた。具体的な活動について説明すると、林は、一九六六（昭和四一）年頃から、全国の小・中・高校で、「人間について」「開国」「田中正造」「創世記」等を題材としておよそ三〇〇回の授業を実施した。しかしながら、一九七六（昭和五一）年一〇月に、北海道で授業を行っていたときに、発作を起こして林は倒れてしまう。肉体的にも精神的にも限界のぎりぎりのところで、教育実践を行っていたことになる。林は、教師たちが授業の中で、子どもの事実を何も見ていないこと、見ようともしていないことに気づく。「授業研究いよいよ盛んにして、教育いよいよ衰える」教育現場に、林はやるせなさを感じていた。（①五頁参照）

林は、自らの授業が終わると必ず、子どもたちに感想文を書いてもらっていた。林の授業は、たとえば四〇人のクラスであれば、すべての子ども全員に平等にあてることはせずに、むしろ、その中の数人、さらには二、三人に徹底的に対話し、その問題を四〇人全員の問題とすることで、一人ひとりを生かす授業を展開していた。（①六頁参照）

授業を通じての林の経験によれば、学校で成績がよいとされる子どもほど、林の問いかけに立ち往生し答えられなくなるが、反対に、成績がよくないとされる子どものほうが授業にみごとな反応を示した、と述懐している。こうしたエピソードは、いかに現在の教育学校が、子ども一人ひとりの可能性の芽を損なっているかを示すものと言えるだろう。北海道で倒れてから後のことであるが、林は偶然の出会いで、兵庫県の定時制の湊川高校の教師たちと交わりを持つことになる。彼は積極的に、義務教育から見放された子どもたちを受け入れ、「国民教育」の歪みを一身に引き受けている同校の教育方針に賛同する。林竹二は、はじめて、かつて湊川に日本の学校教育を根本から問いなおす驚くべき教育実践のあったことを知った。（①七〜八頁参照）

3．湊川高校や南葛飾高校定時制での授業実践

林は湊川高校で教育実践を続け、改めて日本の公教育への絶望を決定的にした。と同時にそこから、教育と人間におおきな希望を見出し始める。一九七七（昭和五二）年二月から毎月数回、仙台から湊川まで移動して出張授業が開始され、その授業は一九七九（昭和五四）年三月まで継続された。翌年の一月からは、東京の下町、南葛飾高校定時制での授業実践に移り、それは一九八四（昭和五九）年三月、病に倒れる前月まで続行されたがついに一九八五（昭和六〇）年四月に、七八歳で帰らぬ人となる。（①八〜九頁参照）

第二節　林竹二の実存的な「出会い」の授業論

1．ボルノーの実存的な「出会い」概念

林竹二は、ある意味で実存的な「出会い」の授業理論をみごとに実践した稀有(けう)な教育学者であり、教育実践家であったと言えるだろう。筆者がここで実存的な「出会い」と言う場合、それは実存的教育論を展開したドイツの教育哲学者ボルノーの思想を想定している。ボルノーによれば、実存的な「出会い」概念とは、人間が非本来性から本来性へと覚醒されていく、度の強い非連続的な「出来事」を意味する。ここで「出会い」とは、人をこれまでの発展の道筋から投げ出し、あらたにはじめからやり直すように強いるものである。このように実存的な「出会い」とは、ある法

則にしたがってあらかじめ計算したり予測することが不可能な出来事に他ならない。（③二九七〜二九八頁参照）

2. ボルノーと類似の教育哲学的背景を持つ林竹二の教育思想

こうしたボルノーと類似の教育哲学的背景を持つ林竹二は、ソクラテス（Sokrates,470-399B.C.）の「問答法」を基盤としつつ彼の「授業論」を以下のように展開している。林によれば、「深さのある授業」とは、たんなる知識の伝達ではなく自分自身との格闘を含んでおり、自分がこうだと思い込んでいた既成概念が、教師の発問という度の強い非連続的な「出会い」によって揺らぎ出すという。つまり、「深さのある授業」は、まさにソクラテス的吟味から始まる、と林は多くの著作の中で主張している。こうした教師の「問答」「発問」という「出会い」を通して、子どものにわか仕込みの借り物の意見が徹底的に吟味されることにより、子どもはそこから自分との精神的な魂の格闘を始める。そうした過程の中で、自分の無知を悟った子どもは大きな喜びを感ずるようになると林は言う。無知というのはけがれであって、学んだことによって子どもはこのけがれから解放され清められる。こうした考え方は、ソクラテスの「カタルシス（浄化）作用」と類似のものである。（③三〇三〜三〇四頁参照）

林はまた、知識注入式の授業だけではけっして子どもの主体的な「判断能力」は形成されず、むしろいつでも子どもたちは外部情報などによって簡単に「操作」される危険性があることを指摘している。なぜなら子どもたちは自分のこれまでに知らず知らずのうちに作りあげた既成の価値観や通俗的見解に安住しているだけでなく、自分の中に染み込んだ外部情報やマス・メディアからの「借り物の知識」（林竹二）が、あたかも「自分の考えた意見」であるかのような錯覚に捕らわれている場合が多いからである。（③三〇二頁参照および④三六頁参照）

3. 子どもが授業で抱く不安

子どもは授業で不安を抱くのは、その一番深いところで、子ども存在の根底にある「頼りなさ」（helpless）が原因であると林は指摘する。子どもとは本来、自分の力で自分を支えて生きることができない存在であり、この「頼りなさ」は、激しい成長の過程にある小学生の子どもたちにも継続されている。(⑤一六四頁参照)

教師はある意味で、子どもとの関係において、「権力者」であるといい得るだろう。成績の評価が学校での教育活動の中で中軸的な任務を負っている限りにおいて、教師は権力者であることが求められる。学校教育が担っている本来の教師の任務と、その評価の果たす役割との間に矛盾がある場合、評価の網の目から子どもが落ちこぼれていく危険性が存在する。(⑤一六五頁参照)

林竹二によれば、子どもが不安に囚われている間は、授業は始まらないという。子どもが不安から解放されてその心が教師に向かって開かれる時に初めて、子どもにとって授業は始まる。その意味で授業とは、子どもへの問いかけを通じて、子どもの思考を一つの問題の追求にまで組織する仕事である、と林は考えている。授業が成立するのは、クラスを構成する子どもたちが、一緒になって授業の中に入り込んでいるということである。なぜなら、その状態は、共同で一つの問題を追求し始め、クラスの子どもたちがその授業の主体となったことを意味するからである。授業の主体はどこまでも子どもたちでなければならない。しかしそれは同時に、教師が最も厳しく授業を組織するときだけ成立するのである。この真実が忘れられると、子どもの主体性を尊重するという名のもとに教師不在、教育不在の授業が生まれることになる。(⑤一六八頁参照)

4．授業の成立

林は、授業とは一つの音楽の演奏あるいは合唱を造り出すようなものだと考えている。一つひとつの楽器や肉声の出す微妙な音色への敏感な反応のできない指揮者が、美しい音楽や合唱を作り上げることができないように、すばらしい授業においても同様のことが言えるという。林によれば、授業というものは、一定の事柄を教えるということではなく、一つの教材を媒介として徹底的に子どもたちと付き合うことである。子どもの心の中に動いているものを探っていくことであり、子どもが深いところにしまい込んでいる宝を探っていき、それを探り当てたら次にその宝を掘り起こすことに全力を挙げることが本来の教師の仕事の創造性であると言う。（⑤一六七頁参照）

5．子どもが授業へ参加するということ

林によれば、子どもの授業への「参加」は、挙手した子どもが指名されて自分の意見を発表した回数等で測定できるようなものではないという。林は、以下のような林の授業後の子どもの感想文をしばしば引用している。子どもたちは「今日の道徳は一時間でなく三十分のようだった。」「この授業は、時間がはやくすすんで」と授業の感想を書いている。これと関連させてデューイを援用しつつ林は、変わらないことでなく、変わりうることが、習慣の本質なのである、と指摘してみせた。「先生と勉強していると勉強があきなくなるような気がします」との子どもの感想を受けて、林は、この場合その子どもが何度手を挙げ、誰が何度指名されたかということは、関心事ではなくなっているにちがいないという。やがて、授業の中へ引き入れられ、夢中になって問題を追いかけ「授業が済んだときは、もう少しやりたいな」と子どもたちは思っているほどである。（⑤一七〇～一七二頁参照）

6．授業を「つくる」のは教師だが授業の主体はあくまでもクラスの子どもたち

このように林の理解によれば、授業を「つくる」のは教師にちがいないが、授業の主体はあくまでも、クラスの子どもたちでなければならない。子どもたち全員が参加する授業があって初めて、授業が成立しているのであり、それは教師の日常的不断の努力と作業の積み重ねによってのみ実現される。満遍なく子どもを指名するような授業は実質的に深まることはなく、むしろ授業を深めるためには、クラスつくりそのものが必要となると林は指摘する。換言すれば、教師と子どもの間の信頼関係だけでは不十分で、子どもたち同士の間に、虚心にものを言い合い、かつ聞く訓練と雰囲気がクラスに必要となる。（⑤一七三頁参照）

成績の良い生徒が林竹二の授業に耳を塞ぎ受け入れようとしない場合でも、他の子どもが「楽しかった、よくわかった」と感想を述べている事例も多々ある。ここから林は、授業に対する受け止めは、学校の成績とは関係がないということを強調している。さらに子どもの感想文に教師が感銘するのは、作文の力ではなく、それを書いた子どもが、「心を開いて」授業の中に深く入り込んだ場合のみであるとも指摘している。「教える」ということは、子どもに何かを覚え込ませることとは別な何かである。それゆえ学校で良い成績をとることだけが、子どもの関心事になってしまえば、教育にとっても人間にとっても心豊かさは喪失されてしまうだろう。（⑤一七三頁参照）

第三節　林竹二の教育改革論

1.「学校から来るものはすべて善」であるのか？

「現代の学校に教育はあるのだろうか？」と林竹二は彼のさまざまな著作を通じて根源的な問いを私たちに投げかけてくる。「学校で行われていることがすなわち教育である」という考え方は、そもそもどこから生まれてきたのだろうか？　明治以来、教育というものが国家の事業として進められてきたために、上述のような画一的な学校教育観が暗黙のうちに日本で支配的な考え方になってきた。国家が、外国から近代産業を輸入するために必要な能力を国民に持たせることを主眼に学校教育を推進してきたために、「学校から来るものはすべて善である」という考え方が今日でも生き続けているのではないだろうか。（⑥八三頁参照）

2. 現在の学校はテストを中心にして回転している

林によれば、子ども存在の絶対的な前提は、生命をもった個体であり、それは不断の成長と自己変革の力を持っている。そしてそのための心身ともなる栄養を与える責任が子どもの庇護者に求められるのである。しかし子どもにただ栄養を与えればよいということではなく、徹底的に噛み砕かれ、咀嚼(そしゃく)されて子どもの血肉となることがなければ、子どもは成長できない。こうした過程が「授業」を通じておこなわれるべきであるにもかかわらず、一般論として現在の学校にはこの意味での「授業」がなく、その代わりにテストの実施だけがまかり通っていると林は嘆き悲しんでいる。林は、現在の学校というのはテストを中心にして回転している、と鋭く分析したうえで、テストの結果、どのような成績が出て、どのような学校に進むかという進路指導が自動的にされて、結果としてすべての事柄がテストによる点数だけで、判断されるシステムになっている。(⑥八四頁参照)

しかしながら、その点数は、どれだけ深く子どもが学習したかという証明にはなっておらず、ただ与えた知識等をどれだけ記憶しているかを示すだけの指標にすぎないのである。比喩的に表現すれば、食べたものがどれだけ胃の中に残っているか学校は調べているだけにすぎず、与えたものがそのままの形で子どもの中に残っていれば満点となる。しかし実際に、与えられた食物がそのまま消化せずに胃の中に残っていれば、人間の場合には死に至るであろう。それゆえ、現在の日本の学校は子どもたちを精神的に死に至らしめる教育をしているのではないかと、林は極端なほどの学校批判を展開するのである。(⑥八五頁参照)

3. 子どもに真摯に問題を突き付けると、彼らは全力をあげてその問題と取り組み始める

教師は、まず子どもに問題を突き付け、そこでそれぞれの子どもが全力をあげてその問題と取り組み始め、理解の深浅はあるものの、子どもたち各人が一所懸命に学習に取りかかるようになる。このような学習経験を子どもたちに味わわせると、子どもたちは「そうした授業をまたやってくれ」と要求するようになると林は自らの経験から述べている。林の授業は理詰めの問題追求で進められる厳しい学習スタイルであるにもかかわらず、しかしそれに夢中に取り組むことで「遊んでいるみたいにあっという間に時間が経過する」と子どもたちは授業の感想を記載しているのである。ここで「遊ぶ」と子どもたちが記載しているのは、授業の中で、自分が自分の主になることであり、これを子

どもたちに経験させることが非常に有効な正しい教育実践のための戦いであると林は述べており、私たち教育者にもおおいに参考になる提言である。（⑥八五頁参照）

第四節　林竹二の実践的授業論

1．林竹二の教育実践例

林竹二は、彼の教え子で福島県郡山市立白岩小学校の教諭をしている宮前貢氏のクラスで、「人間について」の授業実践をおこなった。ここでは、林の授業実践の一コマを要約的に再現する試みを通して、彼の教育思想がどのように実際に授業に反映されているかを紹介してみたい。（学級：福島県郡山市立白岩小学校六年生　日時：一九七一年二月一九日）

授業の概要

林　：人間とはいったいなんだろうか？　人間と動物の違いは何だろうか？　人間は頭でものを考える力を持っており、発明したり、物を作りだしたりする力を持っているね。人間は文化を創ることができる点が他の動物とちがうところだね。それならば、ビーバーだって、たいへん上手にダムを造るし、自分の歯で木をかじって倒して水をせき止めてダムを造る。

ビーバーは、ダムを造るとき、設計図のようなものを作るかな？　ビーバーは、紙に書かなくても頭のなかで設計をするね。人間には、計画を立てて、その計画を実現するためにどうしたらいいかを考える力が備わっている。フランクリンは「人間は道具を造る生き物だ」と述べているよ。（⑤一九〜二〇頁参照）

ビーバーは、ダムを造るとき、鋭い歯があって、それで木をかじって倒すことができる。道具など使用しないで、生まれつき備わっている歯で木を倒すので便利なようにも思える。人間は歯では木が切れないのでその代わりに道具を使う。昔は手でのこぎりを使っていたが今は何を使いますか？
生徒：電気のこぎり。
林　：そう、電気のこぎりを使うね。ところで、百年前のビーバーと今のビーバーでは、歯の力はちがいますか？
生徒：同じ。
林　：同じだね。千年たっても同じです。ところで人間はどうだろうか？　鳥が空を飛ぶのに生まれつき備わっている羽根で飛ぶ。たいへん便利だが、飛ぶための訓練も必要ない。しかし人間はそうした便利な翼をもっていないために飛ぶための道具を造った。それは何ですか？
生徒：飛行機。
林　：そうですね。鳥の中でも鷲は特別に強い翼をもっていて、飛ぶ力が強い。二〇〇年前の鷲と現在の鷲を比べて、強さは変わりましたか？
生徒：変わらない。
林　：変わらないね。しかし二〇〇年前に飛行機は存在しなかった。六〇年前は、飛行機は既に発明されていたけれど、スピードは今ほどでなかった。しかし六〇年もたたないうちに飛行機はまるで別物になり、スピードや航続距離も飛躍的な進歩を遂げた。人間が作り出す道具はどんどん進歩し、それが人間の生活を変えるんだね。人間は自分で道具を造り、改良する力を持っている。さらに人間は社会を造り出し文化を創造して、他の動物と全くちがった生き物になっていった。

これが、人間が考える力を持っているということであり「理性的な動物」について林はさらに授業の中で、子どもたち沁み込んでいる既成の人間理解に揺さぶりをかけようとしてさらに以下のように授業を進めていく。（⑤二三頁

参照）

2. ドイツの心理学者ケーラーの実験の紹介

林：それを実験したのが、ドイツのケーラーという心理学者なんだね。図15－1のような、袋小路を造って、そこにさまざまな動物を入れて、柵の向こう側にその動物のほしがるもの（餌）をおいて、その動物がその餌を手に入れるために、どのような行動をするかを観察した。動物の左手は壁で、右手は柵で囲まれた四角の土地があります。その四角をぐるっと回れば柵の向こう側に出られて餌を手に入れることが可能になる。動物が回り道さえできれば、それを邪魔するものは一つもありません。ケーラーは、初めに一年三か月の自分の娘さんで実験したんだ。娘さんの好む人形を、柵の向こうにおいて、娘さんがその人形を見つけた時、どのように反応するかを観察した。人形を見つけるとニコッと笑って、柵をぐるりと回って、すぐに人形のところへ到着して、ほしいものを手に入れることができた。

ケーラーは次にニワトリで実験しました。ニワトリの好きな餌を向こう側に置き、行動を観察したんだ。

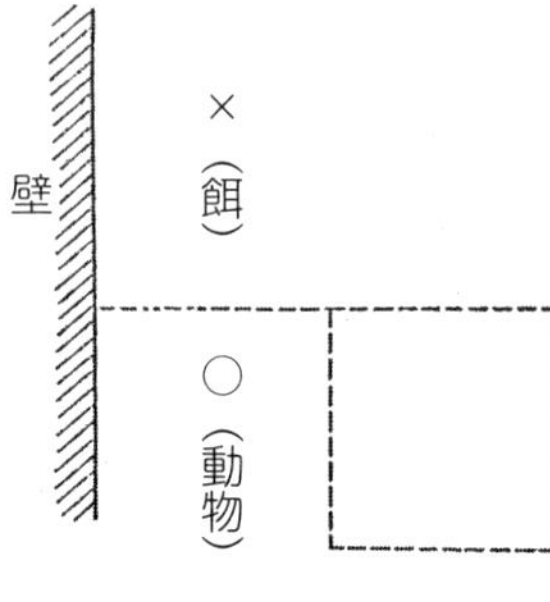

図15-1 林竹二著、『授業・人間について』、国土社、1973年、25頁より。

林　：柵を回ったと思う？

生徒：回らない。（全員で）

林　：回らないとどうなるかな。まっすぐ餌のほうへ進むと柵にぶつかってしまうね。その前をうろうろして、結果的に餌が食べられなかった。回り道をしなければ、ほしいものが手に入らないのだね。

林　：ところが次は犬を使って実験した。犬は回り道ができました。あたりを見回してぐるっと向きを変えて、自分の欲しいものと逆の方向に向かって走り出した。その結果、みごとに餌を獲得できた。

林：　ケーラーは、次に同じ犬を使ってもう一つ「別の」の実験をおこなった。別の実験といってもほとんど同じで、ちがうのは、柵の向こうにおく餌を、前よりも犬に近いところに置いて、犬がどうするかを観察した。果たして犬はどのような態度をとっただろうか。誰か意見ありませんか？

生徒：「あんまりえさが近くにおいてあったから、考える力がなくなってまわれなくなってしまった。」

林　：はい、非常に正確な答えだね。そのとおりです。えさが近くにあると、犬の嗅覚を刺激する。嗅覚は、犬の考える力を削いでしまう働きがある。だから、前回のように回り道のできた同じ犬が、今回は、ニワトリみたいになり、回り道ができずに餌を手に入れることができなかった。これは動物の本能に関係していることがらで、生まれつき働く強い力で「飛んで火に入る夏の虫」というような行動を本能的にとることがある。虫は、明るいところを見ると、そこへまっすぐに突っ込んでいく。高等な動物も、「飛んで火に入る夏の虫」のような状態から徐々に進化してきたが、強い刺激にあうと元に戻ってしまうことがある。嗅覚にはそういう本能的な行動を取らせる力が強いのである。（⑤二一六頁参照）

3. 林竹二の授業実践のまとめ

人間にも本能があり、時々の状況の中でどうするのが一番正しいのか、最善かを考えて行動することが求められる。そうした人間らしい判断や思いやり、行動ができるようになるためには、さまざまな訓練や正しい習慣づけや勉強が必要になってくる。しかし人間は勉強ができてもうっかりすると動物のような行動に逆戻りする危険もある。人間は理性的な動物で、正しく判断し、その判断どおりに行動することができるのだけれども、人間も動物の一種だから、動物に逆戻りすることもある。人間もまた、鼻の先に欲しいものを置かれた犬が餌のところにたどりつけなかったようなことにならないようにしなければならない。そのためにはどうすればよいのだろうか？　一番大切なことは人間が正しく生きることを学ばなければならないということだね。（⑤二一七頁参照）

人間を真の人間にするのは理性であり、理性は人間としてどうするのが一番善いのか、また正しいのかを考えることができる。そういうことができて初めて、本当の人間になることができる。人間とは、生まれただけでは人間にはなれないのである。一生けん命勉強して、はじめて人間になることができる、それを記憶してください。（⑤二八頁参照）

第五節　林竹二における「授業」の本質論

1．授業の中で子どもが抱いている不安の感情

林竹二は、授業の中で子どもが捉えている「不安の感情」の深さについて鋭い指摘をしている。「不安の感情」を持つ理由として林は、子ども存在の根底にある「頼りなさ」（helpless）を取り上げている。子どもとは、元来、自分の力で自分を支えて生きることができない存在であるために、「頼りなさ」を包摂しており、授業において不安の感情が生ずるのは自然なことであろう。「不安の感情」を持つもう一つの理由は、教師との関係から派生する。教師は子どもに対して一種の権力者と言えるだろう。なぜなら成績評価の任務が教師に託されている限り、「教師＝権力者」という構図は、良くも悪くも避けて通れないからである。そのために、子どもは単位がとれるのか、進級できるのかという不安を持つのは当然の心理であろう。その意味で林は、子どもが不安に囚われている限り、本当の意味での「授業」は開始されないと明言している。

白岩小学校の子どもでさえ、初めのうちは林の授業に不安を持っていると感じたという。子どもが不安に囚われている間は、真の意味の「授業」は開始されない。子どもがそうした不安から解放されて、その心が教師に向かって開かれる時に初めて、子どもにとって真の意味での「授業」は始まると林は主張する。（⑤一六四頁参照）

2. 授業の成立

林はこうした自らの授業実践を通して、子どもの心の働きの深さや複雑さを肌で実感したために、全国での授業実践にしだいに深入りし始め、やめられなくなったと述懐している。子どもたちは、自らの心の奥底をよぎるものを、精密に表現する力をもっており、それを引き出したときの感動は何ものにも代えがたい感動があるという。

いずれにせよ、授業が成立するとは、一つのクラスを構成する子どもたちが、ともに一体となって授業の中に入り込んでいる状態を指し示すと林は考えている。つまり子どもたちが共同して一つの問題を追及し始めたことを意味する。そしてそれはさらにクラスの子どもたちが「授業の主体」となったということでもある。

林はかねてより、子どもが授業の主体でなければならないと主張してきた。そして教師が最も厳しく授業を組織するときだけ、成立するものでもある。この指摘は一見矛盾する事柄ゆえに誠に興味深い。この一点が忘れ去られると、子どもの主体性を尊重するという名のもとに、教師不在の、教育不在の授業が展開されることになる。（⑤一六六〜一六八頁参照）

第六節　林竹二と斎藤喜博

1. 教授学以前のこと

林は、一九七〇年六月から、四〇日ばかりの入院生活を送ることになる。その間、かねてより斎藤喜博の教育実践のすばらしさを聞き及んでいた林は、『斎藤喜博全集』をむさぼるように読んだという。斉藤が、子どもの事実を変え、事実を造り出していくその方法の中に、ソクラテスの方法である「反駁（はんばく）」が生きていると林は感じたという。周知のとおり、ソクラテスは質問によって相手の意見を引き出し、これを仮借のない吟味にかけていった。相手方は、どのような自分の意見も維持できなくなり、吟味を受ける人（ソクラテス）に追い詰められていく。ソクラテスは、知識

は授けられるものではなく、自ら探求し探りあてるほかに所有できないと考えていた。（⑤一七九頁参照）

2．斉藤喜博の授業論とソクラテスの教育哲学

ソクラテスが「反駁」を教育の中心課題に据えたのは、人間とは例外なく無知であるという認識がソクラテスの教育活動の出発点になっていたからである。ソクラテスが生涯をかけて問題にしたのは、人間が生きるために決定的に大切なものは、善や美の知識であり、それらの知識が欠損すると、人は必然的に、「似て非なる」知識（ドクサ）に囚われて生きざるを得なくなるという問題意識であった。ドクサに囚われて生きていると人間はどうなるのだろうか？　それは善であるように一見見えているものを、善と信じ、思い込んで生きていることに他ならない。ソクラテスは真の知識の所有は、人がドクサから解放されることであると考えた。その方法としての「反駁」つまり、問答によるドクサと人間の吟味を自己の任務とした、と林は述べている。

林は斉藤喜博の教育実践にも類似の哲学を見ている。斉藤は、子どもたちの持ち合わせの意見を、通俗的で常識的な、知識以前のものと捉えている。教材と子どもの対決という仕事は、斉藤の場合、具体的には子どもの意見を一つひとつ仮借のない吟味にかけることを目指している。そしてその「吟味」はどこまでも教師の指導のもとで、教師と子どもたち全員の共同作業となるべきであると斉藤は考えており、林はこうした斉藤の教育実践を高く評価するのである。（⑤一八八頁参照）

●子どもに「一つの峠を越えた」という経験をさせることの重要性（斉藤喜博）

教師の仮借ない吟味を通して、子どもたちは、自分の古い意見を維持しがたいことを思い知る。ソクラテス流に言えば、子どもたちはそのとき、「ドクサからの解放」を経験する。その範囲で、子どもたちは自分の常識的な、低いものの見方を突破して、そこから抜け出ることが可能となる。子どもの眼が輝き、子どもが新鮮になるのはそのよう

な瞬間なのである。いわゆる民主的な話し合いや、自主学習で、各自が意見を出し合って、もっともらしい結論を出したり、手際よく意見をとりまとめたところで、子どもの眼が輝いたり新鮮になるという鮮烈な経験は成立しないのである。林は斉藤の教育技術には「教える」技術よりも、子どもが本来持っている力を引き出す技術が強いと強調する。こうした授業の中で「反駁」の役割は極めておおきい。それ故、大切なのは、子どもが到達した地点ではなく、子どもが「一つの峠を越えた」という経験であるという。しかもこれが可能となるには、教師の十分な力量と方法があってのことである。民主主義が浅く形式的に捉えられると、子どもの自主性を尊重するという美名のもとに、授業の中での本質的な厳しさが失われていくことになる。（⑤一八九頁参照）

●子どもが教師との格闘を通じて、通俗的な低い地点から抜け出すことの重要性（林竹二）

それとの関連で林竹二は、民主主義教育の欠点を以下のように批判する。人間や人格がすべて同じ絶対的な価値を持っているということを根拠に、どのような意見も等価値に認め、その意見を調整したものが結論として取り出されることがおうおうにして行われる。そしてそれをもって民主的な学習とか自主的学習と称する場合がある。しかしそこには卑俗なもの、常識的なものに対する批判精神が欠如していると林は鋭く指摘している。そこでは、教材を媒介としての子どもと教師の魂と魂の精神的格闘が欠如し、教材と子どもとの対決がないままの平板な授業しか展開できないことになる。（⑤一九〇頁参照）

平板な授業においては、研ぎ澄まされた「吟味」を経ないために、子どもが既に持ち合わせている意見（ソクラテス的に言えば「ドクサ」の意）しか出てこないのである。教師が、授業を通じて、子どもの持ち合わせの意見や常識を一度揺さぶり叩き壊しそこで対話を通じた「格闘」を経験することによって、子どもが自らの内に蔵されていた新しい一つの結論を取り出してくるその過程こそを林竹二は大切にするのである。別言すれば、授業の中では質の高い「否定」が重要な要素となる。押し付けられたものではなく子どもが教師との格闘を通じて、通俗的な考えを否定し、

低い地点から抜け出し、初めて自分を高め、新たにし、変革していくことができるのである。（⑤一九〇頁参照）

林によれば、ソクラテス的反駁は、あらゆるドクサを仮借のない批判にさらすことになる。ソクラテスはそのことを通じて世間に対して挑戦しているとも言えるだろう。ドクサ（俗見）とは、世間の日常的な生活の中から、自然と形づくられていくものの見方とか感じ方、思想、価値観のことを意味する。私たちは、こうしたドクサに媒介されて、良くも悪くも世間と繋がっている。こうした日常的なものの見方、感じ方、考え方から抜け出すということは、世間との通路が途切れてしまうことでもあり、これを人間に強いたところにソクラテス的哲学の悲劇があり、ソクラテスの死につながっていると林は分析している。

●吟味を経ない人生は、人間にとって生きるに値しない（ソクラテス）

ソクラテスは彼の著『弁明』の中で、吟味を経ない人生は、人間にとって生きるに値しないと考えたが、人生批判としてのソクラテス哲学の面目が躍如していると林は指摘する。ソクラテスの場合、無責任な評論家ではなく、世間そのものに立ち向かい対決することだった。だから哲学は死の練習だと考えていた。死の練習が、人にその生にかける不退転を保証していたのである。不退転の覚悟の固められない学問をソクラテスは信じなかった。（⑤一九二頁参照）

林によれば、ソクラテスの教育史上の意味とは、教育の仕事が何かを授けることではなく、相手の内に蔵されているものを引き出すこととして把捉した点にある。この仕事をソクラテスは反駁を通じて遂行しようとした。たとえば、ある人が真の美しさを理解するためには、単に美しいと自分が思っている状態から、真の美へ連れ出す事が必要となる。世間で美しいとされていること、それ故その人も美しいと思っている状態から、その人を抜け出させていく作業、つまり反駁することが、ソクラテスにとって「教育」そのものだった。その際、ソクラテスはこの「美」は人に教えることができないという。なぜなら、仮に相手に教えても、その「教えられたもの」は、そのままではその人のものにならないことをソクラテスは知っているからである。その美は、各自がどこまでも自分の手で、突き止めていかなければならないものだからである。そして本当に美しいものを美しいと見ることを妨げている塵芥(じんかい)を一つひとつ除去していくことが教育の仕事なのだと林は言う。（⑤一九三頁参照）

ソクラテスは教育を二つに区分して考えている。一つは専門的な技術を教えること、もう一つは「何をよしとするか」にかかわる善や美に関する知識を授ける教育である。ここでソクラテスにとって「善」とは、人間の営みが究極的にそれを求めてなされているそのあるものである。人間がなんらかの行動をとるときには、人はその行動を通して何かあるものを求めている、そこに求めているものを「善」と名づけている。人は自分が本当に求めているものが何であるかを知らない。それが人間の「無知」であり、そこから悲劇的な過ちが生ずる、とソクラテスは考えた。本当に自分が求めているものが何かを知り、その知を追い求めていくことが学問であり、教育の課題だとソクラテスは信じていた。（⑤一九四頁参照）

しかし専門的な技術や知識は教えることができるが、人間の生を決定するもっとも重要な知識は、だれも教えることができない。これがソクラテスの逆説的な信念であったと林は確信している。医者は医術を弟子に教授しうるが、人間が何を善とするかはだれも他人に教えることはできないのである。

第七節　林竹二の教育思想―まとめに代えて―

1. 林竹二とソクラテスの問答法

林竹二は『教えることと学ぶこと』の中で、以下のような卓越した教育的見解を述べている。世間の生活の中で埋没していると、人間はだんだん仮面をかぶるようになるが、一定の型にはまった子どもたちの行動もその仮面の一種に他ならない、と林竹二は主張する。ここでの問題は、そういう仮面をかぶることを期待したり強要したりするのが教師であるという点であり、「こういうときにはこういうことを言うべきだ」ということがあって、そこからはずれるものはまちがいであるという、生徒に対する既成概念が、教師の生徒を見る眼のどこかに潜んでいる、という深刻な事実である。

林は、子どもたちも成長するにつれて仮面的秩序に組み入れられていくという事実を認めたうえで、それでも彼らは本来の生命をすっかりなくしているわけではなく、その生地は折りにふれてちらちらすけて見えると述べている。しかしいずれにせよ、今日の教育の営みの中で、子どもたちは仮面的秩序、すなわち役割演技という形でしか生きることができず、いかに彼らの真の生命の輝きが失われてしまっているかを林は嘆き悲しんでいる。林は子どものこうした仮面的秩序を取り除き、真の生命の輝きを再び取り戻すために、ソクラテス（Sokrates,470-399B.C.）の「問答法」に基づいた「授業論」を提言し、同時に林自らがその授業を「道徳教育」において実践していったのである。

ソクラテスの場合、問答はいわゆる「ドクサ」（俗見）の吟味としておこなわれるのだが、そのドクサとは「ひとが自然にもち合わせている、あるいは借りものの意見」であり、大人であれば彼のもち合わせている、いわばレディ・メードの意見で、実質的には世間の通念として定義されている。世間一般に考えられ、皆の中にいつの間にか染み込んでいる「ドクサ」（俗見）を、自分の考えであると思い込んでいる人が、それをそのまま自分の意見として発言しただけではソクラテス的問答法は成立しない。相手の人間が持ち合わせている考え方をいったん厳しい「吟味」にかけ否定することを通して、自分の意見の維持しがたいことを、腹の底から自ら納得してはじめてその通俗的な物の見方、感じ方から、その人間は解放されていく。（⑦三六～三七頁参照）

2．林竹二の「深さのある授業」

ソクラテスの「問答法」を基盤としつつ、林竹二は彼の「授業論」を以下のように展開している。林によれば、「深さのある授業」とは、たんなる知識の伝達ではなく自分自身との格闘を含んでおり、自分がこうだと思い込んでいた既成概念が、教師の発問によって揺らぎ出すこと、まさにソクラテス的吟味から始まる。ただ借りものの知識の操作だけがあって、学習が存在しないのが、現在の授業の実態ではないか、と考える林は教師の「発問」というものを、一人の子どもの魂を生かしも殺しもする程、重要な働きをする「ソクラテス的吟味」として位置づけている。（⑦六三頁参照）

ソクラテスの教育方法である「問答」は、その本質において「反駁」である。つまりソクラテスは質問することによって、相手の意見を引き出し、それを仮借ない吟味にかけたのである。その結果はいつも相手が、自らのすべての意見が維持しがたいことを自覚することで終わる。プラトンが記した「ソクラテスの対話」では、知識は教えることは不可能であり、自ら探求する他は手がないと信じていた。（⑤一八八頁参照）

授業でソクラテスが「反駁」を教育の中心課題としたのは、元来、人は例外なく無知であると捉えていたからである。人間にとって大切な善や美の知識が欠落し、その代わりに善や美であるように見えるものを善や美と思い込んでいるにすぎなかった。ソクラテスは、真の知識を所有するために、人はドクサ（俗見）から解放される必要があると考えた。そしてその方法としての反駁、問答によるドクサと人間の吟味を、自らの任務とした。（⑤一八八頁参照）

林によれば、普通の授業においては、「発問」は授業を進行させるための手段にすぎないが、しかし「発問」は本来、外にあらわれない子どもの内部に探りを入れるための作業なのである。それゆえに授業の核心をなすものは、ドクサ（俗見、すなわち、まがいものの知識）としての子どもの発言ではなく、それの「吟味」でなければならない。そうでなければ、授業はたんなる知識伝達という上すべりした形式的なものにとどまり、その子どもの主体的な判断能力の形成には少しも貢献しないことになるだろう。それゆえ教師の「発問」とは、子どもらの意見を厳しく「吟味」にかけて子どもの魂（内部）を裸にして眺める作業なのである。つまり教師が子どもたちの発言を厳しく吟味し、本当の子どもの姿が教師の前に現われ、そこで初めて子どもは学習の主体となり、真の授業が成立するのだと林は考えた。

（⑤一八九頁参照）

3.「授業」とは「カタルシス（浄化）作用」に他ならない（林竹二）

林竹二は、「学問」や「授業」をすることはまさに「カタルシス（浄化）作用」に他ならず、その方法が俗見の「吟味」であると明言している。教師の「発問」を通して、子どものにわか仕込みの借り物の意見を徹底的に吟味することにより、子どもはそこから自分との精神的な魂の格闘を始める。そうした過程の中で、自分の無知を悟ったものは大きな喜びを感ずるようになる。（④二六〇頁参照および⑦六三頁参照）

無知というのはけがれであって、学んだことによって子どもはこのけがれから解放され清められる。こうした考え方は、ソクラテスの「カタルシス（浄化）作用」と類似のものであり、ソクラテス研究家でもある林は、それ故に学問や教育、授業をすることは、まさにカタルシス（浄化）作用に他ならないと明言するのである。学問や教育、授業とは、カタルシス（浄化）作用そのもので、その方法が俗見の「吟味」である。「カタルシス（浄化）作用」とは、人間の既成概念や通俗的見解というものを吟味し、人の心に垢のように付着している塵芥を洗い去り、そして魂を清める営みであると言えよう。いずれにせよ、一人の子どもが本当に魂の深みで教師の真実の発問を受け止めることによって、子どもの魂が吟味され、浄化されていく。その過程の中で初めて、子どもの深みにまどろんでいた真なる宝が徐々に浮かび上がり、その瞬間その子どもの表情の美しさはたんに内的精神的なものにとどまらず、子どもの肉体的表情にも読み取れる、と林竹二は自身の教育実践を踏まえて、カタルシス（浄化）作用の本質を私たちに提示してくれている。（⑦六四頁参照）

【註】

①林竹二著、『教えることと学ぶこと』（灰谷健次郎との対談）、小学館、一九八六年。
②林竹二著、『教えるということ』、国土社、一九七八年。
③広岡義之著、『ボルノー教育学研究　増補版　上巻』、風間書房、二〇一七年。
④林竹二著、『林竹二著作集七巻（授業の成立）』、筑摩書房、一九八三年。
⑤林竹二著、『授業・人間について』、国土社、一九七三年。
⑥林竹二著、『決定版　教育の根底にあるもの』、径書房、一九九〇年。
⑦林竹二著、『教育の再生を求めて―湊川でおこったこと―』、国土社、一九七七年。

林竹二の主要著作一覧

『授業・人間について』、国土社、一九七三年。
『教育の再生を求めて』、国土社、一九七七年。
『教えるということ』、国土社、一九七八年。
『学ぶということ』、国土社、一九七八年。
『教育亡国』、筑摩書房、一九八三年。
『決定版　教育の根底にあるもの』、径書房、一九九〇年。
『田中正造の生涯』、講談社、一九九三年。
『授業による救い南葛飾高校で起こったこと』、径書房、一九九三年。
『林竹二著作集』（全一〇巻）、筑摩書房、一九八三年。

第五部

子どもの哲学とシュタイナー学校

第十六章　子どもの哲学序説——哲学的実践として——

著者　メガン・ラバティ（モントクレア州立大学）
翻訳者：広岡義之（兵庫大学）、津田徹（芦屋大学）、塩見剛一（兵庫大学非常勤講師）

「子どもの哲学」や「哲学的実践」といった言い回しには、一般的な意味と特別な意味との両方が存在します。ここでいう一般的な意味での「哲学的実践」は、率直に言えば、人が参加する〈活動〉としての哲学です。それゆえあらゆる哲学は、一種の哲学的活動といえます。そして「子どもの哲学」は、子どもとともに哲学することの実践を表わします。また、広く解釈すれば「子どもの哲学」は哲学的実践の一形式でもあります。ですが「哲学的実践」という表現の一般的な意味は伝統的な哲学の知を含み、日常の場に哲学を取り容れることを言う際に用いられますが、哲学的実践は、ここ二〇年以上にわたって理論的側面と実践的側面のどちらにおいても対照的な方法で用いられるようになってきました。理論的に言えば、哲学的実践はフェミニズム、環境決定論、俗説、応用倫理学等と同じく、個人が用いるようになるまでの発展がもたらされています。そして哲学的実践は、時事問題に関する事柄や社会的不正、政策の決定事項等に関する哲学的理論を構成します。これらの主な理論的展開は、学術論文の領域の広がりや、大学の新しい学部学科の激増、そして哲学の本質に関する最近の議論の進歩の結果として生じています。私たちは、依然として社会全体に関する哲学の現実的な影響力を評価することはできていませんが、これらのすべては、学問的に訓練された哲学者たちの分析的で概念的な能力の高さを証明するものです。

実践的な側面に関して言えば、哲学は高等教育以外でも用いられています。最もわかりやすいものとしては、哲学カフェ、病院、健康医療機関や社会福祉機関、カウンセリングセンター、企業組織などです。これらの前提となる考え方は、哲学者は、個人、グループ、企業組織、専門職の問題解決や意思決定の過程で効果的に援助できるというものです。哲学者は具体的な問題を解決するというよりも、一般の人たちが自らの問題の解決手段を見出すために、彼ら自身の考えにもっと配慮するように手助けするのです。この方法改善の過程では対話的な手法がとられます。そのため哲学者は個人の思考に対して会話であったり、社会参加（アンガージュマン）や模範となる適切な思想を各人に対して提示するといった手段によって対応します。このような仕事の主要なねらいは、哲学の普及です。今や哲学者だけでなく、一般の人にも読まれることを意図した哲学雑誌が存在し、野球の哲学や映画の哲学、なかでも『マトリックス』のような特定の映画の哲学に関する書物も存在し、また一般の人向けに哲学の伝統を紹介した書物も見られます。このように見ますと哲学的に思索する機会はますます増えているように思えます。そして哲学的な思索を自分たち自身でするのであれ、他の人とともにするのであれ、それは従来からなされてきたものであり、またたとえ気づかれていないにしても人間の権利でもあるのです。

哲学するという可能性が、原則的に子どもにまで広がると想定することは正当なことです。そして、もしそうでなくとも、哲学的な学びが提供する専門的知識のおかげで、子どもたちにはなんらかの恩恵がもたらされるでしょうし、成人期に彼らが哲学的に思索する可能性を満たすうえでよりよい経験を与えてくれるでしょう。[1] ここでいう専門的知識は大きく分けて三つの要素から構成されています。第一に専門的知識は懐疑的な性質を持ち、それにより対立的な視点をもたらすという能力を生じさせます。第二に専門的知識は思想間の関係に評価を与える能力を備えています。そして第三に専門的知識は形而上学、認識論、倫理学、美学の理論の知識であり、われわれが以下のような問いに対して返答をする際に考えの基礎となるものです。どのような質問かというと、たとえば「どのような場合に私は他者と公平に分かち合うよう義務づけられているか」「友だちを守るために嘘をつくべきだろうか」「どのような尺度によって、私はこの景色が美しいということを判断しているのだろうか」「どのような時に人工中絶が権利として認められるだろうか」などといったものです。哲学は生徒たちに、重要な問いについてともに探究することで、彼らの考え方を熟考させる機会を与えます。それによって哲学は彼らの文化の知的遺産を熟知させるようになるのです。

ヨーロッパ諸国、そして最近ではオーストラリアやカナダにおいても、中等教育の上級学年になると生徒たちは哲学を学習できるように定められています。とはいえそれは主として選択科目であったり、学外教育に留まる程度です。これらの学習単元は一般的に、大学の教育課程をモデルとしていることからもわかるように、古典的な哲学書に依存していたり、古代哲学・現代哲学・倫理・認識論というように細分化されていたりします。それゆえ子どもとともに哲学すること、あるいは少なくとも若者とともに哲学をすることには、かなり長い伝統があるとみなされます。それに対して子どもの哲学は、すべての学校で、あらゆる年齢段階の子どもたちに対して哲学教育を施そうと努める、数少ないプログラムの一つなのです。

子どもの哲学

子どもの哲学は、哲学を大学向けのものから中等・初等教育向けに移し変えることによって、三〇数年前に始められました。一九七〇年に、コロンビア大学教授のマシュー・リップマンは、［自作である］『ハリー・ストットルマイヤーの発見』という小説を基にしたカリキュラムを計画しました。それは哲学の中心的な概念と原理に青少年の関心を向けさせることを意図しており、そのために若者たちがお互いの発想に基づいて、どうすれば協力して論じることができるかを学んだり、世の中を理解するうえで助けとなるような理論を構築するといった方法がとられています。(2)

『ハリー・ストットルマイヤーの発見』のなかでは、学齢期の子どもたちのグループが、自らに重要な関係のある問題を熟考することで、探究と基本的な論理の原則を発見します。この本の登場人物は、たとえば美しさや正義、真実、教育といった問題について話し合うことで、（西洋）哲学の伝統から導かれたさまざまな主張を暗黙のうちに援用します。哲学的な思考活動の真価は、登場人物の生きざまにかかわる現実的な妥当性によって補強されるのです。

『ハリー・ストットルマイヤーの発見』が半年や一年の教育課程を通じて生徒たちに読まれ、そしてその著書が自身の哲学的探究のきっかけとなる題材として役立てられることをリップマンは期待しています。この探究は生徒たちが哲学することを学ぶように指導し、促すことができる教師によって導かれるのはもちろんですが、書物の中から哲学的な主題や議論をひきだすこともできるような、哲学の専門的知識を十分に備えた教師によってこそ対話的に導かれたり、促進されたりするでしょう。そしてここでいう「哲学すること」とは、根拠を示して評価すること、前提を見いだすこと、生じる結果を考えること、徹底的に問いたてること、類推的に考えることなどです。『ハリー・ストットルマイヤーの発見』が批判的な思考の能力を向上させるように企画され創作されたように、リップマンはさらに教材となる著作、とりわけ子ども向けの小説を書くことや、それに伴う教育方法の教師向けの手引きを作成することに関心を抱きました。

年代的にみると小説のほうは『ハリー・ストットルマイヤーの発見』よりも後に登場したものであり、手引きはそれに先立つものとなっています(3)。一九七四年にリップマンはモントクレア大学に「子どもの哲学振興協会」(Institute for the Advancement of Philosophy for Children, 略称 IAPC) を設立するため、コロンビア大学を離れました。間もなくして彼は、子どもたちを哲学になじませるという理念を共有していたアン・マーガレット・シャープ教授と共同研究を開始しました。二人は、子ども向けの新しい教材を開発しようとしてたゆみなく働きました。そしてかれらは世界中の多くの国々にその教育プログラムを普及させ、ベテラン教師や教員養成に関わる人々からなるグループを育成するために尽力しました。

一九八五年までに、この運動は「国際子ども哲学探究協議会」(International Council of Philosophical Inquiry with Children, 略称 ICPIC) をデンマークのヘルセンゲアにおいて立ち上げるほど大規模なものに拡大しており、会員は二〇か国以上におよびました。今日では六〇か国以上が ICPIC に参加を表明し、子どもの哲学は幼児期から高校の上級学年までを対象とした国際的なカリキュラムに発展しています。この運動は少なくとも学術誌を三誌と多数の理論書や指導書を生み出し、また他の学科目や教育プログラムへと翻案されています。そのなかには市民教育、暴力予防教育、性教育はもちろんのこと、算数、国語、社会、科学なども含まれます。一九八四年には、子どもの哲学の修士課程がモントクレア州立大学でIAPCによって始められました。そしてこの二〇年にわたって同様の修士課程はナイジェリア、オーストラリア、カナダ、メキシコ、ブラジルで採用されています。一九九四年に、子どもの哲学の最初の博士課程がメキシコシティーのイベロアメリカ大学に開設されました。同課程の最初の学位取得者たちは、今や各自の出身国で教育改革の世界的指導者となっています。すなわち、メキシコ、カナダ、ブラジル、アルゼンチン、アメリカ合衆国においてです。二つ目の博士課程は一九九九年にモントクレア大学で始まりました。この課程の最高学位は哲学博士ではなく教育学博士です。その理由は、すべての教科やあらゆる学年段階において子どもや教師のために教授法を改善するという、子どもの哲学の役割を強調するためです。

子どもの哲学の発展とともに、多様な国家的・文化的背景をもった実践者たちはリップマンの元となるモデルをそれぞれの状況に合わせることで、その中心的な原理を維持しようと努めています。この〔理論と実践の両方の〕均衡を保つ運動は必ずしも一致しているとはいえませんが、しかしそれでもこの均衡を保つ運動は、学問に特徴的な成熟と深さを反映して――この場合の学問とは大学より以前におこなわれる哲学です――考案者の最初の見通しを越えたものへと発展しています。この論文集におけるそれぞれの論文は、子どもの哲学の国家間の差異を反映していません。それらはもっぱらモントクレア州立大学の学部に、もっと直截的にいえばIAPCに直接結びついて書かれたものです。そして、これらの論文は国家間の差異を反映しない代わりに、学問上の差異とここ一〇年間の重要な発展を反映しているのです。

最初の発展は、現代の理論の大多数とは対照的に、アメリカのプラグマティズムからプログラムが比較的初期に派生したことと関係しています。（ジョン・ヘルマン・ランドールによって指導を受けており、またデューイの影響を受けた自然主義者であるユストゥス・ブフラーと長い交際にあった）リップマンがプラグマティズムと親密な関係にあったことを考えると、そのことはそう驚くことではありません。ですから子どもの哲学は元来、プラグマティズムの哲学に基づいて考え出されて、支持されたのです。とりわけ、不明瞭な経験から始めて明瞭な判断へと導く、一連の探究をこころみる哲学として理解されている点で、子どもの哲学はプラグマティズムに基づいています。モーン・グレゴリーはこの論文集に寄稿した論文「実践的民主主義―世間知と哲学的実践―」においてもこの伝統を引き継いでいます。一方で子どもの哲学は初期の頃と比べると理論的枠組みの広がりを見せ、西洋哲学や東洋哲学のみならず、フェミニズム、ポストモダン、現象学、解釈学といった思想を含んだかたちで解釈され、実践されています。これら複数の論文に見られる議論の一致と対立は、教育とカリキュラムにおける教育プログラムの適応化が進められていることを示しており、また強調点の多様化が今なお継続していることを反映しています。

また第二の発展は、教育プログラムそれ自体の概念と自己実現の側の多様化に関係しますが、しかしそれは諸要素との関連でのことです。そのプログラムは、子どもに議論のやり方を教えるための効果的な方法として始められました。すなわち、『ハリー・ストットルマイヤーの発見』は大学における哲学課程をモデルとしており（とりわけ論述方法の講座はきわめて有効なモデルです）、研究に基づいた取り組みとして、討論を用いた教育がなされています（そして、その取り組みは子どもに議論のやり方を教えるための最も有益なものです）。そのころから、子どもの哲学は「批判的思考技術」の教育プログラムとして十二分に定評がありました。

そのほかに子どもの哲学の重要な特性として指摘されるのは、創造的で思いやりのある（caring）思想を促進する点です[4]。また子どもの哲学は生徒たちの生活に有意義な影響を与えます[5]。さらに「探究の共同体」が社会的、政治的、美的、倫理的次元で示す教育上の意義にもその特性が認められます[6]。

子どもの哲学がその位置づけを定着させるにつれて、この分野の学問は、解明すべき問題・妥当性の問題・適法性に関する問題（これらみな今なお重要な問題として残されていますが）から、成長を助長する手段としての対話的な関係の意義―ここでの場合、哲学的実践を意味します―へと関心が移ってきています。この論文集の限界は、現状としてある子どもの哲学の学問としての限界を示しています。第一にこの論文集は哲学的であり、適切な実践研究による裏づけを欠いています。第二に、子どもの哲学の不完全さや困難さについて論じるときに、それが子どもの哲学の取り組みにおいてなのか、論文の理論的側面に関してなのか、十分に焦点が絞りきられていないことが指摘されます。子どもの哲学の著作としてはいま、実践研究であったり、子どもの哲学の解決しがたい特質に大きな注目が集まっていますが、これからさらに多くの論文が発表されることでしょう。[7]この点に関しては、子どもの哲学振興協会と提携した学部で発表された、学問としての現状の相違点を反映した小論文が並んでいることからも明らかですが、結局はこの論文集の存在が示すように、あらゆる点で子どもの哲学に対して責任をもつのは各研究者ではなく、子どもの哲学振興協会が将来どのように発展するかにかかっているといえるでしょう。

「子どもの哲学」と「哲学的実践」

子どもの哲学は、その発展や翻案のあゆみを超えて、いくつかの核となる要素を保ち続けています。子どもの哲学とその他の哲学的実践との類似点および相違点を確認する前に、まずは核となる要素について簡潔に触れてみたいと思います。

子どもの哲学という名のもとに導かれる哲学的対話は、共通した、きっかけ作りのための教材とともにしばしば始められます。きっかけ作りのための教材の扱いかたに関しては、子どもの哲学の研究グループのなかでも意見の相違が見られます。しかし少なくとも教材が生徒たちに、かれらの探究にあたって共通した参考となる視点を与えてくれるという目的では、意見が一致しています。[8]この領域の専門家たちは、伝統的なカリキュラムやそれを手本とした短い物語、絵本、哲学的エッセイ、音楽、絵画等を使用します。きっかけ作りのための教材は個人と文化を仲介し、[9]また意味の探究に主眼をおいています。この主眼は教材そのものにあるのではありません。むしろ、その教材が現実の世界の中で私たちが出会う意味の典型となっていることや、それらの意味を熟考したり、果敢に取り組んだり、当てはめたり、拒絶したり、修正したりするきっかけを与えるものであることが重要なのです。生徒たちはお互いが対話的関係にあるのと同じように、教材においても対話的な関係にあります。きっかけ作りのための教材を基盤として、生徒たちは議論をするうえでの指針となる問いを発展させるのです。

生徒たちは哲学的探究という共通した目的をもつ共同体の参加者として自らをとらえるように、教師によってうながされます。そしてその探究に生徒たちが参加するなかで、継続的な進歩に自分たちがかかわっていることに気づくようになるのです。哲学的探究の共同体において生徒たちは、すすんで以下のことを学びます。すなわち、このような進歩というものは、違いがありながらも参加という点でかかわりをもつ仲間によって均衡が保たれた共同体によって育まれるということを学ぶのです。それと同時に、生徒たちはしっかりと考えることが求められます（別の観点に立って考えること、理由を示してその理由を評価すること、誤った思考を突き止めてそれを修正することなど）。そこでの対話はすべての人に開放された、礼儀正しく偽りのないものです（個々人が他者の語ることに聞き入り、お互いの見解を理解しようと試みることは、威圧的な議論をしないでそれぞれが自己制御をするための前提となります）。そのような対話は生徒たちにとってやりがいのある、意義深いもので、概念や問題点を身近なものとして理解を深めるのに役立ちます。

これら三つの意義をもつ参加の、調和のとれた均衡をはかるために、子どもの哲学は生徒たちに哲学的探究をおこなう自らの共同体での行動をよく考えさせ、そして評価するようにうながすのです。このことから、次のような問題に対する考察が必然的に生じます。すなわち「今起こりつつあることに対して私たちはどのように感じているでしょうか？」「私たちたちは別の可能性について十分に検討したでしょうか？」「私たちは公正に論じているでしょうか？」「私たちの議論の前提は正しいでしょうか？」「私たちは他のひとを議論に参加させるために十分な努力をしてきたでしょうか？」「エリザベスの着眼点は見落とされていないでしょうか？」「どうすれば私たちはよりよく議論することができたでしょうか？」といったものです。このような議論から生徒たちは、他のひとがかれらの行動様式や思考の傾向をどのように経験しているかを通じて、自分たちの行動様式や思考の傾向について学びます。またこれらの点に意識をはたらかせることで、生徒たちは共同体への参加や改善のための働きかけを考慮して、その様式や傾向に対して潜在的に修正や変化をくわえることができるようになります。この過程は教育プログラムが備えている教育上のねらいを反映しています。それは哲学的対話という手続きによって、生徒たちに（論理的、倫理的そして概念的次元で）責任を負わせます。その結果、彼らはどうすれば互いに対話をできるか、あるいは内面化の過程を通して、自分たち自身で［内的］対話をおこなえるか、といったことを学ぶのです。[10]

子どもの哲学は、それ自体が備えている資質によってほかの実践から明確に区別できますが、以下のような前提については他の哲学的実践の手法と共通しています。

・若年であろうが高齢であろうが、高等教育を受けていようがいまいが、個々人は潜在的な哲学者であるということ。なぜなら日常生活においては本人が気づこうが気づくまいが、生活の哲学やかかわりの哲学、幸福の哲学などが暗黙のうちに含まれているから。

・哲学的思考は自己認識の助けになるということ。なぜなら、私たちの哲学的な考えは、たとえば心理学、神経学そして生物学と同じように、私たちの精神の構成要素となっているから。哲学的な考えは、私たちが世界を解釈して、自分の価値観を築くための基礎となるレンズのはたらきをする。

・哲学史、とくに哲学史を構成する思想のさまざまな学派や理論というものは、個々人がみずからの人生について考えるうえで用いることのできる、非常に貴重な源泉である。

・個人の生活も共同社会の生活も、哲学的に訓練された思考によって改善される。

子どもの哲学は、哲学的実践よりも根本的ではありますが、単純なもの（naïve）ではありません。幼い子どもを対象に含むという意味では子ども向け（naïve）であるといえるかもしれませんが。このようなかかわり方は、一般的な多くの子どもの発達モデルとは異なる、子どもの哲学的能力に対する信頼の表現なのです。しかし子どもの哲学は、また同じ活動によって単純なものではないことを示しています。それは、とても小さな子どもをひきつけることによってです。

哲学的実践の前提は、人は本来、理性的存在であり、人は理性によって説得される（その人が深刻な精神病でないとすれば、です）というものです。それと対照的に、子どもの哲学は、理性によって説得されるようになるために、大人も子どももどちらも理性をもつように教育される必要があるという前提に立ちます。この思想は、人間は生まれつき理性的な存在ではなく、理性的な存在として扱われることによってそのようになるというジョン・ロックの見解と似たところがあります。また、レフ・ヴィゴツキーの理論では、学習とは人が対外的な活動として経験することを内面化する過程であると考えられていますが、子どもの哲学においても、人格形成の早い段階から論理的で順序だった基準を内面化することを目的として、子どもたちが友人たちと哲学的対話をするという活動に取り組んでいます。子どもの哲学の意図は、哲学的な熟達をできるだけたくさんの人たちに分け与えることにあり、また哲学研究者の専門知識のように特別なものではない、最終的には専門知識を必要としない哲学へと変えることにあります。

さらに子どもの哲学は、各人ばらばらにではなく、協力して問題を考えることに価値があることを生徒たちに明らかに示すという意図を持っています。

すなわち、個人と哲学とのあいだにみられる根本的な結びつき（個人が哲学的な方法論と理論の両方を用いるか、あるいはそのどちらか一方を用いるかして、対立する思考や思考体系を比較して議論したり、新たな思考を生み出したり、以前の思考を修正したりする）のかわりに、共同体と哲学とのあいだにある根本的な結びつきを示すことができるのです。そのため、哲学的な省察は生徒たちそれぞれの知力・感受性・想像力の強さやそれらに基づく観点の違いによって豊かにされます。子どもの哲学は哲学的な参加を共同的なものと考えますが、その考え方の多くは子どもの哲学がプラグマティズムの認識論によってはじめられたことを理由としています。また知識は学者集団によって発見されたというよりも、むしろ学者集団によって社会的に構築されたという見解によっています。そしてより最近では、ユルゲン・ハーバーマスのコミュニケーション的合理性とコミュニケーション行為の理論や、ハンス＝ゲオルグ・ガダマーと解釈学の伝統についての理論、エマニュエル・レヴィナスの倫理の前提性に関する理論、ミシェル・フーコーの知識の政治化に関する議論、ルートヴィヒ・ウィトゲンシュタインの言語哲学、ヴィゴツキーの学習理論、フェミニズムの認識論などから子どもの哲学は影響を受け、共同的な哲学的取り組みという考え方の源泉を得ています。哲学的探究をおこなう集団のなかで、自分たちで考えるということは、他のひとと一緒に考えることだと生徒たちが学ぶ点に、子どもの哲学の中心となる前提があるのです。知識にとって不可欠な基盤をわたしたちの関係性や社交性、身体性などに認めることは、哲学的探究の共同体における重要な事項に（対話それ自体を証拠として）貢献します。すなわち、（真理を示すことそのものではなく、むしろ）正確かつ誠実に哲学探究をおこなうこと、（デカルト学派の確実性や全知よりも、むしろ）可謬論（かびゅうろん）（fallibilism）や暫定論（provisionalism）について批評したり再構築したりし続けること、正しい評価や反省の論説から断言や反論の状況を説明すること、といった事項についてです。

子どもの哲学の研究者にとって、哲学探究の共同体は教育的・政治的・倫理的・哲学的理想としてあります。そのため、意味と意味の根拠についてこのように重視することが、子どもの哲学の研究者に影響を与えたのは必然的なことです。教育的側面からいえば、それは学校でのあらゆる教科に役立つ教育モデルとなります。そこでは講義は共同的な対話に取って代わり、絶対主義は可謬論（とはいえ粗雑な相対主義とは異なる）への参加に置き換えられ、教師は全学科目の中心的な概念の意味を探るうえでの共同探究者となります。政治的側面からいえば、哲学探究の共同体は、個人と集団とのあいだで話し合いをするうえでの民主的なモデルとして役立ちます。倫理的側面からいえば、哲学探究の共同体は対人関係において認識論や教育学のすぐれたモデルを示してくれます。哲学的側面では、新たな推論可能性や理論可能性を生み出します。

ここで述べたことは、哲学探究の共同体として人びとがかかわりをもつのが大人に対してであれ、子どもに対してであれ、いずれであっても関係なく当てはまります。子どもの哲学は大人とともに実践されたとしても、それがもっとも有益なはたらきを与えるのは、子どもたちを哲学の実践に参加させる点にあります。そして子どもを哲学に触れさせることの意義については、すでに述べたとおりです。すなわち、自分たちの人間性を尊敬すること、哲学の専門的知識の恩恵を子どもたちにもたらすこと、そして子どもたちに自分たちの知的・文化的遺産を熟知させることなどの意義が挙げられます。ところで、子どもたちを哲学探究に参加させることは、哲学それ自体や大人たちにとって、どのような意義があるのでしょうか。たとえば、女性や同性愛者、原住民といった社会の主流にないグループに対して徐々に順応させることによって、哲学は子どもたちを変化させるだろうと私は考えます。この変化がなにを意味するのかを予測することはできません[11]。それと関係していますが、児童期の哲学という比較的せまい領域の哲学は、ほかの領域の哲学にとっても、わたしたちが子どもたちにどのように接するかにとっても、その両方に対して意義をもっているとわたしたちが認めることで成長と発展を続けるでしょう[12]。最後に、大人になるのは子どもらしさを失うことによってだけ可能であると主張をする人がいますが、もしその主張が正しいとしても、わたしたちが子どもの備える尊敬すべき英知に注意を向けてその知を求めようとすることで、子どもの哲学はわたしたちの内なる子どもを発見することを可能にしてくれるでしょう。

哲学的実践としての子どもの哲学

この論文集の論説は、教育的環境においての哲学的実践の一つのタイプとして、子どもの哲学を考察しています。論文集の最初の論説でマーク・ワインシュタインは、自らの専門職の経歴において、ここ何年にもわたって専門的な哲学の動向をどのように捉えてきたかについて熟考しています。ワインシュタインは哲学的実践と子どもの哲学の、両方の領域が現在直面しているいくつかの問題について考えるだけでなく、それら両方の領域が実現されるにあたって必要とされる要素についても考察しています。ワインシュタインは私的な哲学と専門的な哲学とのあいだにみられる関係の変化に着目しながら、大学での哲学的実践と子どもの哲学での哲学的実践とを有効に比較しています。ワインシュタインは、専門的な哲学のスタイルにのっとった哲学的実践が、私的な哲学をいかにしてその中に組み込もうとしているかを論証します。そのためにはまず専門家の徹底的な指導による詳細で正確な教材の読み込みが反映されます。そして、専門家の献身があってこそ可能であり、そういった活動が哲学の契機としてもっとも大切であるという考えに強く裏打ちされています。それに対して、子どもの哲学やそのほかの哲学的実践の形式にのっとったやり方においては、専門的な哲学は、ほかの人に対して哲学的なかかわりが与える個々人への影響力という観点から評価されるべきという立場がとられます。すなわち、哲学的な対話は人間性を軽視することはないということです。ワインシュタインは、哲学者や哲学実践家が哲学教材の専門的な分析と実践上の試みとの明確な関係を見いだしたり、現実の生活上の問題について理論だった議論をする際に、その哲学の構成要素をはっきりと区分したりすることはいまだできていない、というように捉えています。

ワインシュタインは現実的な哲学の発展を高等教育での哲学という源泉から考察していますが、それに対してモーン・グレゴリーは、共同的な哲学実践の市民レベルでのかかわり方を評価しています。たとえば、ソクラテス的対話、哲学カフェ、そして子どもの哲学といった実践がそれに相当します。そうしてグレゴリーはプラグマティズムの認識論や社会理論を援用しながら、社会民主主義の理想を「集団を構成する人たちが協同的に知性をはたらかせて、集団の目的を明確にし、その目的を追求するような共同体」と結論づけ、これが問題に対処し、好機を利用するうえでもっとも適切で確実な方法だと考えています。グレゴリーは市民性道徳の必要性を、自己認識や認識能力、社会的能力などを重んじる社会民主主義への参加であったり、非排他性（inclusiveness：包括性）や可謬性の傾向であったり、社会的な不干渉主義の性質といった側面から主張しています。具体的には探究や対話、批判的思考や創造的な思考を用いること、可謬性、自己修正などによって特徴づけられるこのような市民性道徳を考慮して、グレゴリーは協同討議を高く評価します。そしてメタレベルでの探究が協同討議の特色をなし、それによって社会民主主義に参加することが必要な性質および気質としてもたらされます。さらにグレゴリーは協同的な哲学実践が市民性道徳をはぐくむための多くの方法を、三つのプログラムに定めています。かれはこの三つのプログラムの体験が非階層的なものであるとしていますが、それにもかかわらず、これらのプログラムは探究の結果を継続中の探究の一部分として検証することでも、個々人が自分たち自身の属している共同体を再構築することでも、そのどちらにも特別な機会をもたらすと結論づけています。

アン・マーガレット・シャープは、政治的な文脈において、**子どもとともに**哲学を実践することの教育的・政治的・哲学的な利点についてはっきりと論じ続けています。多元論者の哲学的概念を援用しながらシャープは、仲間とともに行う哲学的思考活動に子どもたちを参加させることは、自己決定に必要な知的・感情的・社会的手段を子どもたちに与えるのに役立つと主張します。つまり自分自身についてのイメージを定めるということは、集団のなかでの批判や自己批判をくぐる苦しさを乗り越えて自由になることです。仲間とともに哲学すること（philosophize）を学びながら、子どもたちは平等主義、他者への尊重、可謬論、多元論、偏見のなさ、寛容性といった原則に身をもってかかわります。このようなかかわりが、集団の中での批判の増大や各個人の自己決定の強化と組み合わされることで、そういった批判や自己決定の苦しさをじょじょに和らげるのに大いに役立ちます。子どもの哲学の知的・社会的利点を確認しながら、シャープは子どもと一緒に哲学すること（doing philosophy）の個人的な影響と政治的な影響を強調します。そうしてシャープはこういった活動が、将来的に、すべての差別を受けている人々を解放するために必要だと主張しています。

私［ラバティ］自身の寄稿論文は、子どもの哲学の政治的な意義を考える代わりに、子どもの哲学の倫理的な意味について論じています。哲学的な対話は倫理的に価値を持っていますが、それというのも対話の参加者は、倫理的な生活や生き方に必要とされる、共同的で理にかなった思考にたずさわることになるからです。この思考では参加者がお互いを尊重することが求められている点を考え合わせますと、哲学的な対話は子どもたちが根気や節制、勇気といった従来の徳目を実践するように促しているということができます。これは哲学的な対話が倫理的な価値をもつことを示す、また違った根拠であるといえるでしょう。そして哲学的な対話の意義深い価値やその限界性について正しい認識をするべく省察することによって、哲学的な対話に参加することの道徳的な長所は、誠意、品位、純真さ、風刺、創造性などを含むところにまで拡大されるだろうと考えています。哲学的な［対話的］思考にかかわりを持つうえで、その人のかかわり方がある種の認識によって条件づけられることは避けられません。ここでいう「ある種の認識」とは、私たちが人間として倫理的価値にかかわりを持ち、倫理的価値に結びついているとするには、そのような哲学的な思考の結果は常に必然的に不十分なものであるという考え方です。対話の深い価値やその限界についての正しい理解は、超越的なもの（そのうちに含まれるものを別の語で表わせば、「他性（alterity）」、「汝」、「善」、「神聖さ」、「不可視的なもの」、「無限」などを挙げることができます）の認識によって可能となることを考え合わせれば、前述の道徳的な美点（誠意、品位、純真さ、風刺、創造性など）は、対話の参加者の立場に立つという方針を超越的なものに反映するといえるでしょう。アイリス・マードック、マルティン・ブーバーなどに従って、超越的なものへと向かうこの方向性を私［ラバティ］は愛とみなしており、哲学的対話の構成要素のうち倫理的性格を示す部分が愛であると論じています。そしてこのような対話への参加が備える道徳的価値の具体例を誠意、純真さ、風刺、創造性などで説明します。

この論文集はデイビッド・ケネディの小論によってふさわしい形で締めくくられています。ケネディは哲学探究をおこなう対話共同体（dialogical community）の基礎として、「間主観性（inter subject）」の哲学についての議論を展開しています。間主観性は自己と他者のあいだに決定的な差異を認めないという形で表われる主観性のあり方です。間主観性の考え方によると、自己とは他者を含みこんだ創発的な［予測不可能な発展を遂げる］統一体なのです。ケネディは、自己とは「個人」と「共同体」という二つの次元で構成された継続する物語のなかで、弁証法的に発展する歴史的かつ文化的な現象であるといいます。そして自己の物語における変化は、主観性と間主観性とのつながりにておける変化に反映される、ということになります。これは、前近代文明にみられる共同的自我へのアンチテーゼとして現われてきた啓蒙思想の個別的自我から、フロイト派の精神分析や対象関係論などにおいて呼称されている、刷新されいくものとしての自我概念へ、という認識の変化として歴史的に証明されています。こういった最新の研究によると、投射（projection）も採り入れ（introjection）も、暮らしのなかで経験することの本質的な要素としてあるのであって、主観とはその仕組みからして間主観的なものであり、人は自我形成をなすにあたって［他者の存在を］お互いに役立てるのだという見解が基本的な事実とされています。ケネディが論じるところによると、間主観性としての自我に関するこの流れは、デカルト以後の哲学やその哲学思想による身体化（embodiment）の強調によってさらに勢いを増しています。それというのも、自己の身体の認識と自己自身の数多性や他性の自認とのあいだには、避けがたい関係性が存在するからです。その関係性は均一性がもたらす利益をもって克服されなければならないものではなく、わたしたちの現実として受け容れられなければならないものなのです。ケネディはこの主観の数多性の象徴が対話であると主張します。つまり、個人の成長も集団の成長も、共同的な思考の過程を経ることによって、個人レベルと集団レベルとの両方において、信念や価値や意思伝達を再構築するという意義のある結果を得て成し遂げられると考えられています。この論拠に基づいてケネディは、間主観性に対する標準的な政治上の言い回しとして民主主義を挙げ、民主主義の立場による言説を擁護し、また教育を再構築するためには対話的解釈の形式を用いるべきであると主張します。

哲学的実践の一形式として、子どもの哲学は西洋哲学の伝統や高等教育における哲学の専門的知識に、その起源を一貫して認めています。さらに最近では、子どもの哲学の哲学的実践自体が教育・哲学・倫理・政治運動の模範的な概念とみなされます。子どもの哲学がそのような概念的枠組みの変化を象徴するというのが正しいとすれば、人文科学がめざすこの新しい方向性はたんに子どもの哲学に刺激を与えるだけでなく、哲学的実践のあらゆる領域に刺激を与えるものとなるでしょう。(13)

『応用哲学国際ジャーナル』誌　2004年18:2. pp.141～151より
（International Journal of Applied Philosophy18:2.）

【註】

（1）哲学は生徒たちの批判的思考能力や気質をはぐくむために有効な唯一の学習方法では**ありません**。この点に関して、哲学とそのほかの学習方法との違いは、いずれにしても二つの側面から考えられます。ひとつは、哲学の学習方法では批判的思考能力と気質の理解や育成、価値づけを主要な関心としているということです。もうひとつは、哲学ではこういった能力や気質が、意味を探究することと分かちがたく結びつけられているということです。

（2）Matthew Lipman,Harry Stottlemeier's Discovery（Montclair,NJ: Institute for the Advancement of Philosophy for Children.1982）.

（3）MatthewLipman, "Philosophy for Children" in Metaphilosophy,Vol.7,No.1,January1976,17-39; Matthew Lipman, Ann Margaret Sharp and Frederick S.Oscnyan,Philosophy in the classroom（Philadelphia,PA:Temple University Press.1980）Appendix B "Experimental research in Philosophy for Children,"217-24.

（4）MatthewLipman,Thinking in education（Cambridge: Cambridge University Press, 2nd edition,2003）

（5）Megan Laverty,"Philosophy and Pedagogy in Australian Schools: The Relationship between Philosophy for Children and VCE Philosophy" in Critical and Creative Thinking: The Australasian Journal of Philosophy for Children,vol.10,No.1,March 2002,29-43.

（6）このような近年の研究の展開を示す例には、以下の論文が挙げられます。
Ann Margaret Sharp, "The Religious Dimensions of Philosophy for Children" in Critical and Creative Thinking: The Australasian Journal of Philosophy for Children,Vol.2,Nos1 and 2,March and October 1994,2-14 and 1-18; Ann Margaret Sharp, "The Community of Inquiry: Education for a Democracy" in Thinking: the Journal of Philosophy for Children,Vol.9,No.2,42-51.

（7）前者の例には、以下の論文が挙げられます。
Emmanuele Auriac-Peyronnet and Marie-France Daniel "The Specifics of Philosophical Dialogue: A Case Study of Pupils Aged 11 and 12 Years" in Thinking: The Journal of Philosophy for Children,Vol.16,No.1,23-31.
後者の例には、以下の論文が挙げられます。
WalterKohan, "Education,Philosophy and Childhood: The Need to Think an Encounter" in Thinking: The Journal of Philosophy for Children,Vol.16,No.1,4-7; and PavelLushyn, "The paradoxical nature of ecofacilitation in the community of inquiry" in Thinking: The Journal of

Philosophy for Children, Vol.16,No.1.8-17.

（8）きっかけ作りのための教材を、教育上の前提として、哲学的探究や対話の手本として必要であると考える人があるのに対して、この考え方がおそらく理念的なものであって、そのような教材は必ずしも必要ではないとほかの人たちは考えています。たとえば、以下の論文を参照。

Matthew Lipman,"Where to P4C?" in Thinking: The Journal of Philosophy for Children,Vol.16,No.2.12-3,「より建設的な発問をする態度が加えられれば、教材の性格はさらに心理的なものとなるでしょう。そして対照的な態度が描写されることによって議論の基盤が築かれ、それが哲学的な指導のための場を提供します。心理的な行動に満ちた教材の1ページは、思考の育成環境なのです。」

（9）Matthew Lipman,Thinking in Education（Cambridge: Cambridge University Press,2003）,101.

（10）Laurance Splitter,"Transforming how Teachers Teach and Children Learn" in Critical and Creative Thinking: The Australasian Journal of Philosophy for Children,vol.11,No.2,40-56;

モーン・グレゴリーとメガン・ラバティにより記された、哲学探究の共同体として教室での学びを価値づけた未刊の論稿もある。

（11）David Kennedy, "Philosophy for Children and the Reconstruction of Philosophy" in Metaphilosophy,Vol.30,No.4,October 99,339-59.

（12）以下の論文を参照。

Gareth B. Matthews, The Philosophy of Childhood（Cambridge,MA: Harvard University Press,1996）; David Kennedy, "Reconstructing Childhood" in Thinking: The Journal of Philosophy for Children,Vol.14, No.1.29-37; "The Roots of Child Study: Philosophy, History and Religion" in Teachers College Record, Vol.102, No.3, June 2000, 514-38; "The Hermeneutics of Childhood, " Philosophy Today, Spring 1992,44-60; and The Well of Being: Childhood and Postmodern Subjectivity, forthcoming2005.

（13）この序説の草稿にローレンス・スプリッターが寄せて下さった批評に対してお礼を申し上げます。また、この論文集に収められた小論を専門的見地から編集し、よりよいものとして下さったダイアナ・バーンズ博士に感謝しております。そして、この論文集を発刊する機会を与えて下さったエリオット・コーヘンに感謝します。

※英文題目と英文要約

"Introduction: Philosophy for Children and/as Philosophical Practice"

Philosophy for children has established about thirtyyears before. It is made for primary and secondary school education and applied to these school educations by modified way of philosophy of academic education. Now it has been accepted in many countries and has reported assignificant way of practical education.

In this paper, first, MeganLaverty has reported that how to establish and form "philosophy for Children". Especially Matthew Lipman designed curriculumbased on philosophy for children (that would expose young adolescents to the central concepts and principles of philosophy) ,and he established the Institute for the Advancement of Philosophy for Children. After that, International Council of Philosophical Inquiry with Children has made and masterprograms adapted in Nigeria,Australia,Canada,Mexico, and Brazil. These early developments have based on Dewey's pragmatist philosophy and adiversion on the part of the program's self-conception and self-actualization.

Second,Laverty suggests that "philosophy for children" has some pragmatic elements. Through philosophy for children community as the stimulus texts, children have developed their ability of his or her philosophical inquiry. Especially, by communal negotiation or philosophical engagement as communal, they learn to think for themselves as they learn to think with others.

Finally,Laverty considered some theories of philosophy for children as philosophical practice developed by philosophers. She took into accounts for the notions of participants in communal, a philosophy of the intersubject, she concludes that there is now room for "philosophy for children" based on the Western Philosophical tradition and the expertise of academic philosophy.

Keywords：Philosophy for Children, Critical Thinking, Philosophical Practice

メガン・ラバティ略歴

メガン・ラバティはオーストラリアのメルボルン大学で哲学の修士号を取得した。その後、彼女はオーストラリアのニュー・サウス・ウェールズ大学で哲学の博士を授与された。彼女はメルボルン大学の哲学部で教鞭を取ったのち、二〇〇〇年にアメリカのモントクレア州立大学の教育学部准教授のポストに就任した。現在はアメリカのコロンビア・ティーチャーズ・カレッジの教授である。

代表作としては、

Laverty,M.,"Freire'sbanking'analogy and the educationalimaginary."Pioneers in Education: Essays in Honor of Paulo Freire, Michael Shaughnessy (ed.), (Happauge, NewYork: Nova Sciences, 印刷準備中)。

Laverty,M. "Kate Gordon Moore (1878-1963): aprecursor to Philosophy for Children. "Thinking: the Philosophy for

Children Journal（印刷準備中）。

Laverty.M.,"The interplay of Virtue and Romantic Ethics in Chang rae Lee's A Gesture Life."Analecta Husserliana LXXXV,00-00（2005）A.T.Tymieniecka（ed.）.: pp.191-205.

など、フレイレ、子どもの哲学の先駆者としてケイト・ゴードン・ムーアに関する研究論文がある。またアイルランド出身の小説家アイリス・マードック（Iris Murdoch,1919-1999）に関する著作も見られ、その書においてラバティは、マードックの謎めいた思想を検討するためロマンティシズム哲学の伝統から話題を提起し始め、マードックの哲学、想像力、自由、恋愛、芸術などをカントのコペルニクス的展開と同様の形式として捉え、肯定的に分析を加えている（Iris Murdoch's Ethics: A Consideration of Her Romantic Vision, Continuum Intl Pub Group（2007））。

以上、コロンビア・ティチャーズ・カレッジのＨＰ及びアマゾンのＨＰを参照。

なお、この翻訳作業を進めるにあたっては、原著者メガン・ラバティ教授より、すでに翻訳許可を翻訳者にいただいていることを報告しておきます。この場を借りて、快く翻訳を承諾してくださったメガン・ラバティ教授に御礼申し上げます。

第十七章　シュタイナー学校の教育内容と教育方法の一考察
――京田辺シュタイナー学校の事例を中心に――

はじめに

筆者は過去の教育学研究においても、ルドルフ・シュタイナー（Rudolf Steiner, 1861-1925）教育思想について断続的ではあるものの、いくつかの研究を発表してきた。十数年前には、当時の勤務大学（梅光学院大学）の公開講座において複数回にわたってシュタイナーの教育哲学思想を扱い、また論文としては「発達段階に即したシュタイナー教育」[1]について、さらにフランクルの無意識の重要性とシュタイナー教育の無意識の教育の類似性等[2]についても執筆してきた。しかしながらそれらはあくまでも断片的なシュタイナーの教育思想研究で、彼の教育内容と方法について真っ向から本格的に向き合うまでには至っていなかった。それらの教育領域はいずれ取り組まなければならない重要課題の一つであったが、目前に迫る他の教育学的諸課題の研究に追われて、先送りされ続けていたというのが偽らざる実状であった。しかしながらようやく筆者の内面で、「シュタイナー教育内容と方法」について本格的に深く学びたいという内発的な研究動機が熟成してきた。それがこの章の論文への着手として具体的に表出してきたとも言えるだろう。

筆者は二〇一四年の晩夏の夕刻、京都府京田辺市に設立された「ＮＰＯ法人京田辺シュタイナー学校」を訪問する機会を幸いにも与えられた。筆者の知り合い（津田義子教諭）が、当該学校の立ち上げ時から教師として熱心に参画されており、「夕方の授業が終了した学校でよければ」という条件で非公式に学校を案内していただくことができ、小学部の教室で数時間、シュタイナー教育についてのお話を拝聴する機会を得ることができた。津田義子教諭は修士号取得後、かつてオーストリアのシュタイナー教員養成所で実地に学ばれた経験のある文字通り筋金入りのシュタイナー学校教師である。津田教諭から直接お話しをうかがうことができただけでなく、しかもシュタイナー学校という生の現場で放課後、子どもたちもまだ大勢残っている雰囲気の中で、シュタイナー学校の息吹をふんだんに感じられたことは幸いであった。現役の教師からシュタイナー教育実践の説明を受けることができ、心地よい感動を胸に納めて帰宅したことが忘れられない。

残念ながらさまざまの制約のなかで一切、教師や生徒への取材や写真等を撮ることは許されなかったが、さいわい、『小学生と思春期のためのシュタイナー教育』(3)の中で「京田辺シュタイナー学校」の実践が詳細に記載されていることを紹介された。津田教諭からうかがうことのできた内容の多くが上記の著作においても紹介されているために、小論を展開していくうえでは主として『小学生と思春期のためのシュタイナー教育』と津田教諭のインタビュー内容を参照させていただくことにする。そしてその教育実践を裏付けるために他の一般的なシュタイナー関連の学術的な文献資料をも使用しつつ小論を補強していくことにしたい。とはいうものの、現地の学校を訪問させていただき、実際の学校の雰囲気を肌で感じることができた経験は、書物のみでの文献研究では獲得できないシュタイナー教育の本質の一端を筆者に与えてくれたという意味で、きわめて貴重な経験であった。京田辺シュタイナー学校関係者および津田義子教諭にはこの場をお借りして御礼申し上げます。

第一節　シュタイナーおよび京田辺シュタイナー学校について

ルドルフ・シュタイナーは、一八六一年にオーストリアに生まれ、哲学者、人智学者、教育者、ゲーテ研究家、著作家、講演家として活躍し、一九一九年ドイツに自由ヴァルドルフ学校（シュタイナー学校）を設立した人物である。シュタイナーの思想は、教育以外にも、医療、農業、経済等の社会的実践の広がりも世界的に見せている。シュタイナー学校は、二〇二〇（令和二）年現在、世界六七か国で実践され、一二一四校の学校が運営されている。日本の小・中・高等学校の三つの学校を統合した一二年制一貫教育の私立学校である。しかも幼稚園とも連携しており、すぐれた人間教育として世界中に広まり注目を集めている。(4)

また子安美智子によれば、人間が他者からの指示で行動するのではなく、自分は何ができるのかを自覚できる存在に到達できるような教育を、独自の人間観に根ざし生活共同体学校で進めていったのが、ドイツの神秘思想家で個性的な私立学校を世界中に普及させたシュタイナーであった。テストや通信簿にも点数がつかず、授業や教科書もまったく使わない学校、これがシュタイナーの提唱した自由ヴァルドルフ学校である。(5)

第二節　法人から見た京田辺シュタイナー学校

京田辺シュタイナー学校は一九九四年に数人の母親を中心に、シュタイナーの勉強会から始まった。「我が子にシュタイナー教育を受けさせたい」という思いは、公立学校に通学させせつつ週に一回、「土曜クラス」でのシュタイナー教育の実践として一九九五年から歩み始める。さらに次のステップとして「全日制のシュタイナー学校を創立したい」という願いへと結実していく。親たちは独力で土地を探し、校舎設計建設を夢み、資金を集め、二〇〇一年四月に京田辺の地で、京田辺シュタイナー学校を現実に生み出した。（『小学生』一三六～一三九頁参照）二〇〇一年に全日制の学校となり、現在は小学校一年生から高校三年生まで、約二六〇名が在校している。

先述のとおり、「京田辺シュタイナー学校」はＮＰＯ法人つまり特定非営利活動法人として活動しているが、これは筆者が想像した以上に厳しい現実を背負っての教育実践の開始であった。学校法人としては、学校法人の認可を受けた法人が設置した私立学校ではないので、経済的支援が受けられないことも負担が大きくたいへんなことであるが、さらに筆者が驚いたのは、京田辺シュタイナー学校には「法的な学籍が存在しない」という事実であった。子どもたちは本校に毎日通学していても、学籍は居住地の公立学校にあることになる。保護者には義務教育を受けさせる義務があるので、たとえば公的な卒業証書は法的には学籍のある学校から発行してもらう必要がある。そのためシュタイナー学校での教育を学籍のある学校に理解してもらうために日頃から学籍のある地元の学校とのコミュニケーションがかかせない、とのことである。具体的な例を一つあげると、学籍が京田辺シュタイナー学校にはないことから「学割」での定期購入も不可能となり、保護者の経済的負担も必要以上にかかるのである。(『小学生』一四六～一四七頁参照)

第三節　京田辺シュタイナー学校におけるある日の教育活動について

八時二〇分から開始される教育活動は、シュタイナーが創った「朝の詩」[6]を唱えることから始まり、メインレッスンへと移行していく。メインレッスンとは、国語(日本語)、算数、理科、社会等の主要教科で、一〇時二〇分までの一〇〇分間を使用する。各教科を深く学ぶために、たとえば算数だけを四週間毎日集中的に学ぶ、いわゆる「エポック授業」の方法を採用している。メインレッスン終了後は、一〇時二〇分から一〇時五〇分までがおにぎりタイム。一〇時五〇分からは、短い周期で反復することで効果的な外国語や音楽等の授業となる。一二時五五分から各家庭で作った昼食。昼休みは外で学年を超えて一年生と六年生が遊んだりすることもある。低学年は掃除をして、「帰りの詩」を唱えて下校準備をする。(『小学生』四〇～四二頁参照)

ここでは任意に三年生の一日を再現してみよう。朝に会話も一段落したら、先生は木製のやわらかい音色の笛を吹き始め、それが授業の開始を意味する。教室の「季節のテーブル」のろうそくに先生が火を灯し、シュタイナーの「朝の詩」を唱える。先生は一人の子どものために創られた詩を、心を籠(こ)めて朗読する。シュタイナー学校では教科書は使用せず、真っ白なノートに担任教師と一緒に絵や文字を書き入れていく。エポック授業で同じテーマの話を展開するが、その内容をノートに描き、それが教科書のように手元に残っていく。シュタイナー学校ではテストも成績表も存在しない。宿題の手法としてのテストのようなプリントはあるが、子どもの学力を測るためのテスト等は存在しないし、点数による評価や順位づけも一切していない。学年の終わりに、担任が手紙のような文章で、一年間の経過を書き記して子どもたちに渡すだけである。ただ高等部になると、自分の達成の度合いを確認したい気持ちが芽生え出すのでテストのような形も導入する。（『小学生』四二～四七頁参照）

第四節　シュタイナーにおける子どもの発達段階について

1．人間を形成する四つの構成体とそれぞれの年齢段階での教育課題

シュタイナーは人間を形づくる構成体を物質体・生命体・感情体・自我の四つに分けて考えている。第一は眼に見える「物質体」、つまり母親の胎内から誕生した肉体として捉えている。まず「物質体」として母親の胎内から生まれ出るが、残る三つの構成体はまだ膜に包まれている。二・三歳から五歳くらいの子どもの場合、「物質体」の次に臨月を迎えるのは、「生命体」である。最初の「生命体」が臨月をむかえるまでの0歳から7歳までを「第一・七年期」と呼ぶ。この「第一・七年期」の教育の課題は、身体の諸機能が十分に、健全に働くようにしてやることである。(7)

次の七歳から一四歳の「第二・七年期」の課題は、子どもの「感情体」を働くようにすることであり、そのためにさまざまな「芸術的刺激」を与えてやること、すなわち芸術体験によって世界を美的に感じ取らせることが最大の教育的課題となる。やがて子どもは一二・一三歳頃で思春期に入り、異性に対する関心が芽生えてくるが、これが「感情体」の臨月の知らせとなる。「第二・七年期（七～一四歳）」の教育的課題は「模倣」から「権威」へと変化する。ここでの「権威」とは、疑問の余地のない「愛される権威」でなければならない。七歳から一四歳前後の子どもにとって「権威」とはだれよりも学校の担任の先生であり、シュタイナー学校で八年の一貫した担任制をとっている理由の

一つはここにある。この時期のあいだに全面的に頼り切れる大きな権威というものを体験した子どもでなければ本当の「自由」を獲得することができないとシュタイナーは確信している。「第二・七年期」に「権威」の体験に浸りきらせておく必要がある。そうすると、八年間の担任の終わり頃に子どもたちが猛烈に反抗するが、むしろこれが健全な発達なのである。(8)

一四歳から二一歳の「第三・七年期」に入ったところで、はじめて抽象概念、思考力によって世界についての包括的な認識を持てるようになる。この時期は、「自我」の独立と「人格」の完成が目標となる。こうして「感情体」が外へ出てくると、抽象的な思考力が働き、記憶力と体力が総動員されながら、「自我」が最後に臨月を迎える。このとき、自らの判断で自分の行動を決断できる状態になり、自我の独立や人格の完成が成就されるようになる。こうして四つの構成体のすべてが外に出る頃が、年齢でいうとおよそ二一歳前後である。(9)

たとえば、高校卒業までに達成したい教育目標を、「子どもが、自分で自分をしっかりとらえ、一番深い内部の欲求から、自覚的に行動すること」と設定している。シュタイナーは彼の学校で、「自由を獲得した人間」を育成しようと試みてきた。ここでの自由とは、「自由放任」ではなく、およそ二一歳前後で成人して世の中へでていくとき、外の権威に頼ったり、世の中のすう勢に左右されたりしないで、自分自身の内部で考え、しかもその考えたことを実行できるという行為まで伴う、そういう状態を「自由」と定義し、生徒たちに真の自己実現を可能にするカリキュラムを構成した。(10)

2．子どもの発達段階に即して親や教師が心がけるべきこと

子どもが信頼と尊敬を持って心からつき従っていくことのできる人物として、教師以外には親がいる。児童期の子どもにとって、まず権威者への欲求を満たす人物は、父親であり母親である。彼らこそが、信頼と尊敬を持ってしたがっていきたいという子どもの欲求を満たす人物でなければならない。「権威者への欲求」つまり信頼と尊敬を持っ

てしたがっていける人物を自分のそばに持ちたいという子どもの欲求は、七歳頃から一四歳頃までの児童期の子どもの心の奥底にあるもっとも強い欲求の一つである(11)。

シュタイナーによれば、子どもは児童期の九歳頃を境に、それ以前と違った心的・精神的変化を見せ始めるという。「私」という存在を意識し、自分自身について考え始めるのである。九歳以前の子どもは花々に群がる蝶と自分を同じように話し、食事する存在とみなすが、これは自己と外界との未分離を示すものにほかならない。しかし九歳頃をすぎると事態は変化し始め、いわゆる自意識が出現するようになる。この頃には「チョウチョウさん、のどがかわいたの?」とは話しかけなくなる。また教師のひざのうえに乗ったり、教師に抱きついたりした子どもが、そうした行為はやめて教師と距離を置くようになる。小学校五・六年から中学一年生になるにつれて内面の力、つまり自我の力が成長し始め、一三・一四歳以降の思春期に入ると、「私」という言葉であらゆる思いを統括するようになる。「わたしは外国で勉強してみたい」とか「ぼくはあの級友の行為を許すことができない」と主張し始める。中学生のこうした姿は、自我の力の成長の現われを示すものにほかならない(12)。

次に、子どもが一四・一五歳頃以降の思春期になると、理想の生き方つまり自分にとってもっともふさわしいと思われる将来の生き方を模索し始めるという。二〇歳以降の人生を豊かで充実したものにするためには、思春期・青年期の成長が十分におこなわれなければならない。この時期に、生き方の探究が十二分になされていなければ、その後の充実した人生を享受することはむずかしくなってくる。現代の日本の中学生や高校生は、生き方への探究の道が学校で十分に与えられてこなかったし今も与えられている状況からほど遠い(13)。

さらに、一四・一五歳頃の青少年にとって大切なのは、想像力と自立的な思考力である。これらの力を活発に働かせて、広大な世界に関心を向け、人生について考えさせることが大切である。幼児期には、自然の中での身体活動やメルヘンそして言葉への欲求が、そして児童期には権威者への欲求、音楽や絵画・造形等の芸術への欲求が満たされなければならない。これらの欲求が幼児期と児童期に満たされて初めて、子どもの知、情、意のうち、意志と感情が十分に成長する。児童期までにこれらの力が成長していると、一四・一五歳以後の思春期・青年期になって、想像力と知の力、つまり思考力と意欲と自立に支えられてたくましく成長することが可能になる。シュタイナー教育にしたがえば、小学校の早期から思考力の育成に力を注ぐべきでない。なぜなら子どもの発達段階に反するからである。(14)

第五節　シュタイナー学校における一～三年生の教育内容・教育方法

広瀬俊雄によれば、七歳から一四歳までの児童期全体の特徴は、絵画・造形・音楽、つまり芸術的なものへの欲求が強く出る時期である。わけても七歳から九歳までの時期がもっとも芸術的なものへの欲求が強くなるという。換言すれば、この時期の児童は外界・事物・対象を知的に把握するのではなく、絵画的・造形的・音楽的に把握しようとする。また子どもが七歳を過ぎると、ファンタジーへの欲求も強くなり、物事を想像し空想する力を持ち始める。たしかに七歳以前の幼児期にもファンタジーへの欲求は現われ始めるものの本格的なものではなく、歯の生え変わり以後の七歳から九歳頃までの時期に、ファンタジーへの欲求は最も活発になる。(15)

七歳から九歳頃までの子どもの本性にはさらに三つの注目すべき特質があるという。その三つとは、外界を自己と同一視しようとする欲求、言語への欲求と関心、分析から総合への欲求である。第一の外界を自己と同一視しようとする欲求とは、子どもが外界を「自己」「私」から明確に分離して理解しておらず、むしろ外界と私を同一視しようとするのである。第二の言語に対する欲求とは、七歳までの身振り・動作への欲求から言語への欲求に移行することである。とりわけ感情の意志の側面に関心が向くようになり、言語に備わる芸術的な要素、つまり音楽的・絵画的・造形的要素に向かうようになる。言語はきわめて絵画的なものでもある。第三の分析から総合への欲求について説明する。七歳の子どもには一つの対象を分析し、次に分析したものを総合しようとする欲求が生じ始める。これは「魂への目ざめ」であり、子どもが目ざめた魂で世界に立ち向かうことである。この活動は、魂のうちに芽生え出した「主体的な活動」のことであり、意志が自由に活動し始めることを意味する。[16]

一年生の子どもは、線描のエポック授業を続けた後、A、B、Cの字母を書く「書き方」のエポック授業へ移行していく。学習方法としては、絵を描くことを通して字母の形を書かせる方法と、芸術的な身体運動であるオイリュトミーを通して文字を習得させる方法がある。たとえば、Bを含む単語は、子どもがそれで始まる事物を想像し思い浮かべることのできる種類でなければならない。「熊」（Bär）は、熊の図案からBが容易に想像できるし、「魚」（Fisch）もまた図案からFにつながる。子どもに提示する文字になるまでの絵や図案は、教師が自分で作りだすべきだとシュタイナーは考えている。なぜなら教師自身の想像力で図案を作成することによって、子どもの内に成長しようとする想像力に働きかけることができるからである。[17]それでは以下で具体的に京田辺シュタイナー学校の学校活動を見ていこう。

1. 京田辺シュタイナー学校の一年生（七歳）の学校活動

一年生になると学ぶことへの期待と不安が混じるが、特にシュタイナー学校教師は、子どもが仰ぎ見たくなるような「権威者」として、子どもの前に立つことが求められる。

この学童期の子どもは、幼児期同様まだ外界と自己が分離しておらず、世界との一体感の中でまどろんでいる。しかし違いは、幼児が体を通して世界を把握するのに対して、学童期に入るとイメージする力が生ずるという点である。（『小学生』四八～五〇頁参照）

一年生は、主として国語と算数、線や図形を描く「フォルメン」という独自の授業から開始される。幼児期と学童期の間の七歳前後の子どもは、イメージが形成されていないので、子どもたちに国語や算数を教えるときには、工夫が求められる。夢の中にまどろんでいる子どもにとって、人間のきまりごとである文字は特に抽象的な、やっかいなものである。教師はその抽象的な文字と子どもを橋渡ししてやることが求められる。木をイメージして「木」という文字を学ばせることが肝要となる。数字にしても、たんに数字を覚えさせるのではなく、多くの人間がいても「私」という存在は一つであり、それが分割不可能な「1」の意味だと説明することが重要である。（『小学生』五〇～五二頁参照）

たとえ一年生でも、教師はグリム童話や日本の昔話などのメルヘンを、魔女の声色（こわいろ）を使ったりしながら伝えることが可能である。そのことにより、子どもの内面が深く育てられていく。もちろん、メルヘンには論理的なつじつまがあわない内容が出てくることがあったり、さらには現代では残酷な描写とも思える箇所もあるが、最後に悪者に罰が与えられるという物語は、世界を良いものと捉え、無条件に信頼している子どもの内面の生きる力を育むことになる。（『小学生』五五頁参照）

2．京田辺シュタイナー学校の二年生（八歳）の学校活動

一年と異なり二年になると、自分の中のおろかさ、みにくさ、ずるさを意識するようになる。二年生の子どもを持つ母親が、我が子が初めて嘘をついたという報告をその子どもの担任が受けた以下の事例は、二年生の特徴が浮き彫りにされていて極めて筆者には興味深い内容である。バッタとお話ができる夢ごこちの年頃なのに、同時に祖母に実際はある物を買ってもらっていたにもかかわらず、母親には、嘘をついて祖母にはなにも買ってもらっていないと言い張ったというのである。このように二年生になると、自分の中に暗い面やいやな面があることに気づくようになりそれを隠すこともする存在となる。二年生のカリキュラムは、一年次と基本的に変わらない。しかし一年生のグリム童話や日本の昔話などのメルヘンに代わって、動物寓話や聖人伝を語ることによって、変化が生ずるようになるという。動物寓話は、動物を主人公としてその滑稽さや愚かさを語る話で、動物として話されるが、子どもたちはそれが自分の中の暗い面や嫌な面と重ね合わせて受け取るようになる。なかなか一歩が踏み出せない心配性のうさぎを自分と重ねたりする一方、聖人伝を学ぶことによって自らの弱さや醜さを越えて、崇高な人間の姿を仰ぎ見ることにより、

子どもたちはあこがれ、より高いものを目指そうとする心を養うことになる。二年生のときに動物寓話と聖人伝を学ぶことで、自分の内面の負の部分を意識するが、しかし同時にその負の部分を越えて高いものを目指す力も持っていることを「予感」していくことになる。(『小学生』六〇～六一頁参照)

私見であるが、この「予感」(Ahnung) はフレーベルがかつて主張した概念に類似のものと思われる。「人間にはおろかさや滑稽さもあるが、それを越える崇高さもある」というシュタイナーの考え方は、文部科学省の道徳教育の内容項目と類似しており、筆者にはきわめて興味深い。

3．京田辺シュタイナー学校の三年生（八歳）の学校活動

二年生までは自分とまわりの世界に一体感があったが、三年生になると子どもは突然、世界から切り離され、孤独感や不安感を抱き始める。先生は自分のことをどう思っているのか、友達は皆自分を嫌っているのではないか、先生の言うことは本当か等々、これまで「模倣存在」だった子どもが疑問をもち始め「観察」するようになる。これがいわゆる「九歳の危機」と呼ばれているものである。しかしこの危機は新しい子どもの可能性をもたらすための危機でもある。世界と距離をもつことによって、子どもたちは初めて世界を客観的に見る目を養うことができるようになる。(『小学生』六四～六七頁参照)

三年生から、シュタイナー学校では、自分の手で畑を耕し、羊の毛を刈り、羊毛にして、糸を紡ぎ、編み物や織物にする。そうした手作業を経て、切り離された世界と自分の行為を結合させ、一人の「私」としてしっかりと生きていく基礎を作ろうとする。京田辺のシュタイナー学校でも、校庭の隅に、小さな家が建っているが、それは三年生が大人とともに実際の家を建てるという授業を通して完成したものである。また「旧約聖書物語」のカインの息子たちが、鉄を打って石よりも強い道具を作り、大きな木を切り倒して柱として、「家」を作った話を聞いた後、三年生の子どもたちは土曜日ごとに本当の小さな家を作っていったのである。日本でも大黒柱を立てるというのは、地上に

まっすぐたっている自分の象徴でもある。（『小学生』七〇～七一頁参照）

第六節　シュタイナー学校における四～八年生の教育内容・教育方法

ここで京田辺シュタイナー学校の具体的な教育方法の論述に入る前に、一般的なシュタイナー学校での四年生から八年生までの教育方法について考察しておきたい。広瀬俊雄にしたがえば、九歳からの変化とは、自意識の発達の強さであり、自己と外界を分離する力の成長を指し示す。どこか落ち着きがなく、さまざまなことを質問するようになるのが九歳頃の子どもで、ある意味で一つの内的危機とも表現できるであろう。こうした子どもの自我感情や自意識の成長・強化は、外的な世界への関わり方の変化を意味する。自分を外界から明確に分離して理解する能力のことである。九歳までは自己を「私」として周囲から区別することは困難であるが、九歳から一〇歳の間で、自己を外界から区別することができるようになる。つまり子どもが知的な態度を取れるようになることを意味する。[18]

広瀬によれば、この時期の知的な力は、三つの領域に向けられるとシュタイナーは考えた。第一は、子どもを取り巻く周囲の人々や事物、自然界に向けられる。九歳以前の子どもは芸術的な非現実のメルヘンの世界に従って把捉するが、九歳以降の子どもは、知的に科学的に接近するようになる。それができるのは自意識の発達のためである。第二は、子どもが尊敬し信頼を寄せている権威者である教師に対して向けられる。九歳以前の子どもは疑問を持つことなく教師を権威者として受け止めていたが、九歳以降の子どもはその捉え方が揺らぎ始める。つまり権威者としての教師をさらに超えた存在があるのではないのかと疑うようになり始める。思春期の青年のような徹底した疑いではないが、子どものなかで目前の教師を見つめながらも知的な力を働かせて、教師以上の権威者の存在を問い始めるのである。第三は九歳以降の子どもは青年ほどではないにしろ、自己自身について熟慮し始めるのである。[19]

この時期に重要になる科目は博物と文法である。博物は日本での理科に相当する。九歳頃の子どもは以前に学んでいた郷土科を発展させた形で博物を学ぶことになる。その理由は、九歳頃の子どもは自己を外界から分離し、知的に理解する力が育ってきて、知的な理解への本性的要求が強く出てくるからである。博物の内容は、動物、植物、鉱物、地質等であるが、九歳以降は人間以外の生きたもの、つまり動物と植物の領域を学び、死んだものである鉱物は一二歳以降の学びとなるべきであるとシュタイナーは考えた[20]。それでは以下、具体的に京田辺シュタイナー学校の四年から八年生までの教育方法について見ていく。

1．京田辺シュタイナー学校の四年生（九歳）の学校活動

いわゆる「九歳の危機」を無事に脱すると、四年生の子どもたちは客観的な学びが可能となる。シュタイナー学校ではこの時期にようやく理科の授業が始まる。それまでは自然と一体感の中にいる子どもが自分の周囲の自然を味わうという形で、理科の領域を学んでいたが、四年生からは独立した教科として理科を学ぶようになる。自分を切り離し、世界を客観的に学ぶ力が生まれるようになる。人間は動物と比較して秀でた能力を持っていない代わりに、総合的に調和した力を持ち、さまざまな状況に適応できる。そこが動物とちがう人間の特徴であることを学んでいく。

（『小学生』七二頁参照）

さらに外の世界に眼を向けるという意味で「郷土科」が四年生で始まる。京田辺シュタイナー学校の周辺地域に関連した話を子どもたちは先生から聞いた後で、その場所を自分の足で歩くことによって、自分の暮らす地域を知り、その豊かさを感じることができ、結果的に、生きる喜びを子どもたちの中に育てていく教育方針をとっている。さらに個性が豊かになるこの時期には、「古事記」「北欧神話」等の神様の話を学ぶことになる。人間のさまざまな部分を強調した個性豊かな人物や神様の物語を学ぶことは、さまざまな能力を持つ動物を学ぶことと共通項を有している。

（『小学生』七四〜七五頁参照）

2．京田辺シュタイナー学校の五年生（一〇歳）の学校活動

肉体的・精神的に調和のとれるようになる五年生の子どもは手足が伸びる時期で、六年生以降には見られない軽やかさがある。シュタイナー教育の特徴の一つは、常に内面が深化し精神のバランスが崩れてくると次に外の世界に広げていくことで再度バランスを取る、というくり返しである。五年生は三年生のときの孤独感を脱して、再度周囲の世界に目が向けられるようになる。たとえば自分とちがう意見であっても受け入れられるようになる等である。国語では伝言の文章を使用しながら、自分の意見と他の人の意見を比較しながら、さまざまな意見を理解し、耳を傾けつつ、自分の意見が言えるような練習を取り入れだす。（『小学生』七八～八〇頁参照）

3．京田辺シュタイナー学校の六年生（一一歳）の学校活動

法則性を学び始める六年生は思春期が始まる時期で、五年のときよりも「眠い」「しんどい」という言葉が多く出てくる。これはシュタイナーによれば必然性があってのことであると考えられている。つまり、この頃の子どもは物質的で機械的な部分である骨が、存在感を増す時期の変化であるために、「眠い」「しんどい」という肉体的変化が表面化するという。その変化を通して、しっかりとした骨格を持ち始め、力強さが生まれてくるのである。（『小学生』八四頁参照）

六年生では、因果関係や物質に対する理解が明確になるので、物理学や鉱物学、幾何学が開始される。これらの教科では、世界を支配している美しい法則性に触れさせることが重要になる。たとえば、均等な薄さの小麦粉を薄い鉄板の上に敷き詰め、その鉄板に弦を当てて、その弦をひいて音を鳴らすと、鉄板に音が振動して、小麦粉が美しい形をおりなすという実験を行う。音と形という異次元の要素が、この世界では一つにつながっていることを体感する。この一体感は、幼少期に感じていた世界の一体感とは別の一体感であり、それを取り戻す時期が六年生の重要な課題となる。別の例では、何故空の色が青く見え、夕焼けのときどうして空は赤く見えるのかを理解するために、暗

い部屋で水槽と懐中電灯を使う簡単な実験を行う。物理学の原理を示すことで、子どもたちの関心はますます高まる。体育においても法則性が意識され始める。これまで楽しむことに主眼が置かれていたゲームから、ルールを順守する、ペナルティの導入等あるゲームへと変化していく。美術では、これまで三原色を使用して、鮮やかな色彩の絵画を制作してきたが、心の中に光と闇という極を感じる年頃になると、木炭や鉛筆で白黒だけの絵画制作へと変化する。(『小学生』八六〜八八頁参照)

4. 京田辺シュタイナー学校の七年生（一二歳）の学校活動

思春期が始まると子どもたちの内面が深まり始め、外の世界への関心も広がる時期に入っていく。この学年のテーマは「世界の発見」で、シュタイナー学校ではルネサンスを取り上げる。権威者から離れて、自分で世界を構築し始める時代を学ぶ。また未知な世界を発見した大航海時代のマゼランやコロンブス、当時の権力者になってしまったカトリックに対して抗議したマルティン・ルターの生涯、芸術の再生運動であるルネサンスの芸術家たちの生涯と作品を学ぶことが発達段階的にもふさわしいと考えられている。(『小学生』七九〜九二頁参照)

理科において、六年生では物理現象を学んだが、七年生では、AとBがぶつかり結合することで、形を変えて別の物質が形成されることに注目する。こうした変容が、他の領域にも応用され、世界のつながりを考えていくうえで参考になっていく。化学でも、燃焼の意味を考え、たとえば、木が燃えて灰になり、この灰のアルカリ性が植物の根にとって栄養分として必要なものとなることに気づかせる。栄養学でも、人間の体内でおこなわれる燃焼としての消化と呼吸を学び、代謝と食物連鎖の関連を通して、人間がいかに自然と繋がっているかを実感する。(『小学生』九二頁参照)

5. 京田辺シュタイナー学校の八年生（一三歳）の学校活動

一年生から七年生までの総まとめとしての八年生は、これまで一年生から七年生まで同じ担任教師と過ごす最後の一年間となる。たとえば物理や化学で学習してきたこと、地理や歴史で学んだことを統合して地球全体との関係で各地域に目を向けその地域の気候や風土の必然性を学んでいく。同様に歴史についても、古代から現代までの一貫した内容を総まとめとして学習する。(『小学生』九八頁参照)

さらにこの時期のおおきなテーマである「総合芸術としての演劇」に取り組むことになる。シュタイナー学校では折にふれて小さな劇を経験するが、八年生では「卒業演劇」として、かなり大がかりな劇を作ることになる。その中には文学、音楽、美術、衣裳づくり等があり、すべての要素が織りなされて総合芸術としてクラス全体でじっくりと取り組む。子ども同士のさまざまなぶつかり合いを経験しながら一つの作品を完成させていく。二時間を超えるシェークスピアの「ベニスの商人」を半年間の準備を費やして上演した後の子どもたちの満足感はそうとう深いものがある。(『小学生』一〇二頁参照)

シュタイナー学校では、八年生までは権威者としての教師の言い分を子どもたちは受け入れてもらう、いわゆる「権威者」であることを前提とした教育をしている。ある意味で子どもたちの壁として立ちはだかることもあるのだが、しかし思春期を迎え、独立心が芽生え始める八年生以上は、いよいよ、「自分たちで自分のことはできる」という思いが強くなって、教師のもとからやがて巣立っていくことになる。そして自分で世界を発見する九年生へと羽ばたき、担任教師のもとから離れていくことになる。(『小学生』一〇〇～一〇一頁参照)

第五節　京田辺シュタイナー学校の九年生から一二年生までの教育内容

シュタイナー教育研究において、幼児教育や小・中学校までの教育内容や教育方法については多くの文献が出版されているが、中・高校の段階の研究はあまり見られない。その意味でも本章では、九年生から一二年制までの京田辺シュタイナー学校での実践を詳細に紹介していきたい。

1．世界や社会に反発しつつ関心を寄せる九年生（高等部一年生）の学校活動

これまでの八年間は教師や語りによってイメージとともに世界を学んできたが、高等部からはテーマごとに課題が与えられ、自分で調べレポートを完成させていくという自らの学びが開始される。思春期を迎えた子どもたちは、周囲に反発しつつも同時に深い関心を寄せ始める。九年生の子どもたちの内面は、「対極」というキーワードで説明が可能となる。すなわち、思春期を迎えて、彼らは自分を取り巻く世界や社会に対して反発しつつしかし同時にこれまで以上にその分野に関心を深めていくからである。九年生では、人間学の中で「骨格」について学習するが、これもある意味で極めて対極的である。四年生から開始された理科の授業で、人間から動物そして植物から鉱物の順序で学んできた。これは自分を出発点として感情的に理解し共感できる身近なところから、少しずつ感情移入できない世界へと対象を拡大した対極的なカリキュラムと言えるだろう。高等部に入ったばかりの9年生の人間学では、人体の中でも鉱物に近い「骨格」を取り上げる。思春期のただなかの子どもたちは、第二次性徴を迎え、自分の身体に関心を持つようになる。この変化をシュタイナー教育では、内面性の深化と捉え、本格的な思考力の育成が開始される時期と理解する。内面性が深まるとともに、物質的で機械的な「骨格」を扱うところは対極的で興味深い。（『小学生』一一二～一一三頁参照）

2．「中庸」という自分の立ち位置を見出す一〇年生（高等部二年生）の学校活動

ようやく、自分の将来についても考えることができるようになり、地学では測量実習と地図づくりが行われる。そうした授業を通して、自分の立ち位置を感じ取ることになる。数学で学んだ三角関数も利用しつつ、思考の力で世界を把握する。自分の立ち位置を感じ取るという意味で、人間の起源を探るという観点から人類学を学び、また国語で

は、成長段階で直面する家族の絆の問題や、普遍的な愛から情熱的で個人的な愛への移行を文学の中で体験していく。（『小学生』一一四～一一五頁参照）

3．人生を具体的に考える一一年生（高等部三年生）の学校活動

自分のことに関心が深まる時期になり、思考力もさらに深まるようになるので、思考によってのみ到達できる「射影幾何学」を学ぶ。これは二本の平行の直線も無限の一点において交わるという考え方を前提に、その点を「無限遠点」として認識するという幾何学である。この「無限遠点」を受け入れることにより、空間は無限に拡大するものから、あるまとまりを持ったものへと質的に変化するようになる。「射影幾何学」のわかりやすい授業での応用例として、規則に基づいて作図してくと、自然界に存在するかたちが現われることがあり、子どもたちは驚くという。例としてはオウム貝の円図形が作図によって意識できる。（『小学生』一一六～一一七頁参照）

4．集大成の学びとしての一二年生（高等部四年生）の学校活動

各教科では、これまでの学びを統合させ、全体像を掴み取る。八年生までは、「世界を善なるもの・美なるもの」として捉え、高等部の四年間では世界は真なるものとして学んできた。それらを統合し関連づけて一つの像が創られていった。それと同時に、世界が抱えているさまざまな問題についても考え、それを乗り越えていく意志を持って社会へ歩み出すことになる。この一二年生の学年の集大成としてのシンボルが「卒業演劇」「卒業プロジェクト」である。「卒業演劇」では、作品の選択、脚本づくり、演出、衣裳デザイン等、すべてを子どもが主体で取り組む。また個人の集大成としては「卒業プロジェクト」がある。それぞれの興味関心に応じて、自らのテーマを決めて、一年以上の期間をかけて研究や製作を進め、論文や作品に仕上げるのである。これらの内容はプレゼンテーションという形で、発表され、学校の全員に伝達され、一二年間の学びの集大成として、花開くのである。そして社会へと旅立つのであ

る。（『小学生』一一八～一一九頁参照）

おわりに

本章では、京田辺シュタイナー学校の一年生から一二年生までの詳細な教育内容と教育方法について論を展開し、必要に応じてシュタイナーの人間観や世界観に即しつつ説明を加えてきた。いずれにせよ今後は、体系的かつ鳥瞰図（ちょうかんず）的なシュタイナー思想の教育内容と教育方法の論述を押さえたうえで、シュタイナー教育の主要な主題に関する各論に入る予定である。それと同時にシュタイナー教育もしくはシュタイナー学校の国際比較をすることによって、その国特有のシュタイナー教育もしくはシュタイナー学校の特質を探りだすことが今後の課題となるだろう。

【註】

（1）広岡義之著、「第四章　発達と教育」、広岡義之編著、『新しい教育原理』、ミネルヴァ書房、二〇一一年、参照。

（2）第二部「フランクルの〈人間学・人間形成論〉」第二章「フランクルにおける人間形成論―シュタイナーの〈無意識への教育〉との関わりで」、『フランクル教育学への招待―人間としての在り方、生き方の探究―』、風間書房、二〇〇八年、参照。

（3）NPO法人京田辺シュタイナー学校編著、『小学生と思春期のためのシュタイナー教育』、学習研究社、二〇〇六年。以下、『小学生』と略記して本文中に頁数を示す。

（4）広瀬綾子著、「シュタイナー学校における道徳教育」、岡部美香・谷村千絵編著、『道徳教育を考える』、法律文化社、二〇一二年、一四七頁参照。

（5）子安美知子著『シュタイナー教育を考える』朝日文庫、一九九二年、三一頁参照。

（6）R．シュタイナー著、高橋巖訳、『霊学の観点からの子供の教育』（改訂版）、一九八八年、一一二頁参照。「学校での朝の祈り」（一年生から四年生まで）　やさしい日の光が・毎日を明るく照らします。・心の奥の霊の力が・手と足に力を与えます。・神様　日の光の輝きに包まれて・私は人間の力を信じます。・そして・それを敬います。・神様　あなたは私の心の中に・この人間の力を授けて下さいましたから・私は働き　そして学ぶことができます。・神様　光と力はあなたから生じました。・愛と感謝があなたのところに・とどきますように。［・は改行を示す］

（7）子安美知子著『シュタイナー教育を考える』、四〇～四二頁参照。

（8）前掲書、五一～五二頁参照。

(9) 前掲書、五〇頁参照。
(10) 前掲書、三四〜三六頁参照。
(11) 広瀬俊雄著、『生きる力を育てる』、共同通信社、一九九九年、一五二頁参照。
(12) 前掲書、二八〇〜二八二頁参照。
(13) 前掲書、二八三〜二八四頁参照。
(14) 前掲書、三〇九〜三一〇頁参照。
(15) 広瀬俊雄著、『シュタイナーの人間観と教育方法』、ミネルヴァ書房、一九八八年、一九三〜一九四頁参照。
(16) 前掲書、一九五〜一九八頁参照。
(17) 前掲書、二一三〜二一六頁参照。
(18) 広瀬俊雄著、『シュタイナーの人間観と教育方法』、二二八頁参照。
(19) 前掲書、二二九〜二三〇頁参照。
(20) 前掲書、二三一頁参照。

●初出一覧

第一部　ホリスティックの基盤と課題

第一章　真実性／本来性＝〈自己〉に深く触れるということの教育学的意味――ホリスティック教育の基底（その一）――

ホリスティック教育の基底（その1）――カナダ：トロント大学で学んできたこと――

親和教育研究所　研究紀要、創刊号、神戸親和女子大学　二〇一八年三月、五五頁～六七頁。

第二章　ホリスティックにおける「スピリチュアリティ」（霊性）の重要性――ホリスティック教育の基底（その二）――

ホリスティック教育の基底（その2）――カナダ：トロント大学で学んできたこと――

親和学園親和研究所　研究紀要、第2号、神戸親和女子大学、二〇一九年八月、五九～七四頁

第三章　マインドフルネス教育とホリスティック教育――ホリスティック教育の基底（その三）――

書きおろし

第二部　ボルノーの庇護性と安全な居場所

第四章　ボルノーの「庇護性」概念を中心とした「安心・安全な学級（居場所）づくり」

ボルノーの「庇護性」概念を中心とした「安心・安全な学級（居場所）づくり」の一考察　児童教育学研究、第三八号、神戸親和女子大学、二〇一九年三月、二四七頁～二五八頁。

第五章　ボルノー教育哲学における「実存主義克服」――「健全なもの」と「やすらぎの空間」という視点から――

ボルノー教育哲学における「実存主義克服」の一考察――「健全なもの」と「やすらぎの空間」という視点から――　大学院研究紀要、二〇一九年三月、七九頁～八八頁

第六章　「リルケの死生論」の臨床教育学の試み――O・F・ボルノーと若松英輔との対比――

「リルケの死生論」の臨床教育学の試み――O・F・ボルノーと若松英輔との対比――

児童教育学研究　第三九号、神戸親和女子大学、二〇二〇年二月　二〇七頁～二二二頁

第三部　道徳教育の理論と実践
第七章　「より高い目標を目指し、希望と勇気を持って着実にやり抜く強い意志をもつ」道徳学習――星野富弘さんの生き方に学びつつ――
「より高い目標を目指し、希望と勇気を持って着実にやり抜く強い意志をもつ」道徳学習の一考察――星野富弘さんの生き方に学びつつ――
兵庫大学論集、第一三号、兵庫大学、二〇〇八年三月、二三一～二四一頁。
第八章　「人間の命の平等性」の道徳教育の試み――聖書のたとえ話に学びつつ――
「人間の命の平等性」の道徳教育の試み――聖書のたとえ話に学びつつ――
兵庫大学論集、第一四号、兵庫大学、二〇〇九年三月、一三三頁～一四三頁。
第九章　読み物資料における「助言者の構図」概念の類型比較
道徳の読み物資料における「助言者の構図」概念の類型比較についての一考察
兵庫大学論集　第一六号、兵庫大学、二〇一一年三月、一六九頁～一八九頁。
第十〇章　読み物資料における「道徳的な温かい〈場〉」概念の理論と実践
読み物資料における「道徳的な温かい〈場〉」概念の理論と実践についての一考察――横山利弘の理論に依拠しつつ――
兵庫大学論集　第一七号、兵庫大学、二〇一二年三月、七七頁～八六頁。
第十一章　フランクル思想の「良心」論から道徳読み物資料における「良心」を考える
道徳読み物資料における「良心」の一考察――フランクル思想の「良心」に学びつつ――
神戸親和女子大学　児童教育学研究、第三四号、二〇一五年三月、四三頁～五七頁。
第十二章　「特別の教科　道徳」における内容項目「国際理解」
――読み物教材「海と空～樫野の人々～」（エルトゥールル号遭難事件）を具体例としつつ――
「特別の教科　道徳」における内容項目「国際理解」の一考察――読み物教材「海と空～樫野の人々～」を具体例としつつ――
神戸親和女子大学　児童教育学研究、第三四号、二〇一七年三月、四五頁～五三頁。

第四部　日本の教育家の教育思想と教育実践
第十三章　東井義雄の教育思想と教育実践　（一）

東井義雄の教育思想と教育実践の一考察（1）
神戸親和女子大学、研究論叢、第四八号、二〇一五年三月、四三頁～五三頁。
第十四章　東井義雄の教育思想と教育実践（二）
東井義雄の教育思想と教育実践の一考察（2）
神戸親和女子大学、研究論叢、第四九号、二〇一六年三月、五三頁～五九頁。
第十五章 林竹二の教育思想と実践
林竹二の教育思想と教育実践についての一考察
兵庫大学論集、第一八号、兵庫大学、二〇一三年三月、一頁～一五頁。

第五部　子どもの哲学とシュタイナー学校
第十六章　子どもの哲学
メガン・ラバティ著、広岡義之、津田徹、塩見剛一訳、『子どもの哲学序説――哲学的実践として――』
兵庫大学論集、第一五号、兵庫大学、二〇一〇年三月、二六九頁～二八〇頁。
第十七章　シュタイナー学校の教育内容と教育方法――京田辺シュタイナー学校の事例を中心に――
シュタイナー学校の教育内容と教育方法の一考察――京田辺シュタイナー学校の事例を中心に――
神戸親和女子大学　国際教育研究センター紀要、創刊号、二〇一五年三月、四一頁～五〇頁。

【略歴】
広岡義之（ひろおか　よしゆき）
1958年　神戸生まれ
現在：神戸親和女子大学発達教育学部教授／同大学院文学研究科担当
専攻：教育学（教育哲学・臨床教育学）　博士（教育学）

主要業績
著書
＊『フランクル教育学への招待』、風間書房、2008年。（単著）
＊『フランクル人生論入門』、新教出版社、2014年。（単著）
＊『森有正におけるキリスト教的人間形成論』、ミネルヴァ書房、2015年。（単著）
＊『ボルノー教育学研究　増補版』（上巻）、風間書房、2018年。（単著）
＊『ボルノー教育学研究　増補版』（下巻）、風間書房、2019年。（単著）
＊『絵で読む教育学入門』、ミネルヴァ書房、2020年。（単著）

翻訳
＊V.E.フランクル／ピンハス・ラピーデ著、『人生の意味と神――信仰をめぐる対話――』、新教出版社、2014年。（共訳）
＊V.E.フランクル著、『絶望から希望を導くために――ロゴセラピーの思想と実践――』、青土社、2015年。（共訳）
＊V.E.フランクル著、『虚無感について――心理学と哲学への挑戦――』、青土社、2015年。（共訳）
＊A.レーブレ著、『教育学の歴史』、青土社、2015年。（共訳）
＊V.E.フランクル著、『もうひとつの〈夜と霧〉：ビルケンヴァルトの共時空間』、ミネルヴァ書房、2017年。（共訳・著）

臨床教育学への招待

2020年11月12日　初版　第1刷　発行　　　　　　定価はカバーに表示しています。

著　者　　　広岡義之
発行所　　　(株)あいり出版
〒600-8436　京都市下京区室町通松原下る
元両替町259-1　ベラジオ五条烏丸305
電話／ＦＡＸ　075-344-4505　http://airpub.jp/
発行者　　　石黒憲一

印刷／製本　　シナノ書籍印刷(株)

製作／キヅキブックス
 ISBN978-4-86555-078-8　C3037　Printed in Japan